U0926626

保卫财富

马尚田 著

中国财富出版社

图书在版编目（CIP）数据

保卫财富／马尚田著．—北京：中国财富出版社，2014.10

ISBN 978-7-5047-5336-6

Ⅰ.①保…　Ⅱ.①马…　Ⅲ.①中国经济—研究　Ⅳ.①F12

中国版本图书馆 CIP 数据核字（2014）第 189220 号

策划编辑　张艳华　　**责任印制**　方朋远

责任编辑　张艳华　　**责任校对**　饶莉莉

出版发行　中国财富出版社

社　　址　北京市丰台区南四环西路 188 号 5 区 20 楼　　**邮政编码**　100070

电　　话　010-52227568（发行部）　　010-52227588 转 307（总编室）

010-68589540（读者服务部）　　010-52227588 转 305（质检部）

网　　址　http://www.cfpress.com.cn

经　　销　新华书店

印　　刷　北京京都六环印刷厂

书　　号　ISBN 978-7-5047-5336-6/F·2211

开　　本　710mm×1000mm　1/16　　**版　　次**　2014 年 10 月第 1 版

印　　张　22.75　　**印　　次**　2014 年 10 月第 1 次印刷

字　　数　328 千字　　**定　　价**　42.00 元

生逢转折

个体的命运从来都打着时代的Logo。哪个个人的演出能出离时代的舞台呢？纵然治世之能臣，乱世之隐士。能改变的，不过是困兽之斗，蚍蜉撼树；能逃离的，不过是一座城池，方圆百里。

刚看了电影《归来》，在火车站，冯婉瑜在等待陆焉识归来，陆焉识就在她旁边，帮她举着"陆焉识"的接站牌。二人鬓发如霜，垂垂老矣。焉识，焉识，纵使相逢应不识。漫天风雪，生逢那个玉石俱焚的年代，你可以选择么？这是个人的困境，也是时代的困境。

所幸，时间结束了苦难。在某年某月某一日，"陆纪焉识们"和整个中国的命运转危为安。即使是健忘的人，如冯婉瑜，心音性失忆，也要痛哭一回。

就在那前后，巨石陨落，小弟出生了，这无足轻重。即使生逢转折时代，整个星球也不会因为某某人的离开和存在而停止运转。但，我们可以发出微弱的叹息。在历史的洪流中，每个人都被裹挟前进，最多，也不过是一声叹息，而已。

历史在此后，又发生两次大的转折：一次是改革开放，过去完成时；再一次，便是当下，开始全面深化改革，正在进行时。两次不同的是，前一次改革一穷二白，一部分人因此富裕起来；这一次改革，最大的阻力和障碍之一，叫利益集团，恰恰是当年受益于改革的那群人。

少数人的利益固化难以撼动，我更关心的是最大多数人的最大幸福。因为，你我也在最大多数人的方阵。生逢急剧转型、快速变革的年代，是幸与不幸？好还是不好？会更幸福还是更痛苦？此时，个人的困境和机遇将和这个国家的困境和机遇深度联结，如何转型，机会何在？

深改元年，直面现实的困境和机遇，等待一次华丽转身！

邱尚田

自序：信，托起万有

（一）

你捧读的不是书，你捧读的是无数个月缺月圆之夜。

就在本书即将付梓之际，传来喜讯，《今晨媒体观察》节目在第七届“赢在创意”广播栏目大赛中获奖。但我觉得，这个节目更适合的奖项是——“赢在拼命”，如果有这种评比的话。有必要告诉你，所谓“中国最具影响力的财经广播”的早班编辑是怎样炮制早餐的，也就是，我和我的小伙伴是怎么拼命的。值小夜班的编辑，要上班到二半夜；值大夜班的，通宵，不知东方之既白。703 室不眠的灯火，见证我们工作起来多玩命，也见证我们的日子多美好，别人一年只过一个年三十，我们这个团队夜夜守岁，天天过年。

人生不满百，常怀千岁忧。虽然辛苦，依然满格满血地活着，这才是真正的信念。向中央人民广播电台我亲爱的小伙伴们致以敬意，在此可以自豪地说一句，我们是一群有信念的人。来，快去认识一下他们。（注：见文前彩色插页）

我则要对这份辛苦心怀感激，若非如此，哪有这些文字？这一篇篇文章，不知消耗掉多少脑细胞。要不是等米下锅，我断没有这样的精力和毅力，进行如此大规模地毯式的搜索阅读，这样披沙拣金地归纳总结，那样脑筋急转弯地起承转合。经年一算，竟有几十万字，中国之大，都来碗里，落落大满。

感谢中央人民广播电台经济之声的蔡万麟先生，最初的成书意愿开始于您的建议和鼓励，而成就于整个团队的支持。

感谢全国财经媒体同行，若没有你们出色的报道，《今晨媒体观察》就无从纵横捭阖，这本书，其实是全国财经媒体人眼中的中国。

感谢中国财富出版社的张艳华女士，力促图书顺利出版。您知道您最打动我的是什么吗？那句话是："我们一起做好书吧。"

（二）

想起小时候看过的一本书来。那时我还小，大概六七岁，在和小伙伴的一次公路远足冒险中，捡到一本书。书是新书，里面满是鬼画符似的文字，却半个也不认识，倒是书里的图片吸引了我。其中一张：一位老人，一根木杆，一个地球。这是什么意思？大人告诉我，这人叫阿基米德，古希腊哲学家，他说："给我一个支点，我可以撬动整个地球！"

啊！我的脑海中立时光华万丈，出现一片蔚蓝色的太空，继而是数不清的星星，"好像宝石放光明"。接下来，跳出一白胡子老头，顶天立地，手持一根长长的木杆，比量比量这个，比量比量那个，要跟地球来一次恶作剧……

这场景，后来看《圣经》，有这样神奇的描述："神坐在地球大圈之上，地上的居民好像蝗虫。祂铺张穹苍如幔子，展开诸天如可住的帐棚。"（《以赛亚书》第40章22节）

多年以后，身在中央人民广播电台，终日浸淫在新闻事件里，看了太多的人、事、冲突，感慨交集之际，忽然被"支点"的超物理学意义所吸引，无论是经济、社会，还是国家、个人，不都涉及支点问题么？

人生的支点，决定一个人安身立命还是终身流浪；经济的支点，左右市场欣欣向荣或是萧条没落；社会的支点，决定普罗大众喜乐和平还是焦虑不安；至于国家的支点，甚或是历史的支点，那足以撬动地球的“上升力量”，那泱泱大国赖以支撑的“中流砥柱”在哪里，那“浪花淘尽英雄”的神秘力量又出自何方？问题还是那个问题，到哪里去找那么长的木杆，寻求那么强悍的支点呢？

各位，物理学意义上的支点所在，可以是地球或者铅球，石头或者馒头，但不大可能在流沙或气球之上。经济学和社会学意义上的支点同样如此，一定要牢不可破，坚不可摧，持之以久，甚至万世不易，否则，那经济必是脆弱的，吹弹可破；社会必是窘迫的，左支右绌；国家必是浮肿的，风雨飘摇。

基于此，以外在条件作为支点不大可靠，比如财富，你确定你不会碰到金融危机么？非但财富靠不住，权势又如何，你确定你不退休么？成就，你确定“父是英雄儿好汉”么？美貌，即使绝世独立如奥黛丽·赫本，也同样会斑斑老去。

至于制度、法律，你确定有一种顶层设计可以超出时代局限性，满足所有人的需要么？名声、荣誉、江湖地位之类更是易碎品，朝不保夕，昨天还光鲜亮丽招摇过市，隔了一夜，就“红”遍网络，声名狼藉了。

那么，靠什么，什么才是真正的支点？我的答案是：信心。当坚硬的牙齿脱落时，柔软的舌头还在；当巍峨的山峰坍塌时，绵长的江水还在；当一切有形之物随风消散，所有的食指会指向这同一个地方。

信心的价值，贵逾宝石，是真正的财富。尤其当下的中国，经济社会正处于加速转型期，全面深化改革之际。在影响重大经济事件的个人情感因素中，信心乃是诸多变量的执牛耳者。完全应该作为重要经济符号，得到更多量化，而不仅限于消费者信心指数和信心乘数等。

信心的基础是人心。人心的好恶，是趣味；人心的好坏，是道德；人心的品质，则是国民素质，是竞争力……正所谓“天之力莫大于日，地之力莫大于电，人之力莫大于心”。这样的心力，天塌下来擎得起，不仅可做支点，鼎立乾坤，撬动经济，还能决定国运，兴衰荣辱。

以天雷地火为支点，可以扶起坍塌的信仰；以阿基米德式的信心为支点，可以助力大国崛起和民族复兴。天欲堕，赖以拄其间！

马尚田

目　录

第一章 为什么举国上下都要保卫财富

中国财富正在缩水，上至国家，下至企业、个人都要保卫财富。这是一个非常重要的国策性的问题。

——中国著名经济学家、改革家、金融投资专家温元凯

保卫财富：中国财富正在缩水，我们的钱都去哪了

什么叫保卫财富？给你举个例子。索罗斯流年不顺，最近在法庭上被前女友打了，这一巴掌，据说打得这位83岁高龄的金融巨鳄眼冒金星，连助听器也给打飞了。原因查明，说是索大人原来答应给人家的房子没给，致使双方对簿公堂，现场引发河东狮吼。

事实上，保卫财富并非花边新闻、饭后谈资这么轻松，这可是个大问题，关系到每个人。现在，经济学家温元凯就郑重提出："中国财富正在缩水，上至国家，下至企业、个人都要保卫财富。这是一个非常重要的国策性的问题。"

此番话，的确真实不虚，很多数字缩水都成千亿、万亿规模计。我国外汇储备被"绑架"在美国金融危机的战车上，缩水了多少？这有案可稽，至少5000亿美元；中国各大银行上市融资，国际投行通过参股又拿去多少？渔利万亿元人民币不止。更不用说金融风暴以来我们究竟被攫取了多少财富，欧美等发达国家如何持续不断地推行量化宽松货币政策，如何利用人民币汇率、黄金、美元等工具向中国乃至全球剪羊毛。

温元凯还提醒：这两年，中国经济增长下滑，很多企业的市值也在缩水。他说："别看有些老板开着奔驰车，好像很牛，但汽油钱可能都是借来的。"

在这种语境下，我们该怎样评估中国经济总量呢？对，现在是全世界第二，按照新华社的最新消息，今年有望突破10万亿美元的历史大关，甚至和美国分庭抗礼的日子也为期不远。专家预测的基础是："中国如果保持现有发展速度"，这一前提就存在很大不确定性，即使能够保持这一速度，又怎样？人均之后是多少呢？虽然总量超过日本，但人均之后不到人家1/10。**民富和国富相比，不是更重要的幸福指标吗？何况，还存在"个人财富被增长"的问题呢？**

此前，瑞信公布的2013年全球财富报告指出，中国人均财富2.2万美元，中国家庭的财富总值在世界上排在第三位。另一份报告《中国人力资源发展报告(2013)》也显示：城镇职工5年涨薪近七成，人均年薪4万多元人民币。这两份报告一出，很多网友哭了："不好意思，又拖了后腿了。"那么，有多少人被富裕、被平均、被上涨了呢？

还是用数据说话：2012年5月，一项由中国家庭金融调查研究中心发表的《中国家庭金融调查报告》指出：中国家庭储蓄率分布极不平均。55%的中国家庭是没有或几乎没有储蓄的，但最高收入家庭储蓄率却高达60.6%，即中国家庭贫富不均情况极为严重。2012年中国有55%的人口每月收入少于1500元人民币，财富则集中在1%～3%的人口手中。

此时，打这场国家财富、企业财富与人民财富保卫战，形势不容乐观。

居民财富保卫战中会遇到哪些硬骨头？大病保险就是一块，很考验牙口。一场大病足以令居民财富大幅缩水，一病回到解放前的例子不是没有。这个“大病保险”始于2012年8月，没想到，遭遇重重阻力，两年来试点进展缓慢。如今，国务院医改办发文要求各地加快推行大病保险；2014年6月底前，尚未试点的省份必须启动试点。

光明网对这一纸政令却忧心忡忡：大病医保的“靴子”是该尽快着地，但是，它的“落地”，并非易事，势必面临着一系列操作难题：大病医保资金怎么统筹，如何避免“寻租”乱象等。这考量着配套机制，亟需多方联动、精密设计。

养老问题也是一块硬骨头。此前，国家提出，合并新型农村社会养老保险和城镇居民社会养老保险，要全国城乡统一。但是，想真正城乡统一，要啃的硬骨头太多。钱从哪来？财政投入肯定就是最大难题，如何终结养老N轨这事，也必然阻力重重。

《南方都市报》分析：养老并轨只迈出容易一步，最难一步还没开始。此话怎讲？城乡并轨是提升某一群体福利而不损害另一群体福利，水到渠成，而最受争议的机关事业单位人员与企业职工双轨却大为不同，不仅触及既得利益，还涉及到行政改革。

由此看来，万里长征只是走出第一步，以后的道路，更考验脚力。

说到行政改革，公务员薪酬保卫战似乎也激战正酣。一段时间以来，公务员涨薪呼声不绝，甚至出现在地方两会的提案上。最新的，湖北蕲春一位镇党委书记表示："每月 2400 元工资，打工的都比我挣得多。"湖南郴州某镇政府干脆违反规定偷偷给干部员工发了一万块钱福利。还振振有词，说是现在物价上涨，"过个年也不能太寒酸吧，要不哪个有心思做事?"——将心比心，老百姓"过个年也不能太寒酸吧，要不哪个有心思做事?"

关于这事，《华夏时报》慧眼如炬，一眼看出背后的动机：**如果仅是因为灰色收入减少了，就要求涨工资，总是透着那么一股子明目张胆将"暗补变明补"的嚣张。还有，既想享受体制内的稳定，又想拥有体制外的高收入，这似乎是一个悖论。**

要保卫财富的，当然还有富豪们。您没听说豆腐西施杨二嫂的名言么，"愈有钱便愈是一毫不肯放松，愈是一毫不肯放松便愈有钱"。一项调查显示，中国 23 年来有近千万富豪移民，带走资产 2.8 万亿元。这一导致国家财富缩水的现象也不可轻忽。

据分析，中国富豪们移民海外的一大原因，正是为了维护他们的财富。根据《2012—2013 年世界超富人群报告》和胡润中国财富榜，中国经济增长的放缓对很多行业和企业造成的打击要大于其他，这也反映到了富豪的财富上。2012 年，中国最富有的一千人中，1/4 的人财富缩水。2011 年的数字是，中国亿万富豪财富一年缩水 1/3。

当然，我们不能不说到富豪移民的另一个因素，就是环境。《国际人才蓝皮书》报告显示：中国环境问题的加剧成为精英和富裕阶层移民的重要原因。这些“环境移民”兵分两路：一个群体移向海外，去国外吸“纯氧”；另一部分依然留在中国，迁移至环境尚未受到大规模污染的地区。

有说法是，这一场移民潮，正深刻影响着未来中国社会的结构性变化。在我看来，对我们的财富观的影响可能会更大一些。中国富豪移民启示我们，环境资源也是财富。正如国家行政学院经济学教研部副主任、教授张孝德所说：“未来社会，就是青山绿水，新鲜的空气，都是一种财富，而且这种财富可以交易，是实实在在的。这是新财富观。”

改善生存环境，增加财富，又何止是富人的需要呢？**中国财富保卫战，说到底，是一场民富国强的保卫战，也是藏富于民的保卫战。中国财富保卫战，有赖于全面深化改革，而深化改革的红利，一定是指向更广大的民众，让人民受益。从这个意义上说，中国财富保卫战，实质是一场民生保卫战。民生的难处有多少，中国要啃的硬骨头就有多少。**

最后，以吴敬梓的一副对联共勉：读书好，耕田好，学好便好；创业难，守成难，知难不难。

2014. 2. 10

经济学悖论：你见过贫穷的头号经济大国吗

每个人都希望多赚钱，少花钱；可是，悖论在于，都不花钱，又怎么赚到钱呢？根据凯恩斯的理论，高消费有益国民收入的增加；高储蓄导致低消费，会减少国民收入，这种矛盾被称为“节约悖论”。今天，我要说到的经济学中的诸多悖论更具现实意义。

中国经济体制改革研究会副会长石小敏发现：“中国的金融出现了两个悖论性的现象：第一，中国的货币流动性很大，M2（广义货币）是GDP的两倍，但是到处钱紧。第二，经济增长率明显下滑而各个企业的效率效益大幅度下降的时候，利率反而提升，高利贷越来越多、增长量越来越大。现在全社会资金总量的七成左右的资金被拖累在房地产链条上。”

这的确是很严重的问题。近期，媒体纷纷报道，房企资金正步入“枯水期”。根据上海易居房地产研究院的最新研究，目前全国房企的资金面已跳升至“紧张”状态。在目前部分千亿级房企业绩都上涨乏力的情况下，数量众多的中小房企，正在或者即将经历一场大浪淘沙的分化，生存将愈发艰难。

在这样钱紧的背景下，我看到，有两个现象不可思议。新华社报道：千余上市公司理财忙。忙着干吗呢？炒股、买理财产品，大量的资金沉溺于虚拟经济，而实体经济却嗷嗷待哺。央行副行长刘士余就说了，“很多上市公司用富余资金购买理财产品，这是不可思议的，实质上这就是在放高利贷，这不仅会提高社会融资成本，还不利于实体经济的发展”。

还有一个现象，就是地方政府救市忙。目前，共10个城市接连传出政策松动消息，被业内视为地方政府楼市调控的“救市”之举。可是，“房价只涨不降”难道不是一个悖论吗？此前，全联房地产商会创会会长聂梅生呼吁，一定要敬畏经济规律和房地产规律，并遵循市场发展的规律。**看来，某些地方政府一旦抱起土地财政，就不想撒手，连敬畏之心都没有了。**

再说说中国经济总量的悖论。近期有些媒体又开始热炒，什么“中国经济总量已达美国87%，预计年底超过美国，被认为是崛起里程碑”之类。这样的“被世界第一”，实在不靠谱，你信么？根据宾夕法尼亚大学最新收集的经济数据，按照购买力平价计算，早在2010年中国经济规模就超过了美国，哪还需要等到年底？

在我看来，此事最荒唐悖谬的是，从联合国人类发展指数来看，中国列世界第101位，你见过人类历史上有一个贫穷的头号经济大国吗？这样的理论和前些年国外流传的“中国崩溃论”以及“中国威胁论”一样荒诞不经。持“中国崩溃论”的，本身已经崩溃，散布“中国威胁论”的，往往正是威胁中国的人。如此悖谬的论调，不管是要“捧杀”还是“棒杀”，我们都恕不奉陪。

我们还是埋头发展我们的经济再说。当然，发展经济有发展经济的悖论。“不转型等死，转型找死”的悖论该怎么解决呢？你看，中国“民营餐饮第一股”湘鄂情“不务正业”，现在放下炒勺跨界玩互联网新媒体了。《北京商报》评论指出：“湘鄂情转型这是病急乱投医。一个毫无行业经验的企业白手起家进军高风险、高淘汰率的互联网市场，未来何去何从很难预料。”但湘鄂情显得实在无奈，2013 年 5.6 亿元的年度巨亏，充分说明它面临的严峻形势，谋求转型势在必行。陷入“不转型等死，转型找死”的悖论也顾不得了。

这样的尴尬也可看作是中国经济转型的一个缩影。怎么办？《中国企业报》认为：只有那些拖累中国发展和转型的企业死去，其他企业才能健康地活，中国经济才能够完成“涅槃”般的转型。

这番话，也有实实在在的论据，近日发布的 2014 年“《新财富》500 富人榜”显示，互联网、新能源、环保、医药等行业贡献了绝大部分的财富增量，而房地产、钢铁、矿业等传统产业的富人则被挤出了榜单。

此时，道德悖论我也不能不提。《海峡导报》报道：厦门一位 70 岁的老妇人最近到工地偷钢扣不成，被工人当场抓住。之后，老妇人被人用麻绳绑在路灯下淋雨。这新闻，我看着痛心。

市场经济自身存在一种道德悖论，既排斥道德又需要道德。一方面，资本追逐利润，个人追求物质利益，排斥道德；另一方面，市场经济的发展要求市场规则的遵守和道德的自律，要求道德水平提高。那么，一位 70 岁的老妇人不顾年迈去偷东西，拷问的可不只是老妇人本人的道德了。

1935年，在美国，发生了同样的事，偷面包的老妇人还上了法院被判罚款。时任纽约市市长的拉瓜地亚从旁听席上站起来，要求在场每人交50美分的罚金，替老妇人垫上。他说："这是为我们的冷漠付费，以处罚我们生活在一个要老祖母去偷面包喂养孙儿的城市。"

私以为，永远不要低估市场的力量，市场会不动声色地进行惊心动魄的大洗牌，不仅进行财富再分配，还要进行人心道德的自我完善。

2014.5.13

金融如水：正冲击着人心的贪婪和恐惧，哗哗作响

多年以前，我拜读了唐双宁先生的同名文章《金融如水》，拍案叫绝。唐氏把金融比喻为水，水能载舟，亦能覆舟。说："治理国家，首先要会治理水，就像大禹似的，政府官员能治理水，一样能治理一个国家。"

那么，"金融如水"理论可以用来考量我们周遭的各种经济现象么？可以。实在是水到渠成，顺理成章。

比如楼市恐慌。说起来，这几天，楼市已成惊弓之鸟，到处是看空楼市的声音。最眼前的证据，我上次发出的文章《楼市告别富得流油，楼市下跌是大概率事件》被三百多家媒体转载。这样的热烈，我也没想到，说明大家对这类信息极其敏感。

另一项最新统计数据传来，2014 年 1 月，70 个大中城市中，楼市价格同比下降的有 1 个，上涨的有 69 个，上海涨幅最高为 20.9%。你看，就在此前，楼市还是高歌猛进，艳阳高照。如今，已如窗外的天空，灰霾重重了。此时，多家银行停贷的消息传来，楼市拐点的预言传来，杭州业主砸楼盘的消息也纷纷传来。

若用金融如水的眼光看来，我们会淡定许多。金融具有“潮水效应”，金融风险就如同海边的礁石一样，在经济高涨时，它被淹没；在经济退潮时，它会暴露出来。三十年河东，三十年河西，潮涨潮落，本是自然规律，没什么奇怪。偏偏有些人相信房价只升不降的神话，不能接受房价下跌的事实。

在东瀛日本，早有前车之鉴。1985—1991 年，日本国内六大城市的商业地价短短 6 年间上升了 3 倍多。之后泡沫破裂，引起了严重的财政危机，重创了日本经济。此后，日本进入长期萧条期。

现在，我们再来看杭州业主“怒砸售楼处”的举动。“长江时评”发问：“砸售楼处”的后悔药如何下咽？杭州业主的愤怒不能单一看作“布衣之怒”，堪忧的应该是一个市场，是一个产业集群；“四川在线”指出，中国房价能否全面下跌主要取决于民众，因为如果民众自己不盲目地进入楼市，那么在商品房存量相当大的前提下，房地产开发商只能选择降低房价；而搜狐财经作家曾令尉则慧眼独具：中国房价还是取决于最高管理层。最高管理层是有能力协调和平衡各种利益集团的，因为扎紧了“货币放水”的口子，就按住了房价高涨的命门。

此时，我们可以冷静下来了，在现实世界里，金融如水的“潮水效应”正冲击着人心的贪婪和恐惧，哗哗作响。潮水到来时，人们一片惊慌，潮水过后，沙滩上一片狼藉。

除了“潮水效应”，金融如水概念里，还有“引水效应”提请注意。中国首次发布城乡一体化收入数据，2013 年全国人均可支配收入 1.83 万元，实际增长 8.1%，说是增速跑赢了 GDP 7.7% 的增长。

但，另一项数据不忍直视。我国 1 成家庭拥有超过 6 成的财富。姑且不说低收入群体“被增长”的问题吧，单是低收入人群对房产的过度依赖也将成为未来的潜在危险。正如专家所说，“穷人家庭对房产依赖过高也是十分危险的，一旦房地产出现泡沫，这对低收入家庭的打击将是毁灭性的”。

我们强调“引水效应”，是希望人往高处走，水往低处流，金融之水能为低收入群体建立起水渠，一套金融资源配置体系，增强低收入群体的自身造血功能。市场是否为他们提供了足够多的致富机会和投资渠道呢?

金融如水的第三个概念是“洪水效应”。金融毕竟是高风险行业，如果调控不当，洪水滔天，会给经济和社会造成重大危害。从这个意义上说，时下的余额宝存废之争很有正向的意义。

央视评论员钮文新此前开炮：余额宝是趴在银行身上的“吸血鬼”，典型

"金融寄生虫"，应该取缔。言论一出，立刻引起很大争议。现在，钮文新又说了，我之所以呼吁"取缔余额宝"，乃是出于国家宏观经济利益的立场。

经济学家余丰慧非常反对这一言论，不惜搬出一把"大尺子"：对市场主体，是"法无禁止即可为"；而对政府，则是"法无授权不可为"。

《新民周刊》则公允地分析：中国的存款利率自由化必须正视互联网金融所带来的"草根的逆袭"，不过这将带来多方面的风险。首先，银行将不得不更早就开始高息揽储，银行的经营风险会迅速抬升；其次，资本市场的高收益对应的是高风险，但小储户却并没有意识到这一点。一旦风险来临，尤其是较大面积或系统性风险的出现，将严重冲击社会稳定性。

没错，面对"洪水效应"，建起水坝是必要的。建立水坝不是要把水框住，而是为了更好地灌溉。千里之堤毁于蚁穴，没有风险防控的金融不是好金融。

金融如水还有"污水效应"和"漏水效应"，同样能在身边找到真实的案例。污水效应，就好比追求黑色GDP所带来的环境污染。北京已连续5天重度污染了，未来三天据说是持续重污染。全国161个城市中有44个城市空气也为重度污染及以上。如此污水效应，能不让人心痛么？

唉，天空污染了，我们去哪里安置目光和梦想？人心要是污染了，我们又去哪里寻找一块明矾呢？

再说"漏水效应"。最近，中纪委首次集中对外公布首轮巡视中发现的问题。6万多字的10份整改报告中，近1/4的篇幅与选人用人问题纠正有关。报告显示，领导亲属子女等"身边人"的提任容易出现问题。内蒙古鄂尔多斯市、乌海市的领导干部的“身边人”就被查出吃空饷问题。看来，跑冒滴漏，家贼不可不防！

最后，要说金融如水的“蓄水效应”。将社会闲置资金储存起来再重新进行配置，在彩票事业上体现得淋漓尽致。最近，长沙一家彩票投注站长潘立文干了一件相当给力的事。一位彩民前些日子在他那买了10块钱彩票，寄存在他那，彩票后来中了533万大奖。潘立文二话不说，就把彩票归还彩民。他说了，“不属于自己的，绝不会拿”。这句话，够大气，我要免费奉送给上面说到的那些吃空饷的“官二代”们。

若要治水，面对如此这般的金融如水，您将如何疏堵结合？各位，如鱼饮水，冷暖自知。

2014. 2. 25

财富洗牌：中国财富再分配，你是变富了还是更穷了

财富大洗牌，以前也有人这么说，多被认为危言耸听。我现在的判断是，时下，的确是真的，一场财富大洗牌正在发生。你看中国楼市的倒闭潮，再看P2P市场的“跑路”现象、小贷行业的步履维艰，乃至中国餐饮业的尴尬窘境。也许这些还是表象，深层次的财富大洗牌，尚隐身在冰山之下，这是事实，也是趋势。

用数据说话，我们关注两份报告：一份是全球知名财经媒体《福布斯》中文版联合宜信财富发布的《2014 中国大众富裕阶层财富白皮书》，说是中国最近 10 年经济的高速发展，不仅成就了众多富豪，也扩大了中产者们的数量。《白皮书》显示，大众富裕阶层的数量截至 2013 年年底，是 1197 万人，增幅达 16.6%，比 2012 年增加了 171 万人。预计 2014 年年底，这一人群数量将达到 1401 万人。

另一份报告也很值得玩味，这就是 2014 年 4 月 19 日胡润百富榜发布的《中国富豪特别报告》。在这个榜发布的 15 年里，有 27 位上榜富豪犯罪入狱。报告显示，问题富豪的犯罪年龄多集中在其职业生涯最成功的时间段内。统计发现，这些“问题富豪”中，超半数人年龄在 40 ~ 49 岁，46 岁是被判刑时的平均年龄。贪污贿赂，侵犯财产和妨害公司、企业的管理秩序是富豪出问题的三大主因。

面对个人财富洗牌完成时，如此冰火两重天，私以为，财富也是双刃剑，福兮祸兮。这一次洗牌结束，且提防下一次洗牌的开始。

要说正在进行时的楼市财富大洗牌，更惊心动魄些。《华夏时报》报道：多房企资金链断裂，倒闭潮来袭。房企倒闭潮在全国各地愈演愈烈，新近传出的是南京盈嘉恒升实业有限公司资金链断裂。据不完全统计，仅 2014 年 3 月以来，被曝光的这类案例就有 10 多起，涉及浙江、江苏、安徽、湖北、陕西、海南等多个省份，多半陷入破产危机。

业内人士分析，被曝光的案例只是“冰山一角”，更大的隐患已在行业内悄然积聚。这样的风险，已从金融体系向地产行业延伸。下半年，房企资金链断裂的现象可能更为频繁地发生。据说，现在很多开发商对资金的需求几乎已经到了饥不择食的程度，什么房地产信托、私募基金、民间高利贷都成了救命稻草，总之是拆东墙补西墙，借钱来还钱。

在这样的背景下，传来“河北涿州楼市火爆为炒作”的消息，销售人员冒充购房者撑场面。这实在让人苦笑不已。弄虚作假难道不是楼市泡沫的一种吗？还嫌楼市泡沫不够大么？

那么，房地产降价跑量求生存如何呢？恐怕也没那么容易。一段前尘往事被提起，平地又起波澜。爆料人是万科董事局主席王石，他说：“2008 年南京市政府又给万科开了四千万罚款单，为什么？因为降价。这是物价局开的。我们一般认为你物价局更应该管的是哄抬物价啊，但物价局说，你降价是为了垄断。”

王石回忆起这段经历是相当沉重的，没想到自己降价得罪了地方政府、得罪了同行。一个细节是，当时，万科售楼处被砸，请来的特警只是旁观，并不阻止。

楼市这副牌怎么洗？虽说牵涉利益众多，阻力重重，但市场法则已渐渐显露其无情的一面。

同病相怜，小贷行业的好日子好像也迎来拐点。《广州日报》报道：小贷行业进入洗牌年，广州一年 72 家小贷公司关门。2014 年以来，随着经济下行压力加大、不良率上升，全国小贷公司亏损面有所扩大。

中国人民银行金融消费权益保护局局长焦瑾璞提醒：小贷公司要谨慎对待房地产开发项目，否则房企资金链出问题时，“首先受伤的是小贷公司”，“一笔坏账可能会搞垮一家公司”。焦瑾璞说，目前小贷公司已进入洗牌阶段，有些经营好的正在上台阶，而有少数困难的在勉强支撑，有相当一部分在观望。

这样的一幕，在人人贷市场，所谓“P2P”市场也在上演，而且场景何其相似。自2014年4月14日起一周内，至少有3家P2P公司“出事”，陷入“跑路”的漩涡。据统计，截至目前，2014年已经有共计27家网贷平台出现了问题，涉及金额超6亿元。《南方都市报》认为，P2P网贷行业洗牌后也很难冲破“坏账”阴影。说近年来，P2P行业在政府监管之外“野蛮生长”，粗略估计平台数量超过万家。但坏账、造假、跑路等行业顽疾也拖垮一大批P2P企业。

中国餐饮业面临的大洗牌，又所为何来？中国烹饪协会会长苏秋成2014年4月19日发表讲话，餐饮供给与餐饮消费需求的结构性失衡等因素，造成了当前中国餐饮业的窘境。中国餐饮业面临改革开放35年来前所未有的大洗牌。

他还说，在行业内外严峻形势双重夹击下，中国餐饮业正处于结构调整的阵痛期、增长速度的换挡期。餐饮行业亟需“回归本质、回归大众、回归市场、回归理性”。

这样看来，财富大洗牌既是事实，也是趋势；既是给人带来阵痛和不适应的危险，也是焕然重生的机会。这检验市场的肌体健康与否，对国家财富的管理智慧何尝不是一种考验？

此时，政府的两种做派呈现一忧一喜。所谓“一忧”，《经济观察报》报道：2014 年 3 月一个月，地方的财政支出接近 1.3 万亿元。从 3 月 10 日到 4 月 15 日这两个时间节点，中国国库里的财政性存款少了 3800 亿元。现在并非年末“突击花钱”时节，为何突然花钱？用地方财税人员的话说，是被财政部给催着花出去的。财政部这么做是否合适？这是“微刺激”的路数吗？想想地方会如何突击花掉这么多钱吧，如果是上项目，这么仓促上马的项目靠谱吗？如果不是上项目，又会往哪里拿钱打水漂呢？

所谓“一喜”，是说中央“三公”经费再缩水，连年“瘦身”，赢得舆论肯定。不过，也要看到，预算总数达 71 个亿，公务用车 13 个亿，单单一个国税总局就将近 4 亿，依然显得过于浩大。政府部门要不要过“紧日子”，如何开源节流，真正“将钱用在刀刃上”，显示着中央理财治国的思维，也考验着服务性政府的财富管理智慧。

私以为，财富大洗牌，关系百姓的钱包，也关乎国家的家底。我们期待，此番大洗牌之后，能够除旧布新，迎来中国经济崭新的气象。

2014. 4. 20

拐点到了：面对由富转贫的危机，中国怎么办

英国《金融时报》的一则最新报道让人关注：时下，全球经济正处在一个特殊拐点。说是过去30年的经济发展，让贫困大规模减轻，但这一趋势现在可能逆转，未来几年世界经济恐怕面临疲弱增长，全球会有28亿“脆弱中产”将成为受损最大的群体。如果世界经济增长继续放缓，重回贫困是这些人难以逃脱的命运。也就是说，遭遇这个拐点，有些人兜里为数不多的钱有可能随时不翼而飞。

所谓“脆弱中产”，指的是每天收入高于2美元，但低于10美元的人群。这个群体中1/3的人勉强挣扎在贫困线之上，稍有风吹草动，有可能迅速重归赤贫境地。世界经济面临这样的拐点，中国经济能风景这边独好么？

放眼昨夜今晨的媒体报道，无巧不巧，相同的声音此起彼伏：拐了，拐了。楼市拐点、人民币汇率拐点，乃至新能源汽车产业市场化拐点、火电企业拐点、

猪肉价格拐点等等，满眼都是。在这一系列拐点声中，我更关心，财富将如何再分配，中国的“脆弱中产”又将如何独善其身呢？

楼市拐点论是个典型，早已甚嚣尘上。数据说话：“2014 年一季度中国商用土地指数”最新发布，2013 年四季度商用土地市场已出现向下拐点。这个指数到 2014 年第一季度是多少呢？跌落到 79.9，同比下降幅度达 29.4%。至于此前国家统计局发布的数据，2014 年 3 月份 70 个大中城市住宅销售价格呈现疲软态势，似乎已将楼市拐点崩盘论坐实。

再看一线城市的情况。市场中正流传一条“深圳楼市出现价格拐点，部分楼盘单价下跌 3000 元”的消息。要知道，深圳作为我国四个一线城市之一，十年来楼市一直高歌猛进，现在是否真的到了拐点呢？在上海，多处顶级豪宅，比如汤臣一品开始推出珍藏户型，据分析，这可能与融资环境偏紧有关系。

《经济参考报》预言：2014—2015 年，楼市见顶，股市见底。如果不及时进行转型发展，摆脱对房地产的依赖，届时房地产泡沫破灭与人口危机全面爆发相叠加，将重创中国经济，使中国面临经济大幅度滑坡和陷入中等收入陷阱及难以实现现代化的三重风险。

文章指出，经过 10 多年的大幅度上涨，中国的楼市已经出现较严重的泡沫。当前一线城市的房价已超过了纽约和伦敦。然而，中国的人均收入尚不及发达国家平均水平的 1/7，且生态环境与发达国家相差甚远。中国的房价已远超其实际价值，大大超出了百姓的支付能力，某种程度上楼市已经绑架了中国经济。

说到“绑架”，的确并非夸张。国土资源部发布的《2013 中国国土资源公报》可做注解，截至2013年年底，全国84个重点城市处于抵押状态的土地40.39万公顷，抵押贷款总额7.76万亿元。

此时，再传长江实业集团有限公司董事长李嘉诚卖房的消息，说李嘉诚看跌中国房地产，只卖不买，已签署协议出售北京盈科中心。业内人士说，这位超人“总是在危机发生的前两到三年出售资产”。现在，李嘉诚已经从中国主要房地产项目中脱身。其他人是否会得到暗示，引发多米诺骨牌效应呢?

当一系列拐点此起彼伏出现在公众视野时，我最关心的还是财富流向。“2014福布斯华人富豪榜”公布，就是这个李嘉诚，凭借310亿美元净资产再次荣登榜首。大陆富豪中，一共有6位资产超过百亿美元的企业家。其中，万达集团董事长王健林、腾讯董事会主席马化腾、百度创始人李彦宏、娃哈哈集团董事长宗庆后4位进入华人富豪榜前十。另一不能不面对的事实是：贫富差距正在拉大。

诺贝尔经济学奖得主西蒙·库兹涅茨提出，一国的收入差距与经济发展呈倒U形关系，也就是说，在经济发展的初期阶段，收入不平等状况会逐渐加剧；当经济发展到一定水平以后，收入差距会逐渐缩小。经济发展与收入分配的这一关系，也被称为“库兹涅茨曲线”。这个理论同样适用于我国改革开放30多年的发展实践，当经济发展带来收入差距的持续扩大，我们又何时迎来收入分配的转折点呢?

中国国家统计局此前发布的数据显示，2013 年中国全国居民收入基尼系数为 0.473，略低于上年的 0.474，表明收入差距有所减少。中国收入基尼系数连降 5 年。由此，有人得出结论，中国基尼系数下降拐点来了。真是如此吗?

众所周知，基尼系数 0.4 是收入分配差距的“警戒线”，超过“警戒线”，贫富分化加剧容易引发社会矛盾。对照这一标准来看，0.473 的基尼系数可是处在警戒线以上，难怪公众纷纷质疑。

经济学家樊纲最近在演讲时说了，中国现实的中等收入陷阱问题是，比起刚刚告别的低收入阶段，目前的收入差距更大。樊刚认为，到了中等收入阶段，一部分人已进入到高收入阶层，但大多数人还是低收入阶层，这时收入差距特别明显，甚至会继续扩大。

樊纲说到的“中等收入陷阱”，是世界银行提出的概念，当很多国家人均收入达到了中等或者进入中等水平以后就出现了经济停滞。由此，我们就不难理解“脆弱中产”随时转贫的危机了。

面对中等收入陷阱，“脆弱中产”随时转贫的危机，中国怎么办?《金融时报》在报道中提到，中国正致力于阻止这一重归贫困的趋势。今年，中国宣布了一项计划，旨在改善 1 亿城市流动人口的住房条件和社会保障体系。

同时，我们也要看到一个趋势，从长期来看，薪资上涨的趋势不会改变，中低收入人群将会成为受益最明显的群体。截至 2014 年 4 月 21 日，2014 年全国共有 9 省市调整了最低工资标准，月最低工资平均增幅约 13%。

一份调研报告还显示，经历了近十年的“全球化”后，中国高管阶层的平均收入增长空间已经有限，而中等及低收入人群、一线操作员工以及应届毕业生都是涨工资的热点群体。未来收入增长更集中于中等及低收入人群，受其影响，中国在人力成本上的优势正进一步减弱，这将倒逼经济发展方式转型和产业结构调整。

如此看来，拐点未必都是让人担心的，缩小收入分配差距的拐点就万众期待。我们期待，改革的红利尽快显化成老百姓看得见摸得着的真金白银，不是从富裕拐向贫困，而是从富裕走向富强。

2014. 4. 23

被高收入：“穿着华丽的外衣，过着饥寒交迫的生活”

什么叫“被高收入”？有这样一个顺口溜：“东边一家一千万，西边九家穷光蛋，平均算一算，家家有百万”——这就是被高收入。本是收入悬殊，但有钱没钱的一平均，穷人变成中产，中产就变成富豪了。

现在，我国国民经济和社会发展第十三个五年规划纲要——“十三五”规划编制工作正式启动，国家发改委官员徐林在谈到发展目标时这样说，希望通过

“十三五”的努力，进入高收入国家的行列。他还说：“我国现在人均GDP已达到6700多美元，已经属于中高收入国家。”

按照理论来说，这一说法并没有多大问题。如果中国能保持目前的发展速度，那么10年左右进入高收入国家是顺理成章的事。到2020年，中国人均GDP一万美元也不是梦想。但为什么那么多人还是质疑自己可能“被高收入”了呢?

这种质疑似曾相识。国家统计局今年公布2013年国民经济数据时，一句“城镇高收入组居民人均年可支配收入5.6万元”的说法就一度引发激烈辩论。

且不说贫富悬殊，多少人没有达到人均标准，就说达到这个标准，又如何呢？一年5.6万元收入是什么概念？在广州大概只能买4平米的房子。很多人拿着五六万元的收入四顾茫然，不肯承认自己是高收入人群，这很耐人寻味。

如此“被高收入”，如果是张爱玲，会有很文艺范的表述：“生命是一袭华美的袍，爬满了虱子”。现在，黄金市场的经销商则有这样的表述：披着华丽的外衣，过着如履薄冰的生活。谁糟心谁知道!

这句话出自河南金鑫珠宝集团董事长年永民，原话是：“我们是穿着华丽的金碧辉煌的外衣，过的是饥寒交迫的生活，为什么这样讲？这个行业，已经达到了利润很薄的微利状态。”经销商已然这样，这让中国大妈情何以堪？须知，2013年黄金价格一路跳水，全年下跌28%，创1981年来最大年度跌幅，为长达12年的牛市画上句号。

还说收入高不高，为什么反差如此之大？这里恐怕有一个很重要的原因，就是对高收入的标准制定过低，导致不少人“被高收入”。这一点，在上一轮个人所得税法修改的时候，舆论就普遍质疑。

不过，现在，我们姑且放下人均统计的不科学性和高收入标准的争议性，来探讨一下“被高收入”者怎样才能成为真正的高收入群体。关于让中国进入高收入国家行列，发改委官员也承认，还有一些薄弱的环节。没有创新驱动和结构升级是很难实现的，这样有可能会在“中等收入陷阱”长期徘徊。

但现实存在的薄弱环节可能更多。目力所及，我看到的第一个陷阱，对房地产过于依赖。你看，房地产依然是中国高收入人群的投资首选。据 2013 年胡润研究院发布报告显示，房地产已连续四年位居全部投资类别之首，超过 60% 。

第二个陷阱，央企员工不正常的高收入比较突出。北京某央企最近将迁往河北邯郸，为鼓励员工随迁承诺“工资翻倍”就是实例。最新数据传来，2014 年第一季度中央企业累计实现营业收入 5. 6 万亿元，同比增长 4. 6% 。大块头，应该有大担当。

第三个陷阱，警惕把低收入和低素质混为一谈。国家发改委官员最近发言时这样说：“我们有几亿低收入、低素质的农民进城，他们进城怎么享受和他们就业水平、收入水平相适应的公共服务，是后发城镇化国家中国所遭遇到的最严峻的挑战之一。”这极容易造成误解，也不符合实际，收入高低未必和素质高低成正比。

好了，该谈谈“被高收入”者的上升通道了。毕竟，落实到普通个体的诉求上，往往具体而细微。

首先是准确的收入数据。没有准确的收入数据，很多政策根本无从谈起。

其次是能否给予政策倾斜。最近很多省份公布了2014年企业退休人员月人均养老金水平，其中，北京每月平均养老金水平达到3050元，排在第一位。国家这次的调整幅度是10%，并向其中有特殊困难的群体适当倾斜。全国7400多万企业退休人员因此受益。

关于政策倾斜，武汉最近的公积金提取新政也值得一提，月收入低于1900元的群众可以提取公积金。虽然，很多媒体认为，这依然难以改变公积金“劫贫济富”格局，但毕竟是一个积极的信号。

那么，提高劳动者最低工资收入，如何？《解放日报》提出的思路很具思辨色彩，说提高最低工资标准应与减税并重，才可能实现劳资满意、两全其美的功效。

为低收入群体发放临时价格补贴，当然也会很得人心。《湄洲日报》报道，物价上涨，通常对困难民众造成的生活压力最大，福建省莆田市涵江区启动价格补贴联动机制，对城乡困难群众实行临时性价格补贴。

私以为，还有一个好办法，就是多读书。学习力也是竞争力。有人发现，飞机头等舱的人看书，商务舱的人办公，普通舱的人玩手机。这也许并非偶然。按照英国的最新研究显示：富有的人，更愿意阅读，而穷困的人更迷恋电视和DVD光盘。再看一个数据，2013年我国成年国民人均纸质图书阅读量为4.77本，去掉教科书，人均不到一本。其他国度呢？韩国11本，法国20本，日本40本，以色列64本。

高收入不是梦想，但在去往高收入的路上，既需要蒙改革之福，也要自求多福才是。

2014.4.24

财富观：欲望不能满足很痛苦，满足之后很无聊

哲学家叔本华告诫世人：别把追求欲望当作人生目标，因为欲望不能满足，很痛苦；满足之后，很无聊。

话说美国富豪威尔森捐款无数，家资散尽，至少6亿美元。此君平时倍儿节俭，出门常坐地铁。最新消息传来，他跳楼自杀了。

最近，还看到一项调查数据，中国人的物质主义远远高于其他国家，全球第一。似乎，财富并不能给人带来终极的快乐，我们又何以把生命活成一团欲望呢？是该探讨一下财富观了。

中国政府网发布的一条消息，很提神：2013年全国棚户区改造任务全面完成。为支持棚户区改造，中央财政今年花了723个亿，没人认为这钱花得多，为民生付出，多多益善。国务院最新会议指出："努力使困难群众生有尊严、生计有保障、生活有盼头"，这是建立社会救助机制的方向。我觉得，这也应是财富

使用的方向，损有余、补不足，雪中送炭、扶危济困。

除夕高速不免费的消息就让很多人不是滋味了。鲁网报道说，2014 年节假日放假安排公布后惨遭非议的情形犹在眼前，除夕高速不免费又再次让网友无语；新民网抱怨道，除夕高速不免费太没人情味！

关于收费还是免费，媒体的争论一直没有停过。有人算过经济账，几个重大节假日期间，全国收费公路将减收近 200 亿元收入。不过，这种算法科学么？《成都商报》大声疾呼：重大节假日免费不能只算经济账不算民生账。华声在线也说，好口碑比经济账重要。

的确，好钢就要用在刀刃上，这何尝不是财富使用的精髓所在呢？

跟老百姓算经济账清清楚楚，政府自己的经济账也不能糊涂。广东征收的“超生罚款”可被怀疑成了糊涂账。金羊网报道：数据打架了！广东省卫计委此前公布超生罚款是 14. 56 亿元，省财政厅透露是 26. 13 亿元。两个数据竟相差 11 亿多元。

东北新闻网质问：“超生罚款”的“糊涂账”怎能糊涂到底？文章说，之所以这笔钱“神龙见首不见尾”，主要是由于征缴和管理不透明和不到位；《法制晚报》呼吁：社会抚养费别成糊涂账，建议进行独立核算，严格执行收支两条线。

还有些糊涂账不能容忍，那就是吃空饷的。河北最新清理2.76万“吃空饷”人员，涉及资金1.3亿元。其中一种，人死了，原工作单位还为他工资福利照发，据说这叫“死人饷”。果戈理的代表作《死魂灵》说的不就是这种事么？有人借此做非法买卖，为的是骗取大笔押金。有数据显示，四川、重庆、湖南等7个省市曾清理出“吃空饷”者达7万多人，一计算，公共财政要为这些“闲嘴”掏出3.5亿~14亿元的冤枉钱。

中国新闻网评论道：吃空饷违纪也涉嫌违法；人民网出招：遏制“喂空饷”才能堵住“吃空饷”的嘴；《新京报》的评论更生猛：吃进的，给我吐出来！

还有些人的谋财之道为人不齿，央视爆料，圆通员工卖快递单，出售13万条单号被起诉。

对于这种经营者，有一句古语等着他们，叫“货悖而入者，亦悖而出”。你这财富不是好来的，肯定也留不住。最高人民法院最新通知，要提高经营者违法成本，降低消费者维权成本。这实在切中时弊！不只是快递业，如今市面上，之所以乱象横生，我看，就是违法成本太低、维权成本太高。我们大胆设想，如果一毛钱就能打官司，发条微博就有职能部门受理投诉，我们的消费环境会否好些呢？

财富本无罪，何故罪与罚？因财富引发的挞伐舆论汹汹，除了某些人唯利是图和为富不仁，又有哪些原因呢？《时代周报》起底上市公司57名女董秘：最富的董秘身家超6亿元。这本没什么爆点，只要她们这财富是合法收入，来得光明磊落。之所以这样的起底、揭秘有市场，往往在于财富的不透明，以至于带着原罪之嫌。

前面说到的美国富豪威尔森乐善好施，的确值得称道，富而好德，仗义疏财。事实上，在中国历史上，有个更大的慈善家，叫陶朱公，三次经商成为巨富又三次散掉家财，有过之而无不及。对这种现象，亚当·斯密曾有很精到的论述，他在写《国富论》前先写了《道德情操论》，强调的就是，个人情操比财富更重要。

社会学家李银河的最新文章与此一脉相通，大意是：**中国人的物质主义远远高于其他国家，全球第一，没什么可羞愧，因为我们本来就相对贫困。但是，一个社会中人除了物质之外什么追求也没有，是不是生活质量比较低，活得比较猥琐无趣呢？**

2013. 12. 27

财富靠不住：财富肥皂泡戳破了不过是梦幻泡影

财富有时是个肥皂泡，虚虚实实，似是而非，看上去很美，不一定可靠，戳破了也许不过是镜花水月一场。

比如，当你拿着500元或1000元大面额人民币会有什么感受？当然，说这话的人，农业银行总行高级经济师何志成已经否认，说不曾说过“下半年可能会发行500元或1000元大面额人民币”的事。但热议声很多，相似的情景，在前两年也发生过，有的说发行大钞更安全更方便，有的说会催生泡沫，引发通货膨胀。

新华网有一段评论我觉得非常精彩：“事实上，老百姓需要的并不是大面额人民币，而是不缩水的购买力。现在我们经济生活中最重要的问题，不是老百姓手上的钱多到需要印千元才行，而是如何降低税负，稳定物价，增加普通百姓的收入。试想，对月收入仅千元甚至不足千元的普通百姓而言，有多少日常消费是以千元为单位计的呢?”这样看来，以数字多少来衡量财富多少并不可靠。

另一数据显示（根据波士顿咨询公司最新发布的年报），在过去的5年间，中国私人金融财富大增，一举超越德国和日本，仅次于美国跃升全球第二。

这样一个数字光环下面也有很严峻的现实。这要说到财富的流动问题。近些年来，全世界的财富都呈现一个明显倾向：向少数人手里流动。法国经济学家托马斯·皮凯蒂指出，这些年，财富流向顶层1%、0.1%以及0.01%人群，让其财富份额激增。流向顶层1%人群的收入比例在过去一代人的时间里提高了10个百分点，流向底层90%人群的收入比例则出现了类似幅度的下降。

在我国，这种倾向也很明显。发改委官员范恒山昨天坦言：“我们国家的区域差距仍然比较大，特别是地区间的人均GDP、人均财政收入、人均拥有财富的水平等重要指标的差距，并没有明显缩小，有些方面可能还在扩大。”

当然，在我看来，这不一定是说富人拥有的太多了，只是相对而言，中低收入的劳动者拥有的太少，才让富人拥有的财富大增显得那么孤独。独乐乐何如众乐乐?

但是，我们也要注意到，财富的流动性也意味着，你手里的财富可能并不是你的，三十年河东，三十年河西。且看《中国经济周刊》的报道，中国“煤炭金三角”衰落了。这说的是陕西榆林、内蒙古鄂尔多斯、山西朔州，这里是中国的“煤炭金三角”，那里因煤而富，曾诞生1万多名亿万富豪。然而，现在随着煤炭行业的持续低迷，这里似乎也迅速“因煤而衰”：经济降速、企业停产、外来人口剧减、民企资金链趋紧、服务业萧条、房地产领域的巨量民间财富被大量蒸发或严重缩水。

一个曾经不断诞生造富神话的“煤炭金三角”，何以如今成为学者眼中光环不再的“铁锈地带”？这也是财富的性质决定的。**财富，只有流动起来才叫财富。所有的富豪不过是财富管理者而非拥有者。财富不断地易手可视作常态，钱真的是你的么？不过是你暂时保管而已。**

财经网披露：其实，美国富豪也一样。美国400年的财富变迁遵循从农业、工业到服务业演进的规律，财富增长与经济发展、公司进化的逻辑完全吻合。富豪的财富挡不住时代洪流的冲击和涤荡，老牌大亨终将退出，富过三代的家族通常都是顺势而为，今天若想在农业、工业以辛勤劳作成为美国富豪已十分困难。2014年美国富豪前三大行业是科技、投资和零售。

那么，房地产领域的财富泡沫该怎样评估呢？当然，有些著名经济学家，比如张五常先生依然宣称，中国房地产没有泡沫。

我们知道，空置率通常被用来佐证楼市泡沫，那就看看我们的空置率好了。最新报告显示，2013 年全国城镇家庭住房空置率高达 22.4%，需警惕“鬼城”在三、四线城市大量出现。空置率高达 22.4%，这是什么概念？就是说，超过 1/5 的房子空置。空置住房占用了全国城镇家庭总资产的 11.8%，4.2 万亿元银行住房贷款沉淀在空置住房上。

另一数据也可以拿来作为证据。最新公布的《交银中国财富景气报告》显示，小康家庭的不动产投资意愿自 2011 年 5 月有此项调查以来首次跌破“荣枯线”，说是小康家庭开始用脚投票，不再热衷买房了。真是此一时彼一时啊。

此时，《中国经济时报》的分析显得格外中肯：要理性应对房地产风险可能引发的系统经济危机，最大风险是被房地产暴利诱发的人类的贪欲，使人们陷入不相信房地产泡沫会破裂的困境。应对房地产危机，首先要从治心开始。

说到治理人心，可说到点子上了，何止于应对房地产泡沫呢？《华商晨报》报道，最近辽宁某煤老板的儿子高考作弊被抓，恼羞成怒，飞踹殴打女监考老师。据说打人后还口出狂言：“你知道我爸是谁啊，你就查我?!”很是恶劣！德不配位，必有灾殃，财富掌握在这样的人手里，对他本人，对社会，都不是福气。

这也好理解，**“财”富不如“心”富。否则，要么管理不善，要么贪婪无度，甚至是德不配位，都会造成财富假象，看似富甲一方，终不过是一枕黄粱而已。**

2014.6.11

金钱本无罪："大家太爱钱"源于大家太缺钱

金钱本无罪！之所以我的脑海中蹦出这个关键词，是我看到一句话："现在社会最大的危险是大家太爱钱。"这是中科院院士计亮年的说法。

我很赞同这一提法。不过，我们也必须承认，"大家太爱钱"有相当的合理性。因为缺钱，所以爱钱，不是理所当然的逻辑么？

这个劳动节，一个数据被重提，中国已超越日本成为"过劳死"大国。媒体报道："我拿青春赌明天"，是当代中国工薪阶层的普遍现状。过度劳累，正透支着民众的身体健康。

放眼全球，那些劳动者也并不美丽，伦敦地铁工人在罢工，希腊菜市场小贩在罢工，美国劳动者联盟也没闲着，在国会前举行示威游行，抗议日渐拉大的贫富差距和收入不平等现象，要求提高最低工资额度。即使在最富裕的资本主义国家——瑞士，又如何？两家工会组织也理直气壮地拿出提案，要求把最低工资标准定为每月 4000 瑞士法郎，折合人民币 2.6 万元。

新华社报道指出："压力过大是压垮大多数人工作乐趣的重要原因。"业内人士也说，很多人把工作看成了谋生的手段和工具，劳动除了获得金钱报酬，已经很少能获得精神上的满足感和成就感，劳动自然就失去了乐趣。

当然，过犹不及。如果太爱钱，真的掉进钱眼里，的确有其危险性。在我看来，至少有三大危险。第一重，公平性何在？

你看，广东公立医院推出三千元一天的VIP产房就引发热议。广东省卫生计生委廖新波都看不下去了，他说："假如公共资源只为少数人服务，其实就是伤害了或者说侵犯了最大多数人的权益。"很有意思的是，《大连晚报》也在报道豪华月子会所高消费的事：28天花费10万元，平均一天就要消费约3600元。人们的反应却比较平淡。为什么独独盯着广东医院的高端医疗不放呢？无他，只因广东的医院姓"公"。在大多数人基本医疗还没能得到满足的情况下，公立医院这样的做派有损公平。

太爱钱还有第二重危险性，公益性何在？就拿景区门票来说吧，记者梳理全国173家5A级景区发现，旺季门票平均价格已步入百元时代，达106.60元，免费者仅占6%。究竟谁在靠山吃山靠水吃水？仔细观察不难发现，近年来，景区成为当地政府创收生力军，景区收入在当地GDP比重也持续增长。

太爱钱的危险性第三重，廉洁性何在？财经网报道，万科副总裁毛大庆在建策沙龙上的发言引发舆论关注。他说，反腐对楼市影响很大，好多市场上的二手房不知怎么冒出来很多。"比如：某省某地级市公安局局长在北京销售的房子，在北京市场中介，找了44家门店挂他的房子，他在北京的房子数量，大概有1～2栋楼，挂的时候不计成本，玩命甩。”据说，此人已经“进去”了。

我说“金钱本无罪”，但为什么隐藏着这么多的争议呢？眼见得有人财迷心窍，有人见利忘义，有人玩火自焚。这正是我们要深入探讨的地方，为什么有人钻钱眼里出不来，为什么有人爱财，取之无道？

2013年上市公司财报报告已经披露完毕。据统计，46家A股上市公司员工去年人均创造利润超过百万元。数据显示，银行地产公司员工人均创造利润仍位居前列。明眼人一看，这华丽丽的，大多是银行与地产，不由发出中国经济是否生病的质疑。

金钱本无罪，可如果财富的得来带有某种垄断色彩和利益固化倾向，金钱就带有本罪的推论。即使，你很有创造财富的能力，也并不能洗白。

那么，比财富的数量，又如何？根据胡润百富榜，包括大陆、香港和台湾在内的全中国资产超过10亿美元的亿万富豪总数超过美国，居世界第一。很多看客不以为荣，反以为耻。金钱如果越来越集中于少数人手中，在大多数人眼里，金钱就带有原罪的嫌疑了。

不能不说，中国在经济发展的某个阶段，经历过野蛮生长的时期。某些财富积累，的确带有赤裸裸的金钱原罪和本罪。但我们无端仇富，对金钱动辄做有罪推定也貌似不公允。现实里一个活生生的案例，可能对此有纠偏的意义。

时下，在邓州市，来自福建南安市的小伙子陈福泉的事迹，正让人唏嘘不已。陈福泉为救人被淹死了，小伙子平时生活朴实待人谦和，人缘非常好。陈福泉的父母家人事后说："阿泉是见义勇为去的，他做得很对，我们不会提出任何赔偿要求。"人们此时才知道陈福泉家境富有，算是个"富二代"。这叫"有其子必有其父"吧。这对父子都能打100分。这是我要说的，一个人出身富有并没有错，金钱多多也并不意味着做人就会失败。金钱本无罪，我们只是反对为富不仁、不当得利而已。

前面说到中科院院士计亮年老爷子，他最近荣获广东科技界的最高荣誉，2013年度科学技术突出贡献奖。50万元的奖金虽然还没拿到，已经想好，将全部捐赠给贫困学子。他的财富观是什么呢？他认为："一个人最大的财富，其实是大家对你的评价"；"当你老了，大家对你有很高的评价，这是钱买不来的。"

2014. 5. 2

财经王道：现金为王将是今后两年企业主奉行的铁律

在财经领域，什么才是真正的王道？对于中国房地产这只惊弓之鸟，"现金为王"恐怕已是板上钉钉。面对大额房贷断供潮，某银行人士哀叹，三四线楼市完了；面对中国房地产活动指标自2013年年中以来的持续走低，有专家断言，楼市低迷有可能转变为崩盘。此时，上海某大型国有银行言之凿凿：“现金为王将是今后两年企业主奉行的铁律。”

这话掷地有声。《中国证券报》披露大额房贷断供个案背后的民企困局：以往购入大量物业的企业主现在恰恰是经营最困难的，企业现在最大的问题就是流动资金紧张，房贷又加剧资金紧张。

数据显示，剔除金融类上市公司，2014年一季度上市公司经营性现金流是负数，合计为－771.90亿元，而上年同期为653.14亿元。在市场资金面不宽裕的前提下，保持健康现金流成为摆在上市公司面前最大的挑战。美银美林（BofA Merrill）的调查可以作为佐证：过去中国企业依赖信贷或举债，而现在则非常注重现金流水平。

成也现金流，败也现金流。房地产业过冬秉持现金为王，有相当的合理性和必要性。香港首富李嘉诚又何尝不是？现在再回想一下，在过去短短一年时间，李氏家族四笔物业出售，去意决绝，难道不是“落袋为安”的策略吗？

手中有粮，心中不慌。“现金为王”也应是时下普通投资客的首选王道。这句话，说给中国大妈更为合适。你看，凤凰卫视报道，中国内地“买金潮”降温，拖累香港黄金销量下跌。“拖累”这词，其实货不对板，中国大妈没有义务为任何市场扛市，尤其在黄金价格节节下跌的情况下。咱交的学费已然够多了。

经济学上，有“边际收益递减”规律，时下的房地产市场和黄金市场都

处于边际收益递减之势，当投资不足时，往里投资收益高，而投资过度时，还往里投，就会死得很惨。既然不适合再投资了，那守住现金自然是最好的选择。

除了现金为王，还有更多的财经王道值得一说，在互联网金融领域，中国平安掌门人马明哲强调流量为王。他于2014年5月15日启动了平安好房网，开始一个新玩法，金融产品嫁接房产中介，卖点是交易双方零中介费，定位为“地产界淘宝”，说是要消灭房产中介。

平安好房能否真正做到返利消费者？东方卫视发现，平安好房网挂出的所谓“低价房”比现场实际成交价贵出十几万元。可以说，平安好房网出师不利。互联网时代，人人都在跨界，但我们真的知道游戏规则吗？马明哲说过：“互联网金融必须基于流量的基础上，流量为王，客户体验非常关键，最后还是价格。”这似乎都在点子上，但平安好房网的表现，目前看来，还不及格。

流量为王，是站在企业一方的提法，但你能不能把客户吸引来是一回事，客户体验好不好是另一回事，最终选不选你又是一回事。

在其他领域，价格为王更具广泛意义。你看，广东首家廉价航空“九元航空”即将运营，最便宜机票仅9元，这的确很吸引眼球；河北迎接“中国旅游日”，多个景区免门票或打折，也有点意思；而电信日临近，虚拟运营商短兵相接的消息，也让我们充满期待，资费可以更公道吗？

在经济学上，价格为王，有一定的合理性，便宜就是硬道理。用价格机制作为调节手段最灵敏也最有效，它能够自发地调节资源分配，并激励企业改进生产技术，提高生产效率。但是，客户体验同样相当重要。如果这个价格本来不合理，今天终于落回地面呢？

中国移动发布消息，自6月1日起面向全国客户推出新的4G资费标准，不仅大幅下调资费水平，而且打破了流量月度清零的计费方式。有人说了，“早该如此！凭什么没用完的流量和套餐内的话费说没就没了，那可是我们消费者花钱买的”。通过大量抗争，我们终于即将可以把属于自己的“鸡腿”打包带走了。感谢市场竞争吧！

私以为，在财经领域，王道多元，你可以说现金为王，也可以说是流量为王，价格为王，甚至是渠道为王，产品为王，价值为王，但称王称霸，在我看来，最终剩下的那一个说了算，“剩者为王”。谁决定他最终剩下来？是用户。这么看来，得用户者得天下，用户才是真正的王道！

2014. 5. 16

疯狂经济：中国房地产黄金十年上演“不疯魔不成活”

在京剧界，有一句行话，叫“不疯魔不成活”。放到经济领域，疯狂的后果，可是危险多多，值得警醒了。

有一本书，叫《疯狂经济学》，记载一条死鲨鱼卖出了上亿的高价，这真是疯狂。现实里，伦敦市中心的一套公寓最近卖出 1.4 亿英镑，差不多 15 亿元人民币的天价，这实在更加疯狂。何止于此，你看到中国楼市的疯狂了么？最新数据显示，2004—2013 年的 10 年间，全国平均地价从 332 元/m^2 涨到 1144 元/m^2，翻了三倍有余。还有，近十年我国土地出让金收入占地方财政收入的比重普遍超过 40%，最近三年的比重是：2011 年 59.3%、2012 年 43.6%、2013 年 59.8%。这也正是中国房地产最疯狂的十年。

现在，全国多地楼市则进入另一种疯狂，疯狂推盘、卖房。你看，北京 750 万元的房子降价 100 多万元无人问津，这是楼市疯狂的小小注脚。相关数据统计，北京二手房价格已经连续4个月下跌。消费者买涨不买跌的心理可见一斑。

房企显然坐不住了，最新出炉的上市房企2014年一季度报业绩不容乐观，半数业绩出现下滑，曾经是中国经济快速增长的“推动器”之一的房地产，在2014年一季度的经济增长中拖了后腿。多地政府也有按捺不住的意思，杭州、长沙等地纷纷传出“松绑”限购之声，广西更是动真格的，公开松绑限购，“救市”之说一时间甚嚣尘上。

对救市，媒体看起来都没什么好感。搜狐财经指出，当前政府最重要的职责是搞好保障房体系，而不是急吼吼地救市；《证券时报》认为，地方“救市”是将地方利益与开发商利益深度捆绑。《中国经营报》则指出，高房价透支了一家几代人的财富，也透支了后代人的人生，更在透支着中国的未来。这本就是不可持续的事情。

这样看来，“救市”的举动何尝不是疯狂的行为呢？任何一个行业如果到了要救的地步，那恐怕就救不起来了。在土地十年疯狂增长期，我们何曾想过救救百姓的钱包？何况，房价涨跌是周期性调整的必然结果，我们究竟要抱着土地财政到几时呢？

还有一些疯狂经济，在飞速增长之后，留下诸多隐患。媒体报道，银行同业业务三年剧增十万亿，城商行业务爆炸式增长。说是在近十家城商行2013年业绩报告中，大多数银行的同业业务增长迅猛，增速较贷款余额增速要快得多。但这种“赚钱”方式很可能为城商行的资产“埋雷”不少。监管层不可能坐视不管，加强风险控制，也应是城商行自身成长的需要。

以上这些野蛮生长的疯狂经济，注定是阶段性产物，最终还是要按照市场规律出牌。

的确，有些疯狂经济，在经历了市场的检验之后，变得理性起来。比如，网络理财，网络理财现在收益锐减，疯狂过后渐趋平静。业内认为，未来互联网理财这些“宝宝类”产品，年化收益率跌破5%是大概率事件。而传统银行理财却有逆袭之势，近期银行发售的五一专属理财产品的平均预期收益率非常高，几款产品的预期收益率甚至超过6%。

互联网金融理财风光不再，银行传统理财成功逆袭，这很值得玩味。最初以互联网产品高收益做噱头，迫使银行提高收益率迎战，当金融战变成持久战，互联网产品不再赔本赚吆喝，银行提高收益率倒成了常态。而最终的受益方，反而是用户，我们拥有了更多更好的选择。

此时，还有一种疯狂经济不能不提——股神巴菲特股东大会。有媒体报道，此次大会吸引全球4万投资人前去“朝圣”。朝圣一词，可能是为了表现很多投资人的疯狂和膜拜吧，但是，让人不是很舒服，莫非，对于财富已然当作信仰一样追求了吗？

股神巴菲特确有过人之处，2013年他的公司净赚195亿美元，平均每天净赚5300万美元，折合人民币3.26亿元。很多人甚至津津乐道于巴菲特当年如何持股中石油，以5亿美元的本金卖了40亿美元，获利约270亿元人民币，劲赚7倍。

我不能不浇一点冷水了，追捧也不应失去理性的判断。新华网此前提出，警惕“巴菲特概念股”。事实表明，近几年来围绕“巴菲特概念股”的炒作几乎都是草草收场。我还要提请注意“巴菲特们”，那些国际资本对中国财富的掠夺，又岂止270个亿呢?

美国康奈尔大学金融学教授黄明曾怒斥国际投行“向中国兜售有毒金融衍生品”，在美国不能销售的产品，却在中国找到了巨大的市场。中国人民大学教授王光英则这样说，中国资本市场已成为国际投行赚钱的乐土，更是其“提款机”。

私以为，这样的疯狂经济学，给我们都上了一课。在消化疯狂后遗症的过程中，期望我们学会理性投资，冷静判断，而不是陷入新一轮对财富的盲目崇拜中。

2014. 5. 4

站着挣钱：肥了银行瘦了钱包，公平容易把人抛

“站着挣钱”，这词儿来自姜文的电影《让子弹飞》。影片中，当汤师爷谆谆教诲县长怎么跪着才能挣到钱时，张麻子县长大咧咧地把手枪往桌上一拍，说道：“要站着把钱挣了!”

是“站着挣钱”还是“跪着挣钱”，不只是一句电影台词，在经济领域，也是个严肃的话题。既然站着说话不腰疼，那么，就看看都有谁站着挣钱不费劲。

“清华五道口全球金融论坛”昨天举行。中信证券股份有限公司董事长王东明透露，曾与工商银行原行长杨凯生交流时说，工商银行报出来一年净利润达到两三千亿的时候，全国人民都会骂你的，“一个服务性的机构怎么能挣那么多钱，钱都挣到了谁的身上?”

王东明的批评无疑是有的放矢。据最近披露的上市公司2013年年报，A股10大最赚钱公司中，有8家银行，剩下的两个席位则归属中石油和中石化“两桶油”。中国工商银行更是以2626.49亿元的净利润稳居中国最赚钱的上市公司。

但批评声不绝于耳。新浪网金融理财提出一个观点，银行想“站着把钱挣了”，需帮助实体经济攻坚克难。说现在外界对银行高利润多有批评，认为银行成了实体经济的“抽水机”，但如果银行的钱是通过不断创新、帮助实体经济攻坚克难赚来的，这钱就赚得理直气壮，还有谁再去道德指责呢? 反之，我看也一样。如果银行增肥了，实体经济却瘦了，这钱挣得就未免心虚。

根据人社部的调研，最惊人的数据就来自金融行业。“2012年，一家上市的金融公司，国有控股，其高管属于国企派驻，体制内人士，其收入接近千万元”。

在这样的背景下，我们来看另外两条新闻，一紧一松。一紧，说的是国企高管全面限薪可能即将拟定；一松，说的是电信费实行市场调节价。这一紧一松也很值得玩味。

既然金融行业的高管收入最高，那么，金融行业成为未来改革的重点也并不奇怪。《中国经营报》报道，未来的国企高管限薪规定将进行“分类管理”，五大行高管的薪酬就在限制之列。躺着挣钱，也要挣得堂堂正正、光明正大才是。

电信资费的放开也很值得期待。国家决定放开各类电信业务资费，所有电信业务资费都实行市场调节价。据说，此项政策将给予运营商充分自主定价权，充分发挥市场“无形的手”对资费的调节作用。新华网由此发问，抽走“有形之手”，电信资费能否“瘦身”？

财经专栏作家陈志龙一语戳破气球：垄断行业福利是多数人刚性支付的成本。他说：“无论是电信还是金融，都是典型的寡头垄断型市场。行政性管制定价实际上就是经济学上的高成本之外的高溢价。”

经济学原理告诉我们，离开竞争机制，成本必然趋于无限大。**这样看来，只有在一个开放而公平的市场竞争环境里，电信和金融才有资格说“站着挣钱”的话**。

几家欢乐几家愁，有些行业有些领域，别说站着，挣钱恐怕都很难了。比如，房地产业。曾几何时，流传着一个笑话：“等我有了钱，我就买两套房子，一套自己住，一套养猪。”现在，居然有了现实版。唐山的房地产业现状，就让人哭笑不得。唐山一位家住和泰里小区的市民说，因为平改，他家分了 6 套房子，目前自住一套，“其他的一套养狗、一套养鸽子，剩下三套租了两年都没租出去”。青岛女地产大亨王莉跑路的消息更是惊人，人跑了，欠贷却可能超过 70 亿元。知情人士透露，君利长岛湾项目可能是“压死骆驼的最后一根稻草”。

事实上，房地产业此前无限风光。根据 2013 年财报数据，位居前 30 名的上市公司中，房地产公司占据多席。别管钱是怎么挣的，2013 年中国最赚钱行业，房地产业居第五位。

另一数据显示，2009—2013 年这 5 年间，央企在房地产行业赚取的净利润达 2000 多亿元。业内人士分析，支撑房地产央企高额利润的，有其自身对市场的良好把控，但这些央企享有的“政策红利”和“体制优势”也不可忽视。也就是说，有些人是躺着挣钱，在潜规则下把钱给挣了。房地产业如今走向了拐点，未来的日子，挣不挣钱，已是未知数。只剩下躺着还是站着的问题了。

说到底，这世界上，其实有很多事比挣钱更重要，人行天地间，体体面面地站直喽，就是成功。

2014. 5. 11

富可敌国：真正的富可敌国是藏富于民

这几天最触动我的，就是这个“富可敌国”。据说，如果将中国各省份近年的 GDP 总量与世界上其他国家做一个对比，你会发现，中国很多省份已“富可敌国”，6 个省、市、区进入“发达状态”，都可以进入人均“一万美元俱乐部”。

红网刊文指出，目前国内很多地方居民收入占 GDP 比重只有四成左右，多省“富可敌国”还需理性解读。

《大河报》认为：广东“富可敌国”仅仅是“中国大省的世界坐标”，而非居民收入和幸福度、满意度的世界坐标。我国公民在医疗、教育、住房等方面所享受到的公共服务更是远远低于很多国家的公民。如果长期如此，“富可敌国”的价值和意义何在？

按我看，夸耀“富可敌国”简直有点没心没肺！即使广东GDP今年预计超过6万亿元，全国NO.1，又何足道哉？如此“只长骨头不长肉”的“富可敌国”，值得夸耀么？

让我来说说土地财政吧，由此可以知道，富可敌国的财富，来自哪里。2013年各地政府依靠卖地又一次赚得盆满钵满。据中国指数研究院最新报告，2013年全国300个城市土地出让金总额为31304亿元，同比增加50%。据推测，全国将创下接近4万亿元的新高。与这组数据相对应的，地方政府2013年地王大战席卷全国，全国总价及单价地王共67个。

这是耻辱！《经济参考报》认为，“地方政府过于依赖土地财政，是土地出让收入暴涨的罪魁祸首”。是啊，**建立在土地财政上的财富积累，成绩是地方政府的，压力是老百姓在背，这样的富可敌国有何光彩可言？**

与此相关，《郑州晚报》报道，合肥市委书记吴存荣说出了这样一句话：“等房价涨到一平方米两万元时，城市发展的活力就没有了，是有害的。”吴存荣表示，绝不希望也绝不能让合肥的房价涨到每平方米2万元。

按理说，合肥市委书记不满高房价的说法，从某种角度来讲顺应了百姓的愿望。但是，这说法却受到网友们的质疑。齐鲁网评论道：“书记谈房价为啥像房产商做广告？合肥现在是七千多元一平米，是否要传递一个信息，合肥现在的房价还太低，还有一万两千的上涨空间呢?”华龙网叹息道：“与其如此站着说话不腰疼，还不如遵循经济发展的一般规律，远离土地财政思维。否则，是既费了力，又难讨百姓的满意。”

水价上涨的消息恐怕也难讨百姓的满意，因为在很多地方“阶梯水价”成了“借梯涨价”。2015年年底前，设市城市要全面实行居民阶梯水价制度的消息传来，说推行三级阶梯水价后，超出规定部分将大幅上调，涨幅为50%～200%。据悉，北京的阶梯水价政策今年就会出台，此前，南昌阶梯水价听证每吨上涨至少4毛钱。

阶梯水价如何才能“水到渠成”？华龙网认为，涨价应该“漫坡式”，“微调式”，而不是“爆发式”。

但新华社此前的呼吁更显得掷地有声，“水电油气等资源性公共产品与民生关系密切，其公益性的方面如何体现和保障显然至关重要”。新华社提出，避免“改革”沦为涨价的幌子。

非常赞同！**在这里，我也要为民生鼓与呼：“富可敌国”绝不应该建立在物价上涨之上，改革也绝不应该成为涨价的借口。**

民生艰难。君不见，2012年中国城乡收入相差20倍。这数据来源于社科院最新发布的《社会蓝皮书》。有关调查显示，当前至少有60%以上的民众对收入分配现状不满意，而在物价上涨迅速时，不满情绪尤为强烈；

君不见，兰州6名民工跳楼讨薪么？《兰州晚报》报道，6名民工爬上一居民楼9楼平台要“跳楼”讨要血汗钱。此前，他们讨要5个月毫无结果，才做此危险之举；

君不见，就在那个号称富可敌国的广东：有多少打工族为了一张火车票，要“抓阄”么？有钱没钱回家过年？未必……

不妨回到此前“富可敌国”的探讨。“长江时评”有这样的提法，我觉得很有意义：“我们该要什么样的富可敌国？一个很重要的指标，看‘富可敌国’之后做什么？有了钱是让老百姓更有钱，还是变着法子与民争利？”

在我看来，真正值得夸耀的“富可敌国”当然是藏富于民。这也是一个小人物的中国梦，体体面面地凭本事吃饭，赚得一份体体面面的收入和尊严，可以扬眉吐气，不再深陷生活的重压之下。至少，不用爬电线杆子或者跳楼就可以拿到工资，不用抓阄就可以买张火车票，阖家团圆。

2014.1.5

富而不贵：格调，中国富人由富及贵的进阶之道

古人说，“有书真富贵，无事小神仙”。那么，今天中国人的富贵又体现在哪里呢？

先从马云说起，他正忙着赴美国 IPO，首次公开招股。马云最近说了，他不希望因为阿里巴巴的 IPO，中国再出现一批“土豪”，他希望的是出现一批真正高贵的人，一批能够帮助别人的人、一批善良的人、一批快乐的人。

不希望别人成为土豪，但看起来马云马上要成“大土豪”了，按照阿里巴巴的最新估值，马云的身家将达到 222.5 亿美元，仅次于香港超人李嘉诚。这时候，马云说，土豪不等于真高贵，怎么理解？

巧了，此前，李嘉诚接受央视采访，说了一句话，与马云所言异曲同工，他说：“‘富贵’两个字，不是连在一起的。这句话可能得罪了人，但是其实有不少人富而不贵。”

严格来说，李嘉诚和马云这俩老哥虽富可敌国，但也不属于贵族，最多只能算是新贵；贵族要有很清晰的家族传承，像洛克·菲勒、摩根那种，白手起家，历经 150 多年，一步一步地形成气候。

既然“雄大”和“雄二”都属于富而不贵，市面上那些小土豪就更不入流了。远的，有7000万元嫁女的山西煤老板，炫富比阔，一掷千金，这似乎不是个案。近的，有一支7000人的中国旅行团远赴洛杉矶，干什么呢？开展购物大比拼。他们唱着歌也许还吃着火锅，一顿Shopping，人均刷卡消费达到一万美元，尽展土豪群体形象。这些人，还不见得富得流油，却染上了大手大脚的毛病，美其名曰豪爽、大气。你看，有了钱不一定就叫富豪，富豪了不一定就能富贵。

那么，**如果这些人本来身份尊贵又多金呢，算不算真富贵？也不一定**。**如果致富手段有问题，也肯定不被人尊敬，富也许富了，却贵不起来**。

近期，A股遭遇独立董事离任潮，饱受质疑的A股上市公司政商“旋转门”正在谢幕。200多家上市公司独董离任，省部级“官员独董”连连去职，兼职官员最短任期仅9天……

独立董事制度是干什么的？本应代表中小股民，制衡高管，不能让他们损害股东利益。可是在过去13年里，上市公司独立董事一度有640多个职位由党政卸任官员担任，而且常常是闲差，只用拿钱，不用办事，年薪动辄三四十万。

这样的为富之道有碍公平，这样的职位，按照舆论批评的，恐怕也有“尸位素餐”之嫌，这样的富贵当然也不是真富贵。

在独立董事离任潮的同时，我还注意到另一个“潮”，上市公司高管减持潮。数据显示，2014年5月份上市公司高管累计套现31.85亿元，与2014年4月份相比激增9倍有余。都说时下资金紧张，莫非“地主家也没有余粮”了么？我们知道，华谊兄弟的大股东王中军2013年在三个月里套现五亿元时就说过，“不卖股票没法活”。

有人说，人家套现是合法的，需要跟你解释么？你不能不承认，国内许多公司IPO纯粹以财富变现为目的，所以小股民怀疑大股东的短视行为，怀疑他们图谋不轨、纯粹圈钱，这在情理之中。你没听说，创业板被说成“创富板”么？当然，我们也不能否认，某些人的仇富情结比较严重，看不得别人比自己好，另当别论。

你看，在中国股市，通过合理合法的手段你可以赢得盆满钵满，却未必能赢得尊重和认同。这也有一个现实土壤的问题。据说，美国社会民众对富人赚钱的态度是开放和积极的，因为美国富人财富40%以上是通过纳税回馈社会，赚得多，做贡献也多，所以，公众心理能保持相对的平衡。这么一看，这般富贵，也差了那么一点点。

差在哪呢？看看“雄大”和“雄二”的答案。“雄二”马云的话里有三个关键词：帮助别人、善良、快乐。而“雄大”李嘉诚的答案是，“内心的富贵才是真富贵”。他认为，“真正的富贵是要懂得用自己得来的金钱，对社会尽一点义务和责任。只有你做些让世人得益的事，这才是真财富，任何人拿不走”。

私以为，这样的由富及贵，是有格调的，包括“雄大”和“雄二”，的确可以作为中国富豪共通的进阶之道。说起来就是一句话，古人早就总结了，“有德真富贵，无道是清贫”。

2014. 6. 4

财富去哪：穷人替富人背债，我们还应背多久

中国文联副主席、中国民间文艺家协会主席冯骥才说："中国的社会财富正在迅猛增长，但中国到底要富到哪里去？这是一个问题。"

财富去哪儿？这的确是个好问题。有不少新闻可做谈资：温州企业家苦干1年挣百万，不如妻子炒房轻松赚3千万；代表质疑广东财政预算，财政超支700亿去了哪里；腾讯十年发行超千亿元Q币，带动千亿人民币流动，虚拟货币市场又为何如此火爆？还有，中国外汇储备被美国剪羊毛，不能只会"无奈"，咱们的学费交的还不够多么；媒体曝光"珍奇古玩背后赤裸裸的权钱勾兑"，有贪官一块石头卖了50万元，难道因此就能瞒天过海么？

先说企业家的尴尬。《今日早报》报道："温州一家企业，拥有1000多名工人，老板精打细算，苦干一年，利润一百来万，而老板娘在上海买10套房子，8年后获利3000万元。"

还有一个证据，证明财富去了楼市。你看中国的摩天大楼热。据统计，中国在建摩天大楼，占全球在建摩天大楼的 87%。预计至 2022 年，中国摩天大楼总数将达 1318 座，是美国的 2.5 倍，其中 80% 将建在中小城市。

实体经济如此空心化，房地产业如此暴利化，很不正常啊！要知道，实体经济才是经济的基础。

老板娘在上海炒楼，上海的房价上涨她是“出了力”的。这几天地方两会，上海的代表、委员们可是很有意见，淡季不淡，高房价到底涨到哪一天啊？正好看到李开周的一篇文章《鲁迅若活在当代，也会冲进买房大军》。说是当年鲁迅和许广平夫妻两人结婚之后，在上海安了家，但是没有买房——他们一直是租房住。为什么都结婚了还不买房呢？因为上海市区的房价实在太高。这样的事实，不知是幽默还是讽刺？

除了楼市，财富还去了哪里？虚拟经济。腾讯十年来发行超千亿 Q 币带动 1000 亿元人民币的流通，这消息实在让人震惊，虚拟货币市场居然成了淘金圣地。媒体披露，围绕 Q 币，已经形成了庞大灰色产业链，在暗黑的地下互联网飞速运转。业内认为，近年来金融业和房地产业过度扩张和虚拟化现象，导致财富从实体经济流出。

另有些财富去向，则成了哑谜。广东省的财政预算报告就遭到代表质疑，“财政超支 700 亿为何没有说明”？是啊，预算支出与实际支出差额达到 700 亿，总得给一个理由吧？受到质疑的还有，教育投入的钱为何用不出去，“科技投入最大头 8 个多亿，为什么挂在组织部名下？”

事关民生，不该花的钱不能乱花，该花的钱一定要舍得。上海市人大代表李飞康提出，根据雾霾程度及天数，向居民发放一次性补贴。这是他第二次提出这一建议了，这样的提议又显得多么无奈啊！

说到无奈，这些天某些专家热议：由于中国外汇储备数额太大，增持美债既是市场行为，也是无奈之选——看这意思，穷人替富人背债是没有办法的办法。

说这话的背景是，中国购买美国国债再创历史新高，1 万 3 千多亿美元。《北京青年报》最新提出，面对中国外汇储备被他国频频剪羊毛的问题，不能总是无奈，坐以待毙吧？不能让欧美发达国家，特别是美国今天一把、明天一把地将外储这只“羊”的毛剪光，最终将肉也吃光啊。没错，钱扔在水里还能听个响声，我们的财富如此悄没声地流失，实在冤枉。

经济学家温元凯先生早有建议：“应该尽快把这两万六千亿的外汇储备变成中国资本市场，变成中国创新，变成未来中国发展的投资和实际的推动力，而不是去为美国人做嫁衣裳。”

还有一些不明不白的财富流失，不足为外人道。媒体披露，现在腐败有个趋势，“雅贿”成受贿隐秘通道。说近年查处的各类贪官，大多有这样那样的“小爱好”，从玉石到瓷器，从字画到古董，各类珍奇古玩越来越多地出现在他们的受贿清单里。新华网指出，高雅旗号下遮盖的是低劣的权钱勾兑，珍奇古玩背后是赤裸裸的权钱交易。有人送石头给官员，再托人花50万元买了这石头，美其名曰让官员“合理变现”；无利不起早，有浙江商人用价值17万元的字画古董，从贪官那里换来了175万元的土地出让金减免。如此财富流动，是慷国家之慨，谋个人之私，见不得天日。

财富去哪儿，不仅涉及制度和法律，也触及道德和良心。媒体爆料，四川绵阳市人民医院一名名叫兰越峰的女医生因反对医院过度医疗，受到医院一再打压，最终成为一名“走廊医生”，现在医院院长已被调查。在我看来，这位拒绝过度医疗的女医生就是业界良心。温州“诚信老爹”吴乃宜昨天凌晨去世，引发怀念无数。吴乃宜恪守“子债父偿”的承诺，曾拾荒织网替儿还债，引起国人关注，人称“诚信老爹”。这“诚信老爹”就是道德模范。

不知是什么事情触动情怀，北京中医药大学医学副教授曲黎敏今晨的微博这样写道：“人与人的差距，表面上看是财富的差距，实际上是福报的差距；表面上看是人脉的差距，实际上是人品的差距；表面上看是容貌的差距，实际上是心地的差距……”话说到这份上，财富去哪儿，已经不那么重要了吧，人心去哪，才是最最要紧的事。

2014. 1. 20

盖棺论定：数百年后哪些富豪会被人记起

盖棺论定，这是中国人的传统，不到最后一刻你很难下结论。俗一点的，参看崔天凯“提醒”安倍的话：“别看今日闹得欢，小心将来拉清单”；文一点的，你看陆游的诗句，“位卑未敢忘忧国，事定犹须待阖棺”。大慈善家邵老爷子西去，很多人盖棺论定，也有一句评价：老爷子，好人一个！

邵逸夫在家中离世，享年107岁，这是个大消息，大小媒体纷纷报道。报道他的头衔时，我注意到有些许差别，有的称他为爵士，有的说他是电影大亨，更多的，强调他的慈善家身份。

央视的报道是：“邵逸夫，散尽千金济众生”；《浙江日报》的报道是：“邵逸夫20年向内地捐赠34亿港元，逸夫楼遍布全国”。事实上，邵逸夫慈善为怀，历年捐助社会公益、慈善事务超过100亿港元，从地图上看，单是全国的逸夫楼就有近3万座。凤凰卫视无疑对此更为看重，评价说：“内地逸夫楼无处不在，邵爵爷功德无量。”北京卫视报道时，说邵逸夫的百年传奇比港剧更精彩、更传奇，还冠以“百年树人邵逸夫”的评价，这评价，以邵逸夫对教育的贡献倒也恰如其分。

当然，邵逸夫的百亿身家也成了众人关注的话题。此前，很多名人去世之后，后人为争夺财产都打得不可开交，远的有龚如心，近的有侯耀文。邵逸夫为避免这一点，早已立下遗嘱，捐的捐了，分的分了，清清楚楚。

腾讯网在报道中写下这样一句话，非常动情：“或许数百年后，今日陷于争产的富豪都已湮没无闻，但邵逸夫的慈善事业仍为人所熟悉。”这么说来，邵爵爷高寿啊，又岂止107岁呢？正如此前上译厂李梓去世，人虽远去，艺术却可以不朽；今天，邵爵爷西去，他的慈善遗产也能够长生久视。

盖棺论定，才看得清楚，这是公论；但，还有些人情冷暖世事变幻，我们不能盖棺论定，不是等不到，而是等不及。比如养老问题，就时不我待。北京市第一社会福利院被称为北京最难入住养老院，为什么呢？每年只能腾出来几十张床位，却有上万人排队，真要入住要等100年。100年？人生能有几个100年！

又比如房价，“房价上涨迫使中国‘鼠族’仓皇入地”。恕我孤陋寡闻，在看到《参考消息》昨天报道这事时，我一时还反应不过来。此前，我只知道“蚁族”、“蜗居”之说。当我弄清这是形容住在地下室的那些兄弟姐妹时，不禁一阵心酸。根据北京市提供的官方数字，有大约28万名外来务工人员住在地下室。

新华网也以“中国高房价催生‘鼠族’”做了报道。文章说，房价上涨使房子越来越成为大多数中国人可望而不可即的梦想，同时扩大了贫富差距，滋生社会不满情绪。

我要说句公道话，有时我们媒体关注他们的命运，也很谨慎小心。为什么说谨慎小心？我怕我们一关心，这些人连地下室都住不上。不是么？此前媒体报道，北京有些人在井底“蜗居”，结果没几天，井给封死了，反倒给他们惹了麻烦。

怎样让居者有其屋？新华社强调调控，说去行政化、差异化政策将成为调控主流；《京华时报》强调问责，说房价问责不能不了了之。但对于鼠族们，我怀疑，他们已经没有心情再听这些老生常谈了。

盖棺论定有时等不及，秋后算账还是必须的，比如，甘肃古浪一乡镇政府吃饭打白条，法院判决如数支付餐费。这就对了，政府吃霸王餐哪成？湖南有男子买彩票中1000万元，5年后变成逃犯全身仅剩80块钱，这叫悖入悖出，德不配位，必有余殃。

2014.1.8

第二章 彼岸：我们离中国改革的目标还有多远

外本内末，争民施夺，是故财聚则民散，财散则民聚。

——《大学》

众望所归：少说不痛不痒的话，放低姿态拉近距离

人大代表陈保华说过，“一个代表不称职意味67万人缺席”。瞧这分量！一个人代表67万人发声，真可谓众望所归。毫不夸张地说，两会乃是汇聚民情民意所在，众望所归之地。

这首先表现在关注百姓关注，广开言路。2013年全国政协十二届一次会议闭幕，全国政协主席俞正声的话，言犹在耳。他说，要“讲真话、道实情、坚持真理，敢于直言”。2014年3月3日，政协开幕，俞正声更进一步提出“三不方针”，叫作“不打棍子、不扣帽子、不抓辫子”。

什么叫“不打棍子、不扣帽子、不抓辫子”？我的解读是，两会就该是个百家争鸣的地方，但说无妨，言者无罪，闻者足戒。很多媒体也呼吁，代表、委员要多说真话，说实话，少说不痛不痒的话，放低姿态拉近与百姓距离。

在我看来，政协委员崔永元不仅敢说，而且敢做。去年他关心食品安全，只是嘴上说说，今年直接动手了。这一次，他带来的提案，“防止滥种转基因作物，对其加强监管”，可说是众望所归。为了这份提案，他此前四处调研，还拍了纪录片，赢得一片赞誉之声。崔永元说：“我自费100多万调研不是因为我是民族英雄，而是因为我‘轴’！农业部等主管部门应该回应我的调研情况，不回应我是他们丢人!”

“轴”点好！要挖出真相，为百姓代言，没点绳锯木断水滴石穿的“轴”劲儿还真不成。

大气污染治理，也需要点“轴”劲儿，这是今年代表、委员们关注的焦点话题，众望所归。去年两会，北京碰上沙尘天气，这次则遭遇雾霾天，昨天北京污染指数再次爆表。出现在各大媒体镜头的北京市民，一律戴着口罩。

五年来，百姓关心的话题中，环保问题首度排在第一位。全国29个省份已发布的2014年政府工作报告，“雾霾”仅次于“改革”，热得烫手。

如何应对“十面霾伏”？全国人大代表宋心仿在提案中实话实说，“千丝万缕的利益链，让一些地方治理雾霾时投鼠忌器”。政协委员孙太利则大声质问，监管不力背后可能隐藏腐败，有无官员从中捞取过好处？治理雾霾也要“老虎苍蝇一起打”。

相比之下，全国人大代表吴碧霞是个行动派，身体力行，连续3年骑自行车报到、上会。吴碧霞说，她会履行在任期内都会骑自行车报到的承诺。吴碧霞是女高音歌唱家，看起来，她唱的比说的好，她做的比唱的还好。

除了环保，对弱势群体的关注也是众望所归。政协委员何香久今年准备再次提交提案，呼吁社会对农民工群体文化需求进行关注。说有农民工兄弟月薪6000元不舍得看场电影，整个群体陷入文化孤岛。借用央视观点，改革就要兼顾不同群体的特殊利益。

再说个人所得税改革，这关系太多百姓切身利益，更是众望所归。《人民日报》的报道很能反映问题：现在个人所得税似已沦为“工薪所得税”。在全部个人所得税收入中，近2/3来源于中低收入家庭。

英国经济学家哥尔柏曾把征税的艺术概括为：拔最多的鹅毛，听最少的鹅叫。现在，有必要呼吁：手下留情，不能见鹅就拔毛。此时，人大代表宗庆后的建议就显得很有人情味——应免征工薪阶层个人所得税，以抵消生活成本的增加。

要说人情味，这次两会的一个细节，也很能体现人情冷暖，众望所归。全国政协十二届二次会议昨天开幕时，特地向昆明暴恐事件遇害民众集体默哀。

我也不能不说到昆明暴恐事件中那些不该被忽略的细节，面对杀红了眼的暴徒，大喊着“喂，你们几个来砍我”的派出所副所长张立元；那个一棍打在歹徒身上的保安小丁；还有那上千名自发排队献血的普通市民，据说创下历史纪录。最新消息传来，案件告破，这个暴力恐怖团伙共有6男2女，击毙4名、擒获1名（女），其余3名在逃犯也已落网。

此时，在苍茫的血色中，除了暴徒的残忍，我们同时见证了什么叫勇气和守望相助，什么叫法网恢恢和人心所向。

2014. 3. 4

敬畏民意：为什么个体的幸福感没有水涨船高

敬畏民意，这四个字，信息含量太丰富了，这里面，承载了太多百姓的诉求和期待。这个词，出自傅莹之口。这是昨天的两会好声音，过耳难忘。

傅莹说："人大代表，首先要做维护和遵守法律的模范，要怀着对民意的尊敬，要怀着敬畏之心，廉洁自律，依法履职。"作为十二届全国人大二次会议发言人，傅莹在回应衡阳贿选案时做出上述表示。她说，花钱买选票的人怎能代表人民呢？

说得好！**私以为，敬畏民意这四个字，不仅是一种原则，一种态度，也是一种技术。民意，至少可以分解为民生的热点、难点、痛点、亮点四个层面的诉求。**

要说热点，有一种炙手可热叫明星效应。这样的现象，在两会现场随处可见，据说刘翔就被记者堵在电梯角落里动弹不得。但是，明星效应并不是真正的热点；真正的炙手可热叫真知灼见，他们抛出的思想和见地代表了多少民意才是热点。

记得去年，姚明一张抬头望天的照片不胫而走，此处无声胜有声，引发很多人唏嘘不已。今年环境治理超过反腐成为第一民意热点，不知小巨人在记者包围圈中迂回前进时，又作何感想？各位代表、委员又将如何反映公众这热烈的期待呢？

和民生的热点相比，我今天多说说民生的难点、痛点和亮点。难点在哪里？大数据显示，最难解决的问题是收入分配差距过大。据调查，90%的被调查者对自己的收入不满意。全国人大常委委员郑功成认为，这主要是因为很多人收入太低了，70%的职工月收入只有2200～2500元。政协委员迟福林警告说：中等收入群体比例过低威胁社会稳定。

此时，一份榜单悄然出炉。《福布斯》2014年全球亿万富翁排行榜，中国亿万富豪总数位居世界第二位，净资产超过10亿美元的富豪152位，王健林、马化腾、李彦宏、宗庆后这些名字耳熟能详。

收入分配问题，不仅低收入者关心，高收入者也关心。全国人大代表陈伟才说了，“正部级干部年薪20多万，还不如一些大企业部门经理，这种薪酬分配很不合理”。陈伟才说：“现在一提公务员加薪，就被骂，公务员薪酬应该建立制度规范”。

说这话时，2013年31省份GDP含金量排行榜也闪亮登场，上海、北京、广东连续三年蝉联前三，GDP大省山东、江苏排名落后。可问题是，人均几何？经济蛋糕做大了，为什么个体的幸福感没有水涨船高？

私以为，如果一种收入分配制度，低收入者和高收入者都大感委屈的时候，制度改革已经呼之欲出了。

那么，民生的痛点又在哪里呢？房价。数据显示，高房价连续 6 年列两会热议榜前三位。

关于高房价，全国人大代表宗庆后有话要说：“房价是应该要往下掉的。现在缺房子的是刚性需求的老百姓，这么高的房价买不起。买不起的话，影响社会稳定。”为什么降不下来？宗庆后分析，“现在房地产价格挺在那个地方，地方政府、银行跟房地产商合在一起跟中央博弈，这都是利益相关人。”

说这话时，住房城乡建设部部长姜伟新面对记者的刨根问底，说出四个字来：“双向调控”；住建部副部长齐骥面对记者提问“房价今年是不是拐点”，点了点头，同样讳莫如深……

那么，民生的亮点又在哪里？面对传统村落的消失，全国政协委员冯骥才这样说：“时代变迁不能把祖宗的精气神丢掉。”

在这方面，冯老不会缺少知音。近一点的，有全国人大代表陈代富，他说：“市场经济搞活了我国经济，但是也产生了一些利益至上的思想，为了金钱不择手段、不讲道德诚信的现象屡见不鲜”；有财经作家叶檀撰文呼吁：“改革亟需建立底线思维，严惩金融领域的欺诈者，严格以法治与信用建立正确的激励机制”；

有《人民日报》的评论文章："为深化改革提供法治保障"；远一点的，还有经济学家茅于轼，他提出，市场经济要正常运作，除了法律，更重要的还在于市场道德；再远一点，甚至还可以上溯到亚当·斯密的《道德情操论》。

这样的民意，就建立在这一个个民生的热点、难点、痛点、亮点之上。如此敬畏民意，就是敬畏公共责任，敬畏公民权利，敬畏法律制度，敬畏道德律，如同敬畏我们头顶灿烂的星空。

2014. 3. 5

改革原动力：改革本身常常是由问题倒逼产生的

全面深化改革正成为时代浪潮。马云说："有些人天天骂着体制却享受着体制。"私以为，这些吃肉骂娘的人，是不可能成为改革动力的。那么，改革动力来源何在？

一个时髦的说法是，"向深化改革要动力"。当这句话被人们说得越来越溜的时候，我要问一句，改革本身又从哪里要动力呢？就好像，有了母鸡，就不愁鸡蛋，但是母鸡，从何而来？

2014年的《政府工作报告》中多次提到改革，高达77次。仔细研读，私以为，这里面就有答案。我对“三个改起”的提法印象深刻。哪“三个改起”？深化改革要从群众最期盼的领域改起，从制约经济社会发展最突出的问题改起，从社会各界能够达成共识的环节改起。

从这句话里，**我发现，改革动力，居然大多是倒逼出来的。你看，雾霾治理不是雾霾治理，这是“群众最期盼的领域”，于是，雾霾的压力就成了政府认真宣战的原因；简政放权不是简政放权，那是解决“制约经济社会发展最突出的问题”，庸官懒政就成了需要解决的“肠梗阻”；同理，互联网金融改革、教育改革和医疗改革等等，那是“社会各界能够达成共识的环节”。于是，这些民生难题、利益纠葛甚至是发展阻力恰恰成为民众迫切推动改革的原动力。正所谓：民之所望，施政所向。**

先说这倒逼改革的最大动力：民众期盼。向雾霾宣战如何倒逼深化改革，这很容易理解，再不改革，再不放下黑色GDP的发展理念，我们的生存都很成问题。

至于“像对贫困宣战一样，坚决宣战雾霾”，还有一层原因，GDP不断上涨，但是百姓收入增长却非常缓慢。据说我国42个城市人均GDP进入高收入行列，但真正攥在百姓手里的，仨瓜俩枣。例如，昆山2011年人均GDP达到人民币336132元，但城镇居民人均可支配收入也只有35190元，只有前者的1/10。其他城市也大抵如此，与国际上动辄55%的占比相去甚远。

于是，我们就不难理解了，“不能让贫困代代相传”这句话为什么击中了那么多网友的心坎，纷纷点赞。

再说改革动力之二：简政放权。深入推进行政体制改革，是大势所趋。2014年政府要再取消和下放行政审批事项200项以上。此前，新一届中央政府半年多已简政放权416项。

对此，全国政协委员方方格外激赏，他认为，“简政放权”是政府工作报告第一亮点，相当于政府自我革命。新华时评也认为，简政放权是一场效能革命。还说，习惯了审批式的管理，要大幅度减少审批事项，相关人员恐怕会感觉不适应，甚至失落。

私以为，自我革命是勇气、智慧，也是大势所趋。开上汽车就应该放下赶马车的鞭子，开了飞机，就不要再到处寻找方向盘。那些繁冗程序、低下效率，是百姓办事的“绊脚石”，倒逼着简政放权再次“提速”。市场经济升级版，哪里再受得了审批“马拉松”，“公章旅行”呢？

再看看金融改革的改革动力来源吧。这次，互联网金融首次写入政府工作报告，吹皱金融改革一池春水。互联网金融这一争议颇多的“搅局鲶鱼”是否获得了最终的认可呢？

从央行行长周小川那里，已得到肯定的答案，说余额宝等金融产品肯定不会取缔。全国政协委员郭广昌则掩饰不住激动的心情，他说：“这是非常接地气之举，政府对互联网金融采取了一种很宽容的态度，没有去消灭它，充分地利用互联网金融倒逼金融业的改革是一种施政的进步。”

值得一提的是，本届两会，多位经济界的大佬纷纷就余额宝为首的互联网金融展开了激烈讨论，论战甚至上升到道德高度。由此可见，金融业的改革被互联网金融倒逼压力之大！此时，余额宝规模已达5000亿元，用户数突破8100万，数量超过A股股民。

最后，我想再提一提教育和医疗领域那些倒逼改革的动力所在。全国政协委员、北大常务副校长柯杨说："有家长把孩子送到北大时这样说，'让你读北大不是为日后挣8000元工资，而是希望你当省部级官员'。这实在让人痛心！"可是，心痛之余，我们是不是也要反思，我们的教育体制出了什么问题呢？难道真的一点没有功利主义的倾向么？

医药领域，原卫生部副部长黄洁夫说了，"让医生签协议不收红包很可笑，这是不尊重医生和医学的表现"；政协委员钟南山则爆料"中国医生靠卖药、用设备检查来生存"，更是揭开医疗领域乱象的冰山一角。

私以为，改革动力，常常是由问题倒逼产生。同时"倒逼"出来的，也应该是改革的决心与勇气。这一动力来源决定着，深化改革注定是艰难的，注定要啃硬骨头。同时，也决定了深化改革是经济发展的客观需要，是历史潮流，浩浩荡荡，顺昌逆亡，不可阻挡！

2014. 3. 6

利益集团：当年改革受益者，今天改革最大阻力

深化改革，最大的阻力是什么？全国政协常委厉以宁昨天给出的答案振聋发聩，是利益集团和制度惯性。这句话，让我产生马上就说的冲动。

事出有因，去年，我们经济之声办“大国大时代”讲座，请厉老爷子做首场嘉宾，近距离接触过。说好 20 分钟的讲座，老爷子一张稿纸不带，脱口就来，完了掐表一看，21 分钟。就这么干净利落，就这么精准。今天，他给出的答案无疑也相当精准老到。

厉以宁说：“我们的改革进行已经 30 多年了，今天改革的形势和 30 多年前是不一样的，因为一些比较容易改革的都已经改了，剩下是一些难题。刚才提到了硬骨头是什么？第一个，利益集团。利益集团认为改革有损于他们的利益，因此有各种不同的反映。”

利益集团，可谓最大的改革阻力。问题来了，谁是利益集团？全国政协委员

王小康说到一件事，“河北赫赫有名的‘红豆汤事件’，70 家污染企业都有问题，可是罚款平均下来，每家不到 8 万”。王小康感慨道：“有的地方超生能罚款 80 万，违法排污罚款不到 8 万元，这简直是保护性罚款！”

再说一个例子，国家发改委专家李铁解读政府工作报告时说了，所谓记得住乡愁，也就是保留我们传统的文脉特色，它和开发模式有直接的关系。可是，“现在的城市千人一面，地都被大地产商开发了，哪还记得乡愁？”这件事背后，也能看到利益集团的影子。这些人往往对公共权力和资源享有支配权，但也往往会侵蚀公共利益和弱势群体的利益空间。

利益集团是怎样炼成的？有这样的说法：任何一个国家，只要有足够长时间的政治稳定，就会出现特殊利益集团。比如，某些地方政府和房地产开发商。中国至少有这样两大利益集团，一个可以叫作权贵资本利益集团，另一个是金融资本利益集团，都是中国改革最大的受益者。可是，**你看，当年的改革受益者，今天作为既得利益者，却成了改革的最大阻力，硬骨头，拦路虎，触动他们的利益往往比触及灵魂还难，这是不是一种讽刺呢？**

私以为，从市场经济择优分配理论来看，深化改革和利益集团割肉并非是天敌，并非一定有你没我。改革不是革命，更不是劫富济贫，改革的目的，是如何更有利于市场择优配置，提高效率和产出，增加财富的积累。从长远来看，化阻

力为动力实现多赢，不是不可能。破解利益集团，我提出这么六大必杀技：

第一必杀技：扶持民间资本，控制利益集团规模。这一点，政府工作报告已经明确提出，将要制定涉及金融、石油、电力、铁路等七大领域民间资本参与中央企业的办法，为民间资本开辟新的渠道。让利益集团给民间资本让出一个口子，政府这只看得见的手大有可为。但是，用好这只手也大有学问。

这就涉及到第二必杀技：提高政府办事效能和透明度，制约利益集团。说起这个，财政部部长楼继伟承认，如果一项政策造成人间悲喜剧，是有缺陷的。这句话，是针对一些夫妻假离婚卖房避税有感而发。全国政协委员巩汉林更是有话不吐不快："我们一直在强调'要把权力放在阳光下运作'，但是最终都还停留在嘴巴上。许多重大的环境问题，靠媒体靠记者去冒着生命危险调查之后才曝光，你环保部干了什么？"——言辞尖锐，相当有理。

第三必杀技：给年轻人更多机会，扩大草根成长空间。大数据调查，什么人最关心政府工作报告呢？30～39 岁的人最关心。今年，大学生关注比例也创历史新高，尤其对就业这一块。一个国家，年轻人没有前途，国家也难说前途，所谓"少年强则国强，少年智则国智"。

第四必杀技：收入分配制度更合理一些，增加民间财富积累。这一点，全国政协委员曹德旺和财政部长楼继伟隔空对话：一个建议个人所得税 3 万元起征，一个回应：简单地提高起征点做法并不公平。怎样才算合理？人人心里都有一杆秤。

第五必杀技：提倡互联网思维，消减利益集团权力。全国政协委员李彦宏就说："中国可以把很多传统产业用互联网的方法再做一遍，互联网是上天赐给中国的一个机会，会使中国变得更强。"事实上，互联网的发展，特别是各种新媒体的出现，也的确是极大消减了利益集团的话语权和决策垄断。

第六必杀技：建立底线，让全社会形成共识。这也是非常重要的环节！如厉以宁所说，“两个底线是不能违背的。第一是法律底线，第二是道德底线。你没有信用，你有什么道德底线啊”？此时，武汉传出，一地下通道造价1200万元，吊顶却是纸糊的，胶水粘的。

由此，我们可以看到，去利益集团化完全可以多点渗透，全面开花。**对利益集团而言，改革也并非世界末日，真正有效的深化改革对利益集团不是割肉，而是补血啊，因为一个公平高效“不讲诚信无利可图”的市场，必将给所有人带来更多的共赢机会。**

窗外，全面深化改革已是大势所趋。青山遮不住，毕竟东流去。

2014.3.7

底线思维：有坏事帮你担着，有好事分你一杯羹

在山西晋祠，有这样一副对联：同声相应，同气相求，同人共乐千秋节；乐不可无，乐不可极，乐事还同万众心。我以为，“乐事还同万众心”就是一种底线思维，让人民共享改革成果，有坏事政府帮你担着，有好事也分你一杯羹。对一个拥有1亿多贫困人口的发展中大国来说，这样的同甘共苦，“托底”“保底”又显得多么重要呢？

2014年两会，表现出很深切的底线思维。比如粮食安全，有人呼吁，需坚守粮食安全底线，不能出现丝毫闪失；比如制度防范，有人建议：要从源头上关紧财政资金的“水龙头”；比如民生保障，有人提醒，延迟退休的底线是不能损害普通劳动者利益。

如此底线思维，关注最底线的民生，在这届两会，蔚然成风。全国政协委员莫言关注养老问题，提议失独家庭父母应优先住养老院；全国人大代表周振波认为，农民工养老问题也非常突出，应该守住百姓基本生活底线；全国人大代表张兆安则关心延迟退休问题，他说，延迟退休不能损害普通劳动者利益。

还有一个细节您注意到没有，这几天，多位部长跟媒体“面对面”时，都被问到牵涉“个人体验”的问题，比如“你吃转基因食品吗?”“你家有空气净化器吗?”“你抽烟吗?”等等，受到网民强势围观。这何尝不是大家对“底线思维”的期待呢?

《新京报》评论认为，过问部长“私事”，其实是希望他们在制定政策前，能有“平民视角”，换位体验。没错，己所不欲，勿施于人。要想同气相求，就要先与民众站在同一屋檐下。

从这个意义上说，**有一种底线叫粮食安全，全国政协委员钱克明呼吁：需坚守粮食安全的底线，保证口粮绝对安全和谷物基本自给，不能出现丝毫闪失；有一种底线叫制度防范，上海市监察局副局长花蓓代表认为，要把欲望关进笼子，需要从源头上、制度上关紧水龙头，还说，“开着水龙头拖地是永远拖不干净的”，真可谓醒世恒言。**

延伸开去，全国政协委员李心说“今年广东将专项审计社会抚养费”，就是应有之义，尊重公众知情权何尝不是一种底线？大会叫停赵本山组织部分政协委员集体观看“本山大舞台”，也属于理所当然，有一种底线思维叫防微杜渐。当然，还有一种底线叫作有法必依。舆论认为，对恶性伤医零容忍是法治底线。说这话的语境是，这几年多地发生针对医生的暴力事件。

说到这，要说说第三个层面了，底线思维也是一种操守和信仰。这也非常好理解，做人和为官不是也需要底线么？

2013“山东好人”十大年度人物颁奖典礼刚刚隆重举行。那些平凡人的善举当然应该被嘉奖，但我们要说，做一个好人不该那么难！

为官也需要底线。这几天，多位政协委员提议“为公务员加薪”，引起了广泛争议。对此，我有话要说。不妨说说去山西的见闻吧。在山西平遥，那里有个县衙保存非常好。听人介绍说，明清时期的县令俸禄非常少，甚至不及钱庄里的伙计。那这些人为什么还要出来做官呢？因为很多人抱着拯救苍生的理想。这个说法并不夸张，想想海瑞就不难理解。“穷则独善其身，达则兼济天下”，也的确是历来中国文人的理想。

关于这个，《人民日报》提出，“当官即不许发财”，应当成为干部从政的底线。全国政协常委孟学农说得很实在：公务员觉得收入不够高，可以“下海”畅游去。

在此，我还想借一副对联收尾，这是唐大中年间，江西浮梁县衙上的一副对联：**得一官不荣，失一官不辱，勿说一官无用，地方全靠一官；吃百姓之饭，穿百姓之衣，莫道百姓可欺，自己也是百姓。**

2014. 3. 8

两会温度：民生情怀，提升整个国家的温度

两会也有温度么？那当然。代表、委员支持什么，反对什么，喜欢什么，反感什么，这都是温度。温度也有很多种，有人本温度、有民生温度、有政治温度，甚至在制度设计上也能传达出温度来，这些温度叠加起来，就形成2014年两会独具魅力的民意生态场。

有一种人本温度叫“休戚相关”。这是外交部部长王毅昨天答记者问时说的话。在昨天人大代表热搜榜上，王毅部长也是最具热度的一个人。王毅说：“中

国梦既是中国人民的，也与世界各国人民的梦想紧密相连，休戚相关。”

什么叫休戚相关？就是欢喜忧愁，大家都在一起。这让我想到去年的今天，前外交部部长杨洁篪说过的一句话，“我们都生活在地球村，大家出行要同舟共济”。这一“休戚相关，同舟共济”的精神，在昨天发生的“马航航班失联事件”中，得到很好的体现。

当飞机失去联系，154 名同胞生死不明，外交部长王毅中断记者发布会去应急处理，众多两会代表、委员也高度关注，呼吁通力合作，共同面对困难。这很容易让人联想到另一情景，昆明暴恐事件，在大会开幕为昆明暴恐中遇难的民众默哀时，我们同样感受到这一人本温度。

还有一种温度，在两会上随处可感，那就是民生温度。比如安全问题，像是公共安全、食品安全、网络安全、生产安全，都集聚了两会代表、委员迫切的目光。像新华时评所说，我们不可能化解所有的灾难，避免所有的伤害，但我们可以做出更多努力，尽力让老百姓更加“安心吃”“放心行”“踏实睡”。

又比如环境污染，社会各界集体宣战，全国人大代表钟南山对雾霾深恶痛绝，他说高浓度雾霾对人体影响大。据有关数据，淮河以北人均预期寿命因雾霾短了 5 年多；环境保护部副部长吴晓青则不无沉重地表示，去年，中国 74 个城市只有 3 个城市达标，最差十个城市京津冀占 7 个，是时候让 GDP 也为环境污染付出代价了。

如何提高老百姓的收入呢？代表、委员更是热心。全国人大代表刘永好建议，提高个税起征点，从现在的 3500 元提高到 6000～7000 元。如果能够大幅度提高起征点，就能让更多基层员工享受改革成果。英雄所见略同，此前，曹德旺委员更是大手笔地提出“应该3万元为起点”，就像他捐款时动辄上亿的慷慨劲儿。

要说慷慨，吴江委员谈起收入分配更是慷慨激昂，他说，我国当前收入差距过大的一个重要原因是收入分配不公。那些不合理的分配旧秩序、潜规则已成为利益固化的藩篱。怎么办？必须深化改革，建立以缩小不合理差距为导向的收入分配新秩序。

你看，同样是民生问题，代表、委员或横眉冷对，或满腔热忱，可说是爱憎分明。在政协委员莫言看来，千百万人这样的善念集中起来，力量会非常强大。

你知道么？制度设计上也是有温度的。同样能代表着民意的好恶，人心的走向。湖北省政府在李娜澳网夺冠后送给李娜80万元奖励，在社会上引起强烈反响。人力资源和社会保障部副部长何宪就说了，对于此类奖励应予以规范，那是百姓的钱!

体制里也有人情冷暖。全国政协常委黄洁夫说了，社会上对医生这个行业缺乏信任，并非没有道理，这是因为医疗体制没改，医院的逐利性没有改。全国人大代表钟南山表示赞同，呼吁进行体制改革。

不能不提到政治温度了。有这样一个细节，做媒体的都知道，部长通道是记者采访的重地，但想要采访到部长本尊不容易。去年一位女记者就因为拦住的部长多而走红，人送外号“拦部姐”。而今年，她恐怕没有用武之地了。媒体发现，很多部长会主动迎接媒体采访。从被拉拽到主动迎接采访，你能感受到政治温度的变化么?

对反腐倡廉的畅所欲言，也很能体现政治温度。**人大代表、作家二月河旗帜鲜明地表达对高薪养廉的反对，说从历史角度看，历史上工资最高的时候是宋朝，但宋朝是中国历史上最腐败的朝代**。中央纪委书记王岐山很认真地听取二月河的发言，不时点头。

在渎职追责方面，政治温度也有明显变化。最高人民法院首次明确，依法追究以“集体研究”实施的渎职犯罪，“集体负责”无人担责的情况今后或可避免。**私以为，让违法者付出更高成本，这是责任追究的要害所在。对违法者使用霹雳手段，才显出对守法者的菩萨低眉**。

说这话时，全国十大被点赞民生领域行业排行公布，在北京，点赞人数最多的领域是“治安”，并以13.39%的点赞率居全国首位。北京警方公开感谢市民的理解与支持。这也很能反映政治温度，此刻，人情冷暖已然成为一种风向标和温度计。

这是有温度的两会，也是有态度的两会，这样的温度和态度决定着改革力度；这是有温度的两会，也是有情怀的两会，这样的民生情怀，最终提升的，必是整个国家的温度。

2014. 3. 9

制度松绑："再不松绑，中国创造就要胎死腹中了"

奇了怪了，我发现，今年两会，有一个词，非常高频率地出现在代表、委员口中，赶快跟大伙分享下我的发现。

什么词呢？你看，全国政协委员袁亚非呼吁，政府加快发展混合所有制经济的时候，要为民营资本"松绑"；中科网董事长张立福显得更为急迫，他说："再不松绑，中国创造就要胎死腹中了。"这样的措辞，也出自刘永好等民营企业家之口。

对，这个词，就是"松绑"。不仅是民营企业家，其他行业的代表、委员如出一辙，冯小刚委员满肚子委屈：审查过程太过繁复，快给中国电影"松绑"！饶子和委员遥相呼应，高校也要松绑。落实好办学自主权，让高等教育从规模扩张转到内涵发展上来。

这么多人异口同声要"松绑"原因何在？用制度经济学的角度衡量，在存在制度缺陷的社会里，大量的劳动被浪费，或被互相抵消，结果是全社会的经济效率比较低。也许，原因就在这里。

不只是浪费，效率低下，由此造成的市场竞争不公也是重要问题。如袁亚非委员所说，“玻璃门擦擦干净还是玻璃，天花板抬高了一点还是天花板。发展混合所有制不能只拿民资做点缀，民营经济也应享受平等规则”。

当然，我们也要深入探究，制度松绑之后一定能带来制度红利吗？一如很多网友质疑的，给电影松绑之后，是不是就能拍出好电影？

制度经济学认为，良好的制度安排是经济发展的关键，所谓“市场并无魔力，趋利避害全看制度设计”。这里有一个样本可做参考，就是上海自贸区。距上海自贸区挂牌成立过去近半年时间，目前已有超过400家外资企业入驻。制度创新所带来的改革成效正在逐步显现，开放促改革的“制度红利”有望辐射全国。

一切有迹可循，金融改革释放巨大制度红利，制度松绑就是最大的经验，只需看看“负面清单”的制度创新，简政放权、宽进严管的一系列举措就知道了。用政府工作报告中的表述，这是：放开市场这只“无形的手”，用好政府这只“有形的手”。

对政府这只手，我们的确寄予厚望，比如养老金保障，人力资源和社会保障部副部长胡晓义说了，政府可以对养老给出承诺，没有入不敷出问题，没有资金缺口；不过，全国政协常委徐辉说了，中国新农保每人每月55元基础养老金仍显太低；至于社会保障，他承认，仅仅是非常基础的保障，覆盖面还不够多。

在这样的语境下，全国政协常委蔡达峰提出“事业单位应该同工同酬”就引发网友强烈共鸣；屠杰委员关照弱势群体的建议也让人心生温暖，他说：“残疾人更需要政府和社会的关怀与帮助，对残疾人施行火车票半价优惠政策众望所归。”

那么，怎样给市场这只手松绑呢？在很多领域还是摸石头过河。全国人大代表、三亚市长王勇说了，“房价应由市场决定，调控本身就是错误的”。对这一说法，我不敢认同，但他这句话说得却是非常精彩，“最会分析市场的还是市场本身”。

下面的争论也许更具样本意义：全国人大代表冯大中提出，“应立一个‘动迁法’，拆迁要天价的，该上行政手段就上手段”。北方重工集团董事长耿洪臣马上表示反对，“财产权是公民的合法权利，立什么法也不能说拆就拆了”。

制度经济学里有一个很重要的理念，要实现物质利益，无论是货币的还是非货币的，很重要的前提就是明确财产的所有权。用《国富论》的论点，“在公正律的支配之下经由看不见的手引导，走向私立和公益的和谐一致”。此处，财产权、公正、和谐将是未来改革当中不容不正视的关键词。

还是经济学家厉以宁说得好：守住法律底线和道德底线，是最起码的社会责任！关于法律，昨天，全国人大相关负责人多次强调“凡属重大改革都要于法有据”；关于政务诚信，河南原政协主席王全书大声疾呼，先辟谣后认账、只承诺不兑现、朝令夕改、数据掺水等都是政务失信的突出表现。

制度松绑之后的红利在哪里？用经济学家辜胜阻的话说：“只有政府以更大的勇气做好了自身的改革，理顺了政府和市场的关系，经济体制改革才能水到渠成，才能顺利地推进。如此，才能释放改革最大的制度红利。”

海阔才可凭鱼跃，天高方能任鸟飞！

2014. 3. 10

改革成本：为什么他们发出“上面很好下面好狠”的哀叹

昨天呼吁为民营企业“松绑”，引起不少共鸣。今天，我有了更深的感触，马上要说。

全国工商联副主席庄聪生昨天用简短而又犀利的语句，替民营企业发声，“没有强有力的法治保障，民营企业就是‘易碎品’”。他还感叹：“当企业遭遇选择性执法和滥用自由裁量权时，只能无奈地发出‘上面很好，下面好狠’的感叹。”

为什么会出现“上面很好，下面好狠”的状况呢？一项很好的政策，到了下面怎么就走了样？没有法治保障的改革会不会也走样呢？这实在让我骨鲠在喉。这是改革成本问题了。

按照成本效益原则，我们应该让效益大于成本，而且，这成本应该是正常的市场交易成本，而不是政策上的障碍，人为的干扰。确定改革成本有很多好处，至少，我们会清楚盐从哪咸，醋打哪酸。

那么，是什么人在承担改革成本呢？用逆向思维可以看出端倪。首先，可能是国有资产。这个不用多说，按照过去国企改革经验和教训，在一片改革声浪中很多国有资产变成了少数人牟取暴利的对象。

付出巨大成本的，还有环境。全国政协常委秦大河说了，“中国改革开放30多年当中，经济得到了很大的发展，环境却付出了沉重代价”。这个也不用解释，到头来，所有人正身受其害。

已经或者正在付出成本的还有农民群体，国家土地副总督察徐德明提出，土地改革的前提是，不能损害农民权益；经济学家袁钢明也说，改革核心是重视农民利益。——喊的最多的，往往正是我们的工作最薄弱的环节。

人大代表张兆安在呼吁“延迟退休不能损害普通劳动者利益”了。没错，同样付出改革成本的，还有很多普通劳动者。事实上，“改革成本”这个词，是中国经济转型时期的术语，20世纪90年代前期国有企业改革，“改革成本”是由国家、企业和个人共同分担，很多普通劳动者早已为改革做出了“贡献”。

现在，该是重视改革成本的时候了。以医改为例，按照钟南山代表所说，“大医院医生收入从医院得到的大概不到四分之一，其他都由自己搞定”。这么说来，以药养医、过度检查什么的我们就不难理解了。**病人当然无辜，医生也未尝不是体制的受害者，他们本该靠技术吃饭，现在却“不务正业”，不排除情非得已的成分。可是，凭什么让患者买单呢？这种逐利性的医疗体制不是该改一改了吗？**

在其他领域的不正常现象，用改革成本一看，也一目了然。代表、委员说了，异地报销医疗费，为什么不能实现全国“一卡通”？**这无外乎各地方的利益之争，最大绊脚石就是地方保护主义。切蛋糕，可以，做蛋糕恕不奉陪。**

代表、委员也在热议高速公路收费问题。都知道高速公路不该是政府的“提款机”，可是要把公路从公权力手里夺过来，还给公众，谈何容易？改革成本同样是核心所在。**如果不是“壮士断腕”“背水一战”，让利益集团割肉，恐怕简直是与虎谋皮**。

公车改革问题又如何呢？舆论认为，公务车制度改革触及官员切身利益，改革之路必然举步维艰。业内预测，公车改革带来的市场机遇将有望达到1000亿元。全国人大代表曹可凡说了，公车改革需有“自我革命”的勇气。

好一个“自我革命”！这正是本次政府工作报告的亮点之一。从改革成本来看，也非常合理，既得利益者不去承担改革成本说不过去。自我革命，还有更迫切的需要，就是让政府主动适应转变，真正让市场在资源配置中发挥决定性作用。

说这话时，互联网金融改革再起风云，成本考量居然成了护身符。阿里巴巴最新发报告抨击银行低吸高贷，为余额宝辩护。“余额宝不仅不会推高社会融资成本，相反，增加了实体经济可用资金总量，为实体经济输血”。余额宝说这话，颇有底气。坐拥5000亿元真金白银，已逼得大象跳舞，让动辄几万亿、十几万亿身家的国有大银行和商业银行寝食难安。

一个去人治、重法治的市场环境，必能让改革成本最低，达成最好的社会效果。法治精神显得何其重要呢？庄聪生所谓“没有强有力的法治保障，民营企业就是‘易碎品’”言犹在耳，人大代表蔡继明所说的“长官意志”也实在值得警惕，他说，除夕放假这种涉及亿万国民作息调整的大事，“没有经过立法机构，到了最后决策时，就是‘长官决定’，这靠不靠谱?”说这话的语境是，两高报告昨天开列“打虎拍蝇”成绩单，8名省部级贪官落马，34147人因“坑民”的职务犯罪被立案。

上帝的归上帝，凯撒的归凯撒。我们所有的努力，是用最小的成本突破利益格局束缚达到改革的目的。什么目的？有福同享，民富国强。

2014. 3. 11

利益共享：如何挤压垄断福利、增加国民福利是个难题

改革红利，要大家分享，绝不应该是少数人吃肉，大多数人喝汤，甚至某些人群连汤也喝不上。您同意么?“利益共享”这个概念，我认为，实在具有非常现实的意义。

全国政协委员舒红兵一语道出了现实的沉重。他说：“因为我自己出身贫寒，我更关注我们底层的老百姓。这几十年正是中国社会发生变化最大的时期，可是在我们村里面，百姓的生活质量，像是医疗条件、孩子上学没有真正的转变。”

他呼吁，多帮帮底层人民。

舒红兵提到的过去“几十年”，到底该怎么评价？**舆论普遍认为，1978年改革开放以来，中国经历了30多年高速发展，取得了许许多多的“红利”，中国的GDP蛋糕已经超过日本做到了世界第二就是明证。但这样巨大的“红利”，是不是全民共享，雨露均沾了呢？没有，其中，相当部分的蛋糕被利益集团占有，国民福利和经济总量明显头重脚轻。**

全国人大常委会委员郑功成的研究表明，占全国总人口30%的城镇居民享受了95%以上的社会福利资源；而占全国总人口70%以上的农村居民只享有社会福利资源的5%。就在城市内部也出现极大的分化。卫生部前副部长尹大魁先生曾透露，公共医疗开支80%是用在领导干部身上。

于是，我不能不说到“垄断福利”一词了。全国政协委员温克刚认为，垄断福利在医院、电力、燃气、电信、公交、供水、铁路、民航等垄断性行业内由来已久，人民群众意见很大却无可奈何。用法学泰斗江平的话说：“这种垄断性的利益都是内部消化的，变成了利益集团，高福利有点过高了，容易形成腐败窝案。”

没错，“利益共享”的利益，指国民福利，也指垄断福利。**如何让改革红利转化成国民福利，变成老百姓手里的散碎银子，这是改革的目标；如何挤压垄断福利，增加国民福利，以实现改革红利的真正释放，这是一个难题。**

根据央企薪酬调查，垄断程度越高，福利越好。难道说，让贺优琳代表说着了，“国家领导人的办公台还没我的大。官一级比一级小，但办公室一级比一级大，越小的官办公室越豪华”？

从经济学上看，垄断有两种性质完全不同的原因，一种是自然垄断，一种是行政性垄断。行政性垄断因缺少竞争的压力，有恃无恐，产品质低价高，对经济十分有害。目前，我国垄断行业的特点，正是行政垄断色彩浓厚。

国民福利首先深受其害，因为垄断福利会剥夺公众的福利，将部分公共利益据为己有。只需想想，哪些垄断企业，如何不断以亏损为由进行涨价就知道了。

你看，过去的改革，是给人们带来了红利，但并未实现利益共享。全国政协常委徐辉承认，对我国很多弱势群体的社会福利，我们要么没有制度，要么制度非常弱，不能起到社会福利应有的保障作用。全国人大代表陈振楼就此调研后提出书面意见：“从2007年起，我国城乡居民年收入实际增幅已连续多年超过GDP增幅，但公众总觉得收入没有明显增长，问题的关键在于没有形成合理有序的收入分配格局。”

此时，各种建言纷至沓来，**中国人民银行行长周小川提出的“政府不能乱花钱，国家不能乱印钞”未尝不是提高国民福利的途径之一。他说：“央行乱印票子会导致资产泡沫或通货膨胀。”著名经济学家吴敬琏则深刻指出，“房价上涨的根本原因是货币超发，货币超发制造了房价上涨的动力”。**

北京政协副主委谢朝华提交的“护肺提案”也可圈可点。政府应以“雾霾补贴”的形式，优先为环卫工、建筑工、快递员、交警等户外工作者提供护肺支持，保障市民健康呼吸的权益。北京市原副市长段强提出的“尽快落实带薪休假”也让人心生温暖。段强说，带薪休假是员工的基本权利。

在新一轮深化改革的大背景下，“利益共享”业已成为一种必须，也是一种共识。此时，媒体纷纷呼吁“向利益藩篱开刀，为经济改革破题”。说是缩小行业间收入差距，最主要的途径就是建立起充分的市场竞争环境，打破一切不合理、不必要的垄断。

关于市场化，全国人大代表、佛山市市长刘悦伦在1个多小时的媒体采访中足足说了38次“市场化”。刘悦伦说：“佛山打算聘请职业经理人管理村集体经济社，今年设想拿出20%比例的公租房分配给外地农民工居住。”

关于简政放权，全国人大代表、梅州市市长谭君铁主动提出：“我们要拿出革自己命的勇气，大力推动行政审批制度、工商登记制度等多项改革任务，充分释放市场活力，让百姓分享发展红利。”

交通运输部的态度也很积极，要啃“硬骨头”，为交通生产力松绑。但杨传堂部长坦言：“改革的难点在于，市场主体和政府之间的关系如何恰当地处理？比如，铁路投融资体制大门已经打开，政府给企业多大的利润空间，怎样才能做到铁路的公益性和企业投资回报两方面都兼顾？是个待破解的难题。”

几年前，全国人大代表程恩富很有远见地提出，以“国民增长净福利指标”取代 GDP。这套由程恩富独创的统计体系，可以帮助政府做清楚“加减法”，扣除“带血的 GDP”，加入隐形的经济效益。这一衡量标准，无疑很有参考价值。

私以为，只有尊重国民福利，改革才能建立起广受认可与尊敬的群众基础，只有实现利益共享，改革才得以生发源源不断的新动力。

2014. 3. 12

新惯性思维：美丽中国梦，阳光普照的民生梦

今天人大就要闭幕了。我急着要探讨的，是所有代表、委员会后要去哪里。开会时改革思维，散会后依然惯性思维，这不合适，值得提醒。代表委员，在会上是代表、委员，在会后也依然是代表、委员，该你出席时，不能缺位，穿新鞋子，别回到老路上去。

通常理解，“惯性思维”是一种惰性思维。在新制度经济学上，叫“路径依赖”。不过，也需要给惯性思维平平反，你想，假如改革思维也能成为一种惯性思维的话，不亦善哉？所以，我今天的关键词是，新惯性思维。

我们需要怎样的新惯性思维呢？第一位，当是民生思维。

媒体盘点，2014 年两会，很能体现代表、委员的民生思维。但是，庙堂之高，江湖之远，当我们热议着“三个‘最严’、保‘舌尖上的安全’”、“向污染宣战”、“养老并轨”的时候，我们不能忘记所代表的群体是什么感受，那些细小而真实的诉求。

比如，残疾孩子。全国人大代表、山东省夏津县特殊教育学校校长袁敬华很有发言权，她身体力行，对特殊群体的幸福指数格外关心，她呼吁：全社会关心

残疾人，让每一个残疾孩子上好学。她建议："将助听设备纳入医保范围，全国试点。"如果可能，我举一百双手赞成。

新浪两会建言时间的专题很是醒目："向空气水阳光和河流道歉"。**我们的确应该向空气水阳光和河流道歉，同时，是否也该为那些生活艰难的社会弱势群体道个歉呢？美丽中国梦，必然是阳光普照的民生梦。我们走了很久，不要忘记为什么出发。**

此时，一项调查悄然出炉，在内地前20强幸福城市中，海口、长沙、太原排名前三甲，原因据说是，蓝天越来越多了，房价适中。北京、上海、广州，无一上榜。

除了民生思维，我们还需要怎样的改革思维呢？这次，全国政协委员岳福洪痛批当前一些地方政府违背市场规律过度干预经济，造成一些行业产能过剩的现象。他回忆自己在当北京怀柔县委书记时，政府召开生产经验交流会。当时一个生产大队长上台介绍经验，就一句话，"不听话！政府让我往东我就往西，政府让你养猪，你养鸡就对了"。岳福洪坦言，现在想起来，这话有一定的道理。他说："在市场经济中，政府几乎是最后一个获得市场信号的，如果非要用行政决策去干预经济，那肯定会出问题。"

那么，底线思维又如何呢？这同样是我们应该建立的新习惯。

全国政协委员、审计署副审计长董大胜是两会上的热门人物，他被频繁地问到，地方政府背着的18万亿元债务怎么还、哪些地方政府会破产。董大胜表示担忧，他说：一些干部政绩观扭曲，为了单纯追求GDP或城市大变样，盲目举债，借的时候根本就没想还。全国人大代表蔡洪滨一针见血，在某种程度上，地方债已经成为各地政府的“经济鸦片”，欲罢不能。

可要我说，靠过度负债支撑起来的政绩工程算什么政绩呢？而且，旧债未还又添新债，政府“欠债还钱”的底线一旦失守，公信力也必大打折扣。

另一个层面，税种随意开征几乎架空人大更是触痛国人神经。财政部部长楼继伟说到一件事，2007年5月30日午夜12时，财政部突然宣布调整印花税税率的行为，被网民们戏称为“半夜鸡叫”。此次调整涉及民间资金22亿元。这时候说底线思维，已涉及道德评判标准了。

创新思维当然也应该成为我们的新习惯。但这次，有了别一种样本。很多代表、委员提到，一些政府网站形同僵尸，网络问政成了网络懒政，比如海南部分市县政府网站投诉咨询2个月竟没有一个回复。**领导打酱油式的上网当然不是创新思维，此时的互联网已不是互联网，是懒政勤政试验场**。

再说辩证思维，全国人大代表龚克语出惊人，家长把孩子累死在起跑线上。他说：“人生就像万米长跑，不要太看重起跑线！我们的家长当前却让孩子提前热身5000米，把孩子累死在起跑线。”由此，我想到很多父母在新学期展开的另一场比赛，为孩子“跑官”，争取让孩子当上班级的小干部。着实不清醒！

至于逆向思维，全国政协常委冯骥才说：“艺术家、知识分子，对中国社会发展的终极目的是一致的，都希望我们繁荣富强。在目标一致的情况下，请允许知识分子说出和政府官员不一样的话，甚至于说出相反的话来。”他说，面对历史诚实是最合适的态度。

百花齐放，百家争鸣。私以为，以改革思维建立起我们的新惯性思维，正改变旧有的思维定式，不异于一次头脑风暴。这是除旧布新的两会，这是端正态度的两会，也是吹响全面深化改革号角的两会。即使，这只是思想解放的起点，也是一次重大的收获！

2014. 3. 13

第三章 改革进入深水区，我们能做些什么

自古不谋万世者，不足谋一时；不谋全局者，不足谋一域。

——清朝学者陈澹然《寤言二迁都建藩议》

情怀：世界上没有十全十美，但要经得起历史的拷问

每年两会，代表、委员带来的提案建言，都很有看头！2013 年两会第一天，巩汉林委员的一番话给我印象最深，我读来读去，读出两个字来：情怀。

巩汉林：现在大家都知道贫富差距很大，如果我们把差距大的那部分解决了，我觉得我们真的幸福了。希望比我差的人过上像我这样的生活，这是我的梦想。所以，我呼吁全社会各界都应该关注进城务工人员，城市建设得这么漂亮，都是人家出的力。

贫富差距解决了，我们就真的幸福了。巩汉林语录很有民生情怀。

听过这样一句话没，“大家一起出门，有人去买苹果五代，有人却买不起五袋苹果”。**对社会弱势群体的关心，最能体现社会的良心。从这个意义上说，代表们锦上添花的提案可以少些，雪中送炭的提案不可或缺。如此情怀，是民生的福祉。**

事实上，今年代表、委员对民生问题异常关注。比如房价，刚推出的国五条会不会打压住房刚性需求？财经专家贾康说：“不得已的情况下，可能有误伤。”

贾康所说“不得已的情况下，可能有误伤”是什么意思？意思是，不论哪种政策，都不可能尽如人意。但是，现实如此窘迫，谁愿意躺着中枪呢？关于房价，新华社说出百姓心声：楼市十年九调，房价屡调屡高。我最近也在看房子，很有体会。新国五条一出，楼市陷入恐慌性买卖。难怪今年住建部长姜伟新被记者们围追堵截。姜部长不堪重负，双手抱拳，连连求饶，“不要再问楼市了”。

的确，世界上没有十全十美，但是，我们制定政策要付出十足的努力，力求我们做出的每一个决定都能减少“误伤”的几率，经受住历史的拷问。

同样说房子，宗庆后委员很有浪漫情怀，他建议，政府给每户城镇居民提供一套经济适用房。

宗庆后：给城镇每户居民应该提供一套经济适用房，我想我提出来的不是雷人雷语。我不需要炒作自己，我认为能解决问题，我不会乱说的。

如果宗庆后的建议真的得以实现，那么，真的是有娃没娃的都要笑哈哈了。但我看，这是一个美丽的大饼，最简单的问题是，钱从哪出呢？尽管画饼充饥不管饿，我还是欣赏这种提议，至少这代表了普罗大众的愿望。世界上本没有饼，画的人多了，也就有了饼。大胆设想，小心求证嘛。

全国政协委员姚明在关心什么？环保问题。小巨人说：“我不敢看天，连地也不敢看。”

姚明：我个人对北京的印象是，2008 年北京奥运会之后，基本上就是各种各样的坏天气。我们的很多治理，不管是天气也好还是什么也好，是不是可以放得更远一些，在没有看见的时候就可以想到一些问题。

“我不敢看天，连地也不敢看”。姚明语录很有家园情怀。前几天，一张姚明抬头望天的照片在网络上不胫而走，北京的雾霾天让小巨人龇牙咧嘴，攥紧了拳头。在大气污染面前，小巨人和小矮人的遭遇是一样的。即使特权阶级，如马云所说，也没有特级的空气。雾霾天气让环境污染的现状大白天下，人人在劫难逃。

环境问题告诉我们，我们其实是一个利益共同体。不只是代表、委员，人人都应该具有为子孙后代谋福利的情怀和远见。

姚明不敢看天，为什么地也不敢看？很简单，我国土壤污染也非常严重。吴青委员的建议是：为土壤污染防治立法。

吴青：我在整个立法案里面就提到，一个是要建立土壤的质量标准，然后对土壤进行风险评估，而且进行监测，对受污染的土壤进行治理和修复。

关于土壤污染，和吴青一样，很多两会代表想不明白，国家曾耗资 10 亿元进行土壤污染普查，但是钱是怎么花的，是笔糊涂账。有关部门说，这是国家机密。土壤污染怎么就成了国家机密了？我们的知情权在哪里？

吴青语录很有法治情怀。在乱象面前，很多人寄望于严刑峻法的药方，然后药到病除。没错，**对于人治而言，法治往往更可靠些。但是，今天转型期的中国面临的，不止是环境污染，我们能够用一种办法解决所有问题么？**

2013. 3. 4

责任：真正负责任，必为子孙谋长远

昨天说了情怀。我们看到，**想做好两会代表、委员，是需要点情怀的，无论是民生情怀、家园情怀，还是法治情怀、浪漫情怀，归根结底，要悲天悯人，对百姓的疾苦鼓与呼，大声说出他们的诉求**。

对于政府而言，何尝不是如此。不过，在情怀之外，还要加上两个字。听听全国政协委员、中国文联副主席冯骥才怎么说：

冯骥才：北京不把雾霾问题解决了谈什么美丽啊，不能光虚幻地谈，现在不是一个空谈的时代，我觉得政府的责任重大。这恐怕跟政府现在官员的政绩观有很大的关系，能跟政绩挂上钩的他关心，跟政绩无关的事情往往不关心或者放到一边。

冯老说的是，政府的责任重大。想起新疆伊犁的“林公渠”，林公，就是林则徐。林则徐一生做过许多大事，比如虎门销烟，但伊犁人民更在乎他做的这件小事。林公当时是被贬谪到新疆伊犁的，人也60多岁了。但他关心民生疾苦，决定从小事做起，给老百姓修渠。这条“林公渠”，至今还在使用。**这是怎样的政绩观呢？真正负责任，必为子孙谋长远，而不是急功**

近利。

那么，官员的责任是什么？全国人大代表崔永元说，从满足民众的生存权开始。

崔永元：喝干净的水，吃没毒的奶粉，用药安全，然后能呼吸新鲜的空气，最基本的嘛。我们要说民生从这开始，连喘气都喘不上来了，像现在这样，还能回答好问题吗？

喝干净的水，吃没毒的奶粉，用药安全，能呼吸新鲜的空气，这要求的确是太不过分了。但是，很多这样最基本的要求，却那么难以实现，比如内地的奶粉安全问题。一说起奶粉，国家工商总局局长周伯华的眼泪差点掉下来。

周伯华：作为我们政府部门的一个负责人，我觉得我们有责任做好这项工作。中国人喝奶问题已经引起了包括国家领导同志的高度重视，要求我们各个部门采取措施，要建立专项管理制度，确保每一个环节不要放过。

局长的掉泪，能否唤醒不良商家的良知，重建诚信体系呢？显然不能。据说国产奶粉99%都是合格的，但是对应的，几乎99%的国人对国产奶粉都不信任。为什么？悲悯情怀，不只需要菩萨心肠；履行责任，更要雷霆手段。

2013年两会，卫生部部长陈竺代表也被记者围追堵截，他是怎么看待奶粉问题的责任呢？

陈竺：从企业来说你是第一责任人，政府监管一定要加强，而且这次大家看到了，政府的机构改革要加强这方面的工作。

记者：需要多长的时间才能解决奶粉问题？

陈竺：我相信不会要太长的时间。

陈竺认为“企业是第一责任人”。是，在责任追究时，的确要分清谁是主要责任，谁是次要责任。然而，我们更要强调守土有责的概念，都把自己的责任尽到了，事情也就解决了。可是，现实里是什么情况呢？没事的时候，你好我好大家好，有事的时候，你的责任，他的责任，最多我是次要责任。于是，我们看到，面对责任，一些部门工作人员推三阻四，一些商家故意逃避，很多小问题变成了大问题，大问题变成了历史问题。

守土有责，从今日始。

2013. 3. 5

期盼：弱势群体的幸福感决定社会前途

这两天谈了代表的情怀、政府的责任，今天说说期盼，民众的期盼。私以为，两会，不单是代表、委员的两会，也是全民的两会。两会上，一定要体现老百姓真实的诉求。今晨各家媒体看下来，一个声音让我很动感情。

记者：您在干吗呢？

市民：捡点菜。

记者：您为什么要捡呢？

市民：能说实话吗？

记者：当然是要说实话的。

市民：一斤茴香十多块，一斤韭菜七八块，豆角五六块，一个月两千多的工资，看看这个不舍得，看看那个不舍得，要买那便宜的吧，没有。

这是一个月薪2000元的市民的真实诉求。她舍不得花钱买菜，就捡了些被人扔掉的菜叶回去。当我们谈论食品安全的时候，要想想，有些人正在为有没有食品而发愁呢。

私以为，我们谈中国梦，不是谈天上的事情，中国梦是要接地气的，必然伴随这些细小的民生诉求的实现。如二月河代表所说，弱势群体的幸福感决定着整个社会的前途。那么，百姓的梦想如何照进现实呢？

要想梦想照进现实，忧患意识不可缺少。如钟南山代表所说，GDP 第一，还是健康第一，现在到了认真考虑这个问题的时候了。

钟南山：生态环境问题特别是大气污染已经成了发展的瓶颈，应该把解决空气污染放在第一位，然后再发展 GDP。

"GDP 第一，还是健康第一？"其实可以换个问法：先破坏，再治理的发展道路还要继续么？在此，我强烈赞同建立黑色 GDP 排行榜，让老百姓投票，对那些病态的企业财富观、对那些病态的官员政绩观，说"不"！**给黑色 GDP 排行，黑夜给了我黑色的眼睛，我却用它来寻找光明。**

要想梦想照进现实，人文精神也不可或缺。昨天，北京交警再次开通绿色通道，为谁呢？为一位急症临产的孕妇。

交警：我们在莲石东路一线优先放行救护车辆，直接一路给她带到同仁医院。

家属：谢谢交警，那么多人都为我们这个事热情、积极地帮着我们去联系，我特别地感动。

这位孕妇被运送的路线和两会代表行进的路线是重合的，很值得一说。要知道，今年代表、委员路遇红灯是要停车等候的。红灯让人尊敬，绿灯充满温情，对老弱妇孺的关怀彰显了我们社会的人文精神。

当然，想要梦想照进现实，还需要契约精神。胡同里的无盖井，谁能帮忙守护呢？这是媒体在北京街头开展的一个测试。在雷锋日，很多市民先后在考验面前打了高分。原本答应帮着看守无盖井几分钟，几十分钟过去了，他们依然守在那里。

在我看来，这不仅是雷锋精神闪现光芒，还体现了很可贵的契约精神，这种契约精神，是建立社会诚信系统最可靠的力量。

俄罗斯小说家班苔莱耶夫有篇小说，叫《诺言》，说到一个孩子。他跟人玩游戏，扮演士兵，看守假想中的弹药库，一直守到深夜。有人说，这是游戏嘛，干吗那么认真呢？不行，我答应了人家的！没办法，别人拗不过他，找来一位真正的军官，给他解除了站岗命令，孩子才欣然离去。

小说结尾这样写道，“一个那么信守诺言的孩子，决不会惧怕黑暗，决不会惧怕流氓，也决不会惧怕其他更可怕的东西”。

2013. 3. 6

接地气：不是造一堆房子就叫城镇化

昨天，我谈百姓的梦想如何照进现实。一位听众留言说："老马，你说得对，谈中国梦，的确不是谈天上的事，是要接地气的。"没错，两会代表履行职责，怎能不接地气呢？地气是什么？私以为，地气就是百姓的关切，他们真实的欢喜和忧伤。比如，长春宝宝的悲剧，对国人的刺痛。今晨媒体看下来，一个声音过耳难忘。

河北马先生：警方和参与的热心人民必须自我检讨，我们在痛恨、抓小偷的同时，有意识到还有个人质在坏人手上吗？小皓博的死使得自首一点意义都没有。

汽车被盗，两个月大的婴儿无辜死去。很多人谴责，认为长春宝宝遇害，反映道德滑坡问题；也有人像这位先生一样，在反思，家庭、社会包括媒体是不是也有过失？正在北京参会的长春市人大常委会主任李树国最新回应，这只是个普通的刑事案件，与公民道德底线无关。一枝一叶总关情，接地气，就要对百姓的关切及时作出回应。虽然，他的观点我并不赞同。

又比如国民收入问题，民众非常关切，国家发改委主任张平会怎样回应呢？

张平：只有增加了居民的收入才能够提高消费能力，让老百姓敢于花钱，最重要最基本的措施就是，完善我们的社会保障制度，否则老百姓有钱不敢花，存了钱准备养老，存了钱给孩子读书。

这是接地气的升级版，接地气，你有所呼我有所应还是第一层次，更高层次是要拿出办法，开出药方。张平说，想让居民有钱花，敢花钱，可以通过增加收入，完善社保机制来解决。不过，理想很丰满，现实很骨感，没钱花和有钱不敢花的人表示压力很大。昨天节目里，我说到，月收入2000元还去捡菜叶过活的市民，她还不是最窘迫的。要知道，中国农村贫困人口将近一亿人，我们的代表、委员又会开出什么药方呢？

记者：你认为现在脱困最关键要解决什么问题？

代表1：变输血为造血。

记者：您呢？

代表2：授人以鱼不如授人以渔，你给了他资金不如给他把资金变成资金的办法。

那么，在国人喝奶问题上，该怎么接地气？国家工商总局局长周伯华给出的办法是加大进口。

周伯华：国务院有关部门正在加大从外面进口的量，一二月份我们的奶粉进口的占比很高，所以，我们一方面保证消费者的需要，更关键是要保证中国的奶业。

靠进口奶粉解决中国人喝奶问题，恐怕只是权宜之计。如此办法，让国货情何以堪？**国产奶业在埋怨公众一朝被蛇咬十年怕井绳，人家现在已经改过自新了；公众则对国产奶业哀其不幸，怒其不争，三番两次出事跟你伤不起。国货当自强啊**。

接地气，需要智慧，更需要说真话的勇气。比如城市化的问题，我们的代表、委员们能在全国各地轰轰烈烈的造城运动中保持独立思考么？全国政协委员、财经专家贾康说，中国的城市化水平其实非常低。

贾康： 中国城市化水平现在还相当低，官方只报道了51%～52%，实际的水平比这低更多，只有38%左右。

全国政协委员陈锡文的话也掷地有声：城镇化，不能让进城务工人员要什么没有什么。

陈锡文： 城镇化就是更多的农民转为市民的过程，按我们现在这个统计口径是不行的，光说一个常住人口，进来了要房没有，要社保也没有，这个没有，那个没有，实际上是在不断积累矛盾。

城镇化说到底，看人。私以为，可以借鉴清华大学老校长梅贻琦对大学的定义："大学者，非谓有大楼之谓也，有大师之谓也。"大学，不是看你有没有大楼，而是看有没有大师。城镇化也一样，不是造一堆房子就叫城镇化，而是看你那里居住的人是不是名副其实，这么一说，外来务工的兄弟恐怕要泪眼婆娑了。

很高兴在两会上听到这么多真话，说真话本身就是接地气，百姓的生存困境如此真实，容不得粉饰和虚假。

2013. 3. 7

换位思考：吃地沟油的命，也能操心中南海

“换位思考”这个词儿，出自今晨一位媒体记者之口，给我印象挺深。她向两会代表发问，如果你是环境部长，你能做什么？

记者：提到这个问题的时候，我们都说这个事不归我管，那个事不归我管，我们如果换位思考的话，想一下如果我是环境部长，如果自己也想改造一下空气，那么我们能做什么？

作为百姓，操心一下环境部长的事；作为环境部长，体会一下百姓的心情，这就是换位思考。

私以为，换位思考，应是代表、委员的必备能力。按人大代表陈保华所说，一个代表不称职，意味着 67 万人缺席。你要代表几十万人的诉求，怎能不站在他人的立场上思考问题。社会正热议的广州海珠区的城管队员，显然没有这种能力，他掐住小摊贩的脖子，一时间群情激奋。

记者：这个执法部门和商贩当中并不是敌我的关系，商贩违反了一些规定，但是他们的行为不是很恶劣的刑事犯罪行为，我觉得，他们不应该受到掐脖子或者按在地上被送上警车这样的处理方式。

这件事的恶劣之处不仅在于城管的粗暴执法，还在于，小摊贩是一个带着孩子的女人。在暴力执法过程中，小摊贩的女儿被吓得大哭。此情此景，一般人都应生出怜悯之心吧！在小朋友眼中，这是个什么世界呢？

当然，这并不是这个世界的全部。在武汉市江岸区，我们看到了换位思考。那里的城管人员执法时，亲切得多。列成队，举标语，全是淘宝体——“亲，路边摊不卫生噢!”“亲，吃了拉肚子噢!”你要是小摊贩，不赶快散去，恐怕被萌翻在地。

在成都市区，流动小贩被要求当“临时城管”。小贩们体验执法后感慨连连，“城管还真不容易当!”如果城管能够当回“小贩”，又该如何呢？换位思考之后，争议就会少了许多吧。

说到争议，在昨天的政协记者会上最有争议的，是全国政协委员陈锡文对于转基因问题的回答。

陈锡文：谁也拿不出足够的证明，说它绝对安全或者绝对不安全，所以，应当通过实践来证明。

陈锡文提到，在相当长的一段时间内，中国进口一定的转基因农产品不可避免。为什么陈锡文的回答引起了争议？核心还在于转基因食品本身的安全问题令人担忧。去年，湖南“黄金大米”事件，有美国转基因研究机构给25名中国孩子吃了黄金大米，拿孩子当试验品。这实在非常没品德！事后，当事人道歉了事。

老马提请注意，既然全世界都公认，转基因食品的安全有太多不确定性，这样的食品，靠实践去证明，是否合适？这时候，换位思考，就可以理解公众的担忧了，没人想做试验品。

换位思考，是能力，也是同理心，以他人之心为心。如此换位思考，也应该体现在医生身上。卫生部副部长黄洁夫说了，医生追求利益最大化就会走上“邪路”。

黄洁夫：如果争取利益的最大化，我们这个行业就会走上一条邪路，就会动摇医务人员的道德跟信仰，就会失去民众对我们的信任。

医患之间，换位思考本来很容易，将心比心，互相理解。但是，在利益面前，一些医院心生旁骛，走火入魔。摆着花篮，庆祝生意兴隆的，有吧？住院病人超过几万欣喜若狂的，也有吧？

私以为，只求私利不顾公益，这是人心的邪路，也是制度的邪路。这证明，完全市场化的医改之路此路不通，医疗体制急需手术。

换位思考，还是一种公德心。“梁齐齐到此一游”，还记得么？前段时间，这段涂鸦出现在故宫一口缸上。昨天，政协委员们热议文物保护，全国政协委员、故宫博物院院长单霁翔这样说：

单霁翔：“梁齐齐到此一游”这个字是涂写上去的，当然比较容易给它刷掉，但是有的时候，用石头或者利器刻在红墙上，或者写到汉白玉上，很难再清除。

风景名胜总看到有人乱涂乱画，谁谁谁到此一游是最常见的。我想到，有一次去雁荡山游玩的亲眼所见。好好的大石碑上，竖着给人写上一行大字，某某某，比如王小二吧，“王小二到此一游”。斗大的汉字，写得龙飞凤舞。等我们离开雁荡山的时候，又经过那块大石碑，我乐了。原来，“王小二到此一游”下面，给人添上几个字：“不幸坠崖身亡”！一个不文明的人，哪里会考虑另一个不文明人的感受呢！

2013. 3. 8

感同身受：天天坐小汽车的人能说出骑牛的感受吗

昨天我们谈换位思考，说换位思考是代表、委员的必备能力，我觉得还有一种能力也直接关系着代表、委员提案的质量，那就是感同身受。

今晨各家媒体报道的最难忘的声音来自一位牛人，全国政协委员丛斌，我为什么说他很牛，你听他怎么说。

丛斌：我主要了解一下给老百姓看病的水平到底怎么样，所以有的时候我也跟着出诊。

记者：怎么去？

丛斌：有的时候骑马，有的时候骑牛，我不会骑马，骑牛还行。

骑牛问诊？听着都新鲜。当年老子出行也不过如此吧。感同身受，是一种感受力。为了准备好提案，摸清医疗卫生实际情况，丛斌就这么跟随乡村医生一起出诊。

毛主席说，“没有调查就没有发言权”。天天坐小汽车的人能说出骑牛的感受么？这就是调研的重要性！“知屋漏者在宇下，知政失者在草野”。想要了解民众的真实心声，需要问政于野，问政于草根，问政于社会底层。

感同身受，也是一种感染力。全国人大代表朱张金，这些日子吸引了众多媒体关注。因为他现场发言的方式，很特别，为了说明食品安全问题，他现场演示了一大堆问题食品。这些问题食品是怎么来的呢？

记者：这次一共带了三百多个品种是吧？

朱张金：我准备了三百多个，带到会上60多个。

记者：还有什么？粉丝、白木耳……您怎么收集到的？

朱张金：这个我到全国各地去找，总共花了六年。

纸上得来终觉浅，绝知此事要躬行。你听听，这些东西，他从全国各地搜集而来，历时六年，人家是下足了工夫的。事实胜于雄辩，这样大量调研，做出提案，想不接地气都难。无论是骑牛问诊，还是现身说法，或是付出时间和体力，身体力行，都能增强感受力和感染力。

感同身受是目的，也是方法。中国商务部部长陈德铭是网购的常客，只是买了不少没用的东西，常被家人批评。原来，他网购是带着工作目的的，是想亲身体验体验，摸摸底。

陈德铭：我确实经常网购，我的网购最容易受到家人批评，因为有时是为了摸摸网购的情况而网购，买了一些不太需要的东西。

曾几何时，在制定公共政策时，某些政府部门喜欢拍脑门决策，事前没多少调查，事后没法落实，被人批评，弄得自己灰头土脸。怪谁呢？怪只怪你的感受力弱，又怎能指望感染力强呢？从这个意义上说，陈德铭亲身体验网购，可以认为是以“私”谋“公”的勤政之举。

感受力越强，说话底气越足，感染力也越强。周汉民是一个实实在在的例子。昨天，周汉民委员痛批乱收费，引起强烈共鸣。

周汉民：目前全国有多少收费项目，收费总额是多少，收费主体是谁，收费用途是什么，没人能够说清楚。有人大代表要求政府官员说明某些收费的用途时，得到的回答竟然是，我为什么要说明。

周汉民说，全国一年仅公路罚款就达3000亿元，很大一部分收费不合理；他还说，各级各类管理部门在“不收白不收”的心态下挖空心思编织收费理由进行收费；他又说，要“限量、限责、限权、限用、限时”，把收费权力关进制度笼子。

说得多好！周汉民每提出一条建议，台下就报以一阵掌声，一共九次。不，会场之外，他得到的掌声会更多。由此可见，感同身受的能力，也是一种正能量！

2013. 3. 9

同舟共济：你若与人患难与共，人必与你风雨同舟

写这篇文章时，得到消息，汶川又地震了。马上去了解相关情况，4.5级，暂无人员伤亡报道。为什么关心地震灾区？中国虽大，四海一家，本该福祸与共。国家与国家之间，何尝不是如此？昨天，中国外交部长杨洁篪答记者问，“要同舟共济，而不是同舟共挤”。这句话，过耳难忘。

杨洁篪：我们大家都生活在地球村里面，因此，我们出行要同舟共济而不是同舟共“挤”。

我对同舟共济这个词印象很深。小时候看一本小人书，叫《悲惨的星期天》。说一个老外，因为经济危机，失业了，生活贫困，到动物园里去扮演猴子，赚点外快。正荡秋千呢，一不小心，掉到狮子笼里了。这下坏了！没想到，那锯齿獠牙的狮子懒懒地说：“老兄，别怕，我们生活在同一条船上。”敢情，那狮子也是人扮的。就是这个故事，让我小时候，就对这个词有了理解，同舟共济意味着相互帮忙，共渡难关。

在天灾面前，我们是不是更需如此呢？就在两会召开之际，北京再次遭遇坏天气，这次不是雾霾，而是沙尘。一位北京兄弟的话很是提神醒脑——

市民：钟南山说，“广州四五十岁的人肺都变黑了”，病来如山倒，病去如抽丝，事情已经是冰冻三尺非一日之寒，这个问题已经初露端倪了，国家就得下大力气了。

病来如山倒，病去如抽丝。说得不错！环境污染的确是一种病，影响着我们生存的病，你是风儿我是沙，缠缠绵绵到天涯。

这次两会，代表、委员对环保问题的质问，空前深刻和尖锐。“10年4万亿元，巨额的投入为何没换来天蓝水甜？”“为何越治理越严重？”“为何制定了30多部环保法律却执行和落实不到位？”问得好！

同舟共济，就意味着责任和担当。私以为，在此时刻，代表、委员的深刻和尖锐，不是挤兑，不是拆台，而是查漏补缺，彰显济世情怀。

这样的尖锐意见，全国人大常委会收到很多，相关负责人信春鹰这样说：

信春鹰：过去30年我们用很短的时间走过了西方国家100多年的工业化道路，取得了非常辉煌的经济成就，但是同时在环境上我们也付出了巨大的代价。

我们必须要对这个现状说“不”。

对，该说“不”了！这次两会，王明容代表说的一句话令我印象深刻，他说：“钱赚到了，娃的童年没了。”——这是说留守儿童的。用在环保层面，我说，如果钱赚到了，娃的未来没有了，不是也很可怕么？这才是我们付出的真正的代价。**要想同舟共济，怎能没有忧患意识，放眼长远？有人哪管身后洪水滔天，我们要学女娲补天！**

同舟共济的精神，体现在环保，是仰望星空；在民生领域，却要脚踏实地。昨天，2013 年 2 月 CPI 数据公布，这个消费物价指数，说是同比上涨 3.2%。人们的实际感受如何？央视评论员蒋昌建这么说。

蒋昌建：现在花钱，说实话跟两年前三年前花钱不一样，现在你的钱包里面比如说有几百元钱，过去，那个几百元钱，一个礼拜还在那呢，现在的几百元钱，可能一个礼拜不到，没了。

的确，很多人感受，进一趟超市，去一趟菜场，百八十元钱，一扬手就出去了，买不了多少东西。同舟共济，要重视民生艰难！这次两会，代表、委员也在热议，怎么让老百姓“有钱花、敢花钱”。

按我看，这“两朵花”的梦想能不能实现，先让工资跑赢 CPI 再说。我有两个指标，看存款，也看这个 CPI。看存款，目前我国民众储蓄 41 万亿，除以 13 亿这个分母，是多少？人均 3 万多。不多啊。这是没钱不敢花；看 CPI，钱不值钱，这是有钱不敢花。

那么，农民的钱够不够花？全国政协委员陈锡文特别关心。昨天，陈锡文说：给农民的补贴政策要稳定，不能翻脸不认人。

陈锡文：已有的补贴政策要稳定，你不能让农民讲你，你现在粮食一够吃你就翻脸不认人啦，人家又说月亮初一、十五又不一样了，你失信于民。所以，从这个意义上讲，已经给到农民手里的不能再拿回来。

同舟共济的基础是互信。互信从何而来？陈锡文说的“不失信于民”，是指政府诚信，补贴本来就不多，该给就要给。

私以为，政府诚信很重要。上行下效，也会正向影响商务诚信、个人诚信，整个社会都诚信了，大家就真的生活在同一条船上了。在一艘航船上，说话算话的船长，必然赢得众人的尊重。放在三农问题上也一样，你若与人患难与共，人必与你风雨同舟。

2013. 3. 10

尊重和认同：他们蜗居在地下室，唱着《春天里》

尊重和认同，还可以这样表达，比如：敬人者，人恒敬之；你敬我一尺，我敬你一丈。今晨媒体看下来，全国人大代表宗庆后的一段话令我印象很深，先富帮后富，人家才会尊重你的财富。

宗庆后：先富帮后富，实现共同富裕，如果共同富裕的话，人家才会尊重你的财富。

在我看来，宗庆后表达的是一种财富观，也是一种社会责任。能力越大，责任越大，富人理应承担起更大的社会责任。为富不仁的暴发户，是不会被人瞧得起的。

作为个人是这样，作为撤并后的铁道部又如何呢？昨天，国务院机构改革方案出台，铁道部要被撤了。我更关心，火车票今后是降还是涨？最后一任铁道部部长盛光祖这么说——

盛光祖：平均票价是偏低的。

记者：那有可能会涨吗？

盛光祖：今天方案当中讲了，按照市场规律，我们努力希望票更好买一点。

按盛光祖所说，以往，火车票价偏低，铁道部撤销之后，政企分开，会按市场规律定价。全国人大代表王梦恕是中国中铁隧道集团副总工程师，他证实，如果实现铁路市场化，客运和货运价格都可能上涨。

精兵简政，对于老百姓意义是什么？私以为，减负。如果一定要付出改革成本的话，是否该让老百姓承担，应该考虑周全。尊重市场规律，是需要的，可想让公众认同，社会责任不能放弃。

说到社会责任，“最美洗脚妹”刘丽，个人能力有限，但却因为社会责任赢得了人们的尊重。刘丽十多年来一直靠打工维持生计，却资助了几百名贫困学生上学。今年，她当上人大代表，要为亿万农民工兄弟代言。

刘丽：农民的身份干着工人的活，过着流浪者的生活，所以这种无固定收入、无固定住所的日子，真的非常不容易。

昨天，记者见面会上，刘丽的表现非常抢眼。别看她初出茅庐，但展现了十足的自信和担当。她代言的群体却实在让人听了心酸，2.6亿农民工，“干着工人的活，过着流浪者的生活”。**老马要为他们抱不平！农民工兄弟，也包括姐妹，为城市建设做出了巨大贡献，但却难以获得社会的尊重和认**

同。楼是他们盖的，路是他们铺的，但他们只能蜗居在地下室里，唱着《春天里》。

对了，在城镇化率统计的数字里，他们是被统计在内的。可是按照陈锡文委员的说法，他们是“要啥啥没有”。当他们尝尽人情冷暖，谁能告诉他们，生活的压力与生命的尊严哪一个更重要？

说到生命，北京新阳光慈善基金会理事长刘正琛先生正心感焦灼。他说，因为缺钱，那么多患白血病的儿童，先救谁，后救谁呢？

刘正琛：生命是不能够被比较的，我不能说这个孩子的生命就比那个孩子的生命重要。如果我们不能够建立起对所有人都有保障的医疗体系的话，我们就可能要不断地面临这样伦理问题的拷问。

最近，春晚小童星邓鸣贺被确诊患上白血病，被媒体高度关注。邓鸣贺是幸运的，他有明星效应，一说捐款，就收到200多万元。其他患病儿童可未必有这么幸运，中国有200万白血病儿童，看病大多是自费。

我们是否该为他们做点什么？也许只是拿出一张纸。全国政协委员翟惠生今年提案建议，全国回收废旧报纸卖钱，资助患病儿童。

翟惠生：据我了解，现在我们订报，如果能够把这些报纸回收能卖30亿元。

勿以善小而不为！尊重和认同，既可以是因为对社会的巨大贡献，也可以是因为一点点真诚的付出。一个小小的善举，能救人，也能济世，更能维护整个社会的天平。

2013. 3. 11

减负：这世界，还有比培养考试机器更重要的事情

昨天谈铁道部撤并，我担心票价上涨，提到减负。都精兵简政了，老百姓期待减轻负担，也在情理之中。事实是否如此？中央机构编制委员会办公室王峰副主任昨天答记者问时说，政府职能转变的每一项都和我们老百姓的民生息息相关。

王峰：职能转变的每一项都和我们老百姓的民生息息相关，特别是减少审批项目，使得我们相当一批企业和个人的准入门槛降低了。

政府职能转变，减少审批项目，能为企业和个人减负。事实上，减负，也可以作为代表、委员履职好不好的评判标准。不看广告，咱看疗效。今晨媒体看下来，最让我难忘又难过的减负呼声，来自一个白血病患儿的家长。

家长：孩子也懂事了，他说“爸爸妈妈，咱们家能花100块钱给我看病吗？咱们家是不是不用卖房子了？”

能用100块钱给孩子看好病么？家里能不卖房子么？现实的残酷更显出孩子的天真。治疗白血病要花很多钱，如此负担，是很多家庭生命不能承受之重，不少家长为此放弃治疗。多让人心疼啊！我们的医改能为他们做些什

么呢？

这次两会，很多代表、委员对此仗义执言，全国人大代表韦飞燕说，现在是“以病人养医”，所以病人不堪重负。

韦飞燕：现在的现状是以药养医，其实准确地说是以病人养医，所以现在的病人是不堪重负，医改一定要改这个问题。

要改，就马上付诸行动。今年两会，国家发改委一位官员估计，随着各项改革的推进，相信再过五六年时间，药品价格会逐步趋于合理。我马上想到“涸辙之鱼”。**一条鱼，口渴得要命，你只需给它一升半斗水就可以活，现在你说，等等，回头我引大海的水来救你，是不是太迟了呢？为病人减负，等不起，一万年太久，只争朝夕**。

媒体报道，长春今年出台大病保险办法，建立大病保险基金，破解看病贵难题。就是前面说的那位患儿家长，孩子现在做一个疗程，真的只要花100块钱就行了。为教育减负，又如何呢？全国政协委员石定果这样说：

石定果：刻意地打造，实际上是父母的一种功利的心态，格物、致知、诚意、正心，那才是一种人格的塑造。

最近，一份豪华版幼儿园简历让好多人自叹不如。一个才几岁的孩子，接受过众多课外教育，博士生都表示压力很大。按照石定果委员的说法，这和父母急功近利有关。

是啊，很多家长说，我不想让孩子输在起跑线上。可是，人生是一场长跑，你让孩子在起跑线就开始冲刺了么？还好，北京今年新学期开学出台八条规定，要给中小学生和家长“减负”。减负之后，听听小朋友怎么说。

小朋友：我现在上二年级，每天老师在课上教的东西都能学会了，也没留家庭作业，我每天都很轻松。

减少作业量，让孩子很轻松。但减少作业量，就真的减负了么？**真正为孩子减负，要去除大人心目中“唯分是举”的观念。这世界上，有比培养一个考试机器更重要的事情，比如，孩子是否身心健康，人格高尚。不要用冷冰冰的分数，剥夺孩子做梦的时间；不要用拔苗助长的方式，摧毁孩子的童年。**

2013. 3. 12

实话实说：中国真的缺乏勇气和正直的纯正品性吗

说实话，不容易，这得看土壤。一个世纪以前，一位著名的西方传教士亚瑟·史密斯指出，中国最缺乏的不是智慧，而是勇气和正直的纯正品性。时隔百年，依然被人认作是中国综合症的病因所在。我们真的缺少实话实说的勇气和正直么？政协虽然闭幕了，全国政协主席俞正声的话，言犹在耳。他说，要讲真话，道实情。

俞正声：鼓励对党和政府工作的批评和建议，支持反映群众愿望和诉求的呼声，鼓励不同意见的交流和讨论，支持讲真话、道实情、坚持真理，敢于直言。

实话实说，对于政府而言，就是真实的国情。在西方，若不是有个说真话的小男孩，那位不穿衣服的国王依然在招摇过市。决策建立在真实的国情之上，才可能做出正确的决策。否则，空话套话假话大话之后，必有一个“裸奔”的国王。

良药苦口利于病。本届两会，针对国计民生，听到太多实话实说。东莞市长袁宝成代表质问：瘦肉精上了餐桌后归哪个部门管？

袁宝成： 瘦肉精是农业部管的，如果到了餐桌上以后出了问题，谁来管？

全国政协委员曹德旺谈起“官办慈善”毫不客气：政府既做运动员又做裁判员，这怎么可以呢？

曹德旺： 官就是官，官是起到倡导监管的作用，不是自己去做，你既做运动员又做裁判员，当然人家骂你。

瘦肉精问题，官办慈善问题，反映的是同一个问题，政府职能不清，该管的不知道谁管，不该管的，又介入太深。这次大部制改革，政府职能转变，目的就是解决这些问题。

当然，最大的问题还是民生。前几天，老马提到，崔永元委员最关心民众的生存权，最基本的，你要让老百姓喝干净的水，呼吸新鲜的空气。政府官员怎么看？昨天，青海省西宁市市长王予波也实话实说，百姓呼吸清新空气是最底线的民生。

王予波： 让老百姓呼吸清新的空气，喝上干净的水，食用安全的食品，这是最基础的民生，是底线型的民生，也是政府应该给社会提供的最重要的一个公共品。

那么，实话实说对于民生而言意味着什么？意味着真实的民意。真实的民意，无需矫揉造作和穿衣戴帽，只需侧耳倾听，民意就在那里。老马随手采集几条，咱们看看。有的希望办准生证，能简化手续。部门都合并了嘛，办事效率还不高点？

市民：合并以后办准生证程序时间要短一点，程序不要太烦琐，我们心里会觉得轻松一点。

有的希望物价能降下来，别太离谱了。

市民：今年冬天居然吃到了70块钱的草莓，100块钱的西瓜，虽然这些都是反季节的水果，但真的要那么贵吗？

有的关注农民工讨薪。12月31号对农民工来说，是个坎啊。

农民工：对于我们来说，12月31号最希望一年的收入能顺利拿到手。

一个个小小的民生诉求，就汇聚成了真实的民意。在没有压力的语境下，让老百姓实话实说并不难，只看你有没有俯身倾听的耐心和诚意。

说到这里，还要说说实话实说对于企业意味着什么。昨天，傅成玉来了。中石化集团董事长傅成玉做客我们经济之声《企业家说》，各兄弟媒体也非常关注，很多言论从这里不胫而走。比如，国企发展成果要让人民共享；比如，建设美丽中国实现中国梦，央企要带头。但，给我留下印象最深的，还是他的一句实话实说：企业制造污染，是第一责任人。

傅成玉：企业既创造社会财富，又消耗社会资源、制造污染，所以企业是第一责任人。

这段时间，面对雾霾漫天，中石化中石油成为众矢之的。但谁能说，那些批评和指责不是实话实说呢？这届两会，傅成玉拿出好几份环保提案，不乏自我检讨和自我加压之意。

通常，最考验企业良知是在什么时候？往往是需要企业负责任的时候。道义常常能消除财富的黑子，财富却永远填补不了道义的空白。如此看来，实话实说对于企业，就是勇敢地担当。

说到这里，我们发现，实话实说，并非想象那么难。你看这里，政府的姿态如此开明，国情民意如此真实，企业家也拿出了足够的诚意。不过，这个背景，我提请注意，就是两会。两会创造了“咨诹善道，察纳雅言”的土壤，真话和实情，很容易生长。两会之后，我们是否还能保持如此纯正的勇气和正直呢？

一句真话能比整个世界的分量还重。加油！

2013. 3. 13

共享与分担：我们需要担心医改操作不当造成福利病吗

听过长勺子的故事吧：天堂和地狱里的人吃饭，坐在同样的桌旁，用着同样的餐具，喝着相同的粥。但是，天堂里的人满面红光，精神愉快；而地狱里的人却瘦骨嶙峋，神情憔悴。原来，勺子实在太长了。地狱里的人只管把粥往自己嘴里送，不管怎么努力，也够不着自己的嘴巴，快饿死了；天堂里的人呢，把粥舀出来喂给他人，你喂我，我喂你，大家就都吃饱了。一念地狱，一念天堂，共享与分担的正念，不止在故事里适用。

今晨各家媒体看过来，来自东方卫视的声音让人心情复杂。

东方卫视：上海水域内当天共打捞起死猪685具，打捞量在进一步下降，与昨天同期相比减少了43.8%。

你在江头，我在江尾，共饮一江水，本来非常浪漫。但所有的浪漫被这些东方之“猪”彻底破坏。据说已打捞出5916具死猪，上海方面还在全力处置。这些猪从何而来？黄浦江上游，是不是嘉兴还没确定。

我不能不说说新安江治理了。昨天，安徽人大代表小组讨论非常热烈，为浙江安徽“对赌一亿元”的事。3年后，新安江水质变好了，浙江给安徽1个亿；水质变差了，安徽给浙江1个亿。中国环境科学学会副理事长杨朝飞给了挺高的评价。

杨朝飞：上下游必须联合起来去治污，对赌一亿元实际上体现了安徽和浙江两省要联合治污、保护健康的河流生态系统的决心和意愿。

浙江、安徽跨省生态补偿试点，现已进入实质操作阶段，这给其他地区提供了一个样本。我们从中看到，**共享与分担，本是一种责权意识——有福同享，有难同当。上游要分担下游的压力，宁可放弃发展机会，也不能以邻为壑；下游要体谅上游的难处，适当补偿对方些损失，不能独享发展好处**。

这个道理，同样适用于沙尘污染治理，大气污染治理，上风向和下风向，你们是同呼吸，共命运。

共享与分担，还是一种服务意识——共享福利，分担压力。在医改领域体现得非常明显，比如，“先看病后付费”这个事。全国人大代表郭玉芬昨天这样说：

郭玉芬：你看病花的这部分钱，垫的资金是你所就诊的医疗机构垫的，但是最终这个钱是从我们新农合基金里面出。

针对“先看病后付费”，这次两会，有卫生部官员表示，不宜全面推行，说

“这很容易因为操作不当产生社会福利病，造成财政负担过重，福利泛滥”。百姓共享的医改福利真的已经很多了么？央视在两会期间采访了一位北京市民王奶奶，看看生了病，她会怎么办？

王奶奶：丹参滴丸挺贵啊，30来块钱一小瓶。医生要求吃十粒，我吃五粒，我舍不得多吃，我真没那份钱。我也不瞧病了，人家给我药我就吃，我不管什么药，过不过期我也不管。

王奶奶84岁了，她爽朗的笑声让人心酸，生了病她不会去医院，甚至不吃药。原因何在？是王奶奶身体特别好么？**私以为，在担心医改操作不当造成福利病时，更该担心我们医改进程不够快，不能切实减轻百姓负担和痛苦才是。**

共享与分担，也是一种公益情怀——分享快乐，分担痛苦。分享快乐给别人，让快乐变成两份；为别人分担痛苦，让他们痛苦减半。全国人大代表、女兵米合伦沙的故事，很有说服力。

米合伦沙：1995年在新疆实施了“蓝天春蕾”计划，然后，我就从一名失学的女孩成为了一名“蓝天春蕾”女孩。

米合伦沙小时候受人资助，才有学可上；成年之后，自己当了空军，也开始资助那些上不起学的人，目前已经资助40多人了。

这是一个爱的圈圈，爱的能量的正向流动。我们的世界，本就是一个爱的链条，你一生做的好事，全都是为自己做的！那么，想要共享的东西越多，首先，去为别人多多分担吧。

2013.3.14

心怀天下：他们本是最有资格谈“济世情怀”的组织

一千年前，北宋著名的政治家范仲淹说，先天下之忧而忧；八百年前，南宋诗人陆放翁说，位卑未敢忘忧国；四百年前，思想家顾炎武说，天下兴亡，匹夫有责。他们其实是形成一个共识，不管是官员，还是普通百姓，不管能力是大是小，都要为这个国家尽一份力。如此朴素的济世情怀，在时下的中国，也弥足珍贵。

心怀天下，意味着先天下之忧而忧，感同身受百姓的疾苦，心里放着百姓的诉求。百姓的诉求，不就是我们努力的方向么?

昨天，新一届国家领导人产生了，在此时刻，百姓又有哪些诉求，哪些期盼呢?

百姓：最大的就是让他们在反腐还有房价这块控制一下。

百姓：社会让我们这种草根已经没有上升的空间了。

百姓：养老金还是低。

百姓：希望社会更公平一些。

为民生纾困，政府责无旁贷，全社会也要群策群力。这届两会，很多代表、委员既提出问题，也拿出办法。全国人大代表薛志国说——

薛志国：教育工程是最大的社会公平，绝不能让农民工的后代输在起跑线上，除了鼓励城里学校向农民工子女敞开大门，更重要的是还要从制度上想办法。

薛志国最关心教育公平问题，尤其是农民工子女。媒体也在热烈探讨，如何为弱势群体提供更多保障，比如养老金。东方卫视观察员曹景行说——

曹景行：养老金保障的那几块群体是谁？最先解决最急需养老保障的人，这才是当前最需要做的事情。

政府层面也在积极行动。医改领域，国家发改委副主任孙志刚说，加快推进公立医院改革。

孙志刚：加快推进公立医院改革，逐步扭转公立医院的逐利行为。

怎么控制房价呢？全国政协委员、住建部部长姜伟新再次表态，国五条一定要坚决执行，相信房价一定会往下走。

姜伟新：这个文件一定要坚决执行，执行过程当中效果会逐步显现出来，一定会往下走的。

你看，在两会的语境下，心怀天下，已不局限于政治家或代表、委员的济世情怀，从民众的诉求，到代表、委员的建言献策，再到政府的顺势而为，心怀天下，已然成为改变世界的能量。

只要思想不滑坡，办法总比困难多。环境保护问题又该怎么解决？一次性发泡餐具2013年5月1号要解禁的消息，时下引起热议。毕竟，一次性发泡餐具被称作“白色污染”，被禁了14年。

百姓：发改委在公布这个消息的时候，理由和依据是什么？我觉得咱们这些老百姓都不太知道。

说话人是个年轻女孩，能提出这样的疑问，我很高兴。这是未来的主人翁的姿态，要关心庭前的花开花落，也要关心天外的云卷云舒。普通人，同样可以心怀天下。

当然，这事关环境保护，也关乎决策透明。只有决策透明，才会减少误解，增加信任。

说到信任，全国人大代表、中国红十字会常务副会长赵白鸽坦然承认，“郭美美事件”带来的信任危机到现在还没过去。

赵白鸽：现在很多老百姓认为红十字会全部是被政府养起来的一帮人，到底有多少是在为老百姓做事情，这点我们要对老百姓讲清楚。

赵白鸽如此坦诚地面对公众质疑，让人欣赏。这场信任危机，因“郭美美事件”而起，但说到底，还是中国红会自身问题。如果自身无懈可击，岂是一个郭美美可以奈何？

也许，中国红会还应有更大的危机意识。这次国家机构改革，对民间慈善机构门槛放低，她将迎来很多竞争伙伴。中国红会，她本是最有资格谈“济世情怀”的组织，她应该用实际行动，去重拾全天下的信任。中国红会创办于1904年，我相信，人道、博爱、奉献的红十字精神会指引他们重新找回自己的根。送给你们一句诗：心底无私天地宽。

2013. 3. 15

隐形民生：我们不能低估“大忽悠”对社会诚信系统的伤害

悠悠万事民为先。这次两会，代表、委员的民生情怀非常抢眼。不过，我们也能发现，当他们在热议食品、医疗、教育、环境保护这些民生问题时，还有一些隐形的民生问题也被摆上桌面，比如公平、安全、责任、诚信，甚至良知、道德。这些隐形的民生问题，同样影响着民众的幸福感，成为民生期盼。比如教育问题。教育部部长袁贵仁昨天说，教育公平是我们国家这五年来做得最好的一件事。

袁贵仁： 教育公平是我们国家这五年来做得最好的一件事情，我们每年用1000亿元的经费来解决8000多万学生的家庭生活资助问题。

看得见的民生是教育，隐形的民生问题是公平。这一点，也是代表、委员谈得最多的。人大代表薛志国就认为，教育公平是社会最大的公平，绝不能让农民的孩子输在起跑线上；袁贵仁昨天也说，以后会着力推进教育公平，重点照顾贫困学生和残疾学生。

“奶粉安全”问题，又该怎么看待呢？新闻发言人吕新华说——

吕新华： 国家质检总局一个数字说，我们内地的奶粉99%是符合质量标准的。

看得见的民生是奶粉，隐形的民生问题是信心。国产奶粉99%合格，那我们关心，剩余的1%在哪里？全国政协委员杨元庆就说，奶粉99%合格是不够的，应该100%让人放心。

有人说，这不可能，任何商品都难保百分之百合格。好吧，我给大家讲个二战中的真实故事。美国空军为了降落伞的安全性问题与制造商发生纠纷。军方要求产品的合格率必须达到100%，厂商认为这是天方夜谭，他们一再强调，任何产品也不可能达到100%合格，能达到99.9%，不错了。99.9%意味着什么？每一千个伞兵中，会有一人因此送命。后来军方改变了验货的方法，你厂商不是交货了么？就这些降落伞你随机挑一个，然后，你厂商负责人，穿上，从飞机上跳下去。这个方法实施后，你猜怎么着？天方夜谭出现了，合格率100%！

好了，在这基础上，我们再谈环保问题。环保部副部长吴晓青昨天说，京津冀、长三角、珠三角地区雾霾最为严重。

吴晓青：这三个区域，虽然国土面积仅占我国国土面积的8%左右，二氧化硫、氮氧化物和烟囱的排放量均占全国的30%，单位平方公里的污染物排放量是其他地区的5倍以上。

看得见的民生是环境保护，隐形的民生问题是责任。今年两会期间，环境问题成为代表、委员热议的焦点。一种观点是，要走好发展与环保的“平衡木”。**私以为，现在的问题是，平衡木已经失去平衡！该是强调责任的时候了。京津冀地区、长三角、珠三角地区都是富庶地区，但，对环境的破坏也大。在环境治理上，恐应负起更大的责任。**

那么，消费者权利保护，隐形的民生问题又是什么呢？适逢“3·15”，一段来自央视“3·15”晚会的声音让人真是百爪挠肝，这些所谓的“老专家”或许你在电视上也看到过。

广告一：否则我就没脸见列祖列宗！我就砸了祖上御赐的奇方济世牌匾！

广告二：否则没脸见列祖列宗啊！

广告三：人在做天在看，一周要是让你停不了药，我把姓改了随你的姓！

果然是人在做，天在看。美国前总统林肯说得好，“你可以在某些时候欺骗所有人，也可以在所有时候欺骗某些人，但不可能在所有时候欺骗所有人。”央视曝光，这是一些跑江湖的大忽悠，他们兜售的丸散膏丹也都是骗人的。**“大忽悠”被曝光了，但我们不能低估他们对病人的伤害，对社会诚信系统的伤害，副产品就是，人与人的猜疑和冷漠。如此，看得见的民生是假药，隐形的民生问题是诚信。**

当然，对这种隐形的民生问题，不能光批评、不建设，不能只破不立。这次两会上，有代表、委员建议，尽快构建覆盖全社会的征信系统，加大对失信行为的惩罚力度。惩恶是对的，除此之外，还要扬善。幸好，我们还有“鸡蛋哥”。昨晚，央视“3·15贡献奖”由“诚信鸡蛋哥”任庆河获得。

任庆河：一个人活在世上你不能坑蒙拐骗，要拿着你的良心做生意。

要拿着良心做生意。说得多好！任庆河“诚信鸡蛋哥”的雅号从何而来呢？本来，他在郑州做鸡蛋生意，2012年9月，租用的店铺拆迁，一万多斤鸡蛋票卖出去了，还没给顾客兑付，怎么办？他就连续三个月的时间，守在已经拆迁的店铺旁边等着人来兑付，一个鸡蛋也不差你的。

这哪是做生意，这是做人啊！看来，解决隐形的民生问题，也可依赖隐形的力量，比如道德、良知和职业操守。

2013. 3. 16

使命和方向：不谋全局者，不足谋一域

一千四百年前，一位僧人听从使命的召唤，向天竺进发，不管遇到什么困难，一路向前，绝不回头，终于修成正果。这种强烈的使命感和执着精神，直到今天，也值得学习。我们知道，中国的航船现已进入攻艰区和深水区，敢问路在何方，我们的使命又是什么呢？

此时，盘点两会，从《老马读两会》那些过耳难忘的好声音里，从那些老百姓的强烈诉求里，让我们慢慢寻找。

老百姓第一层诉求：生存的需要。还记得这个声音么？这位市民舍不得花钱买菜，就捡了些被人扔掉的菜叶回去。

市民：捡点菜。

记者：您为什么要捡呢？

市民：能说实话吗？

记者：当然是要说实话的。

市民：一斤茴香十多块，一斤韭菜七八块，豆角五六块，一个月两千多的工资，看看这个不舍得，看看那个不舍得，要买那便宜的吧，没有。

这是一位市民的生存窘境，要知道，她的月薪有2000元。在马斯洛需求层次里，生存的需要是最基本的需要，民以食为天啊。我们可以为他们做些什么？

国家发改委前主任张平这样说——

张平：只有增加了居民的收入才能够提高消费能力，让老百姓敢于花钱，最重要最基本的措施就是要完善我们的社会保障制度。

老百姓第二层诉求：安全上的需要。当我们谈论食品安全的时候，要意识到，有些人还在为没有食品而发愁。而安全，是马斯洛需求层次的第二阶段。崔永元委员的声音，让人印象深刻。

崔永元：喝干净的水，吃没毒的奶粉，用药安全，然后能呼吸新鲜的空气，最基本的嘛！

政府官员又会怎么看？青海省西宁市市长王予波对此遥相呼应——

王予波：让老百姓呼吸清新的空气，喝上干净的水，食用安全的食品，这也是最基础的民生，也是底线型的民生。

老百姓第三层诉求：情感和归属的需要。“最美洗脚妹”刘丽，今年代表亿万农民工兄弟姐妹，说出这样让人心酸的话。

刘丽：农民的身份干着工人的活，过着流浪者的生活，所以这种无固定收入、无固定住所的日子，真的非常不容易。

弱势群体的幸福感决定着社会的前途。农民工兄弟，也包括姐妹，为城市建设做出了巨大贡献，但却不获尊重，没有归属感。不公平！《春天里》，应该是一首春暖花开的歌，而不是老无所依。

相关部门怎么看？中央农村工作领导小组办公室主任陈锡文说——

陈锡文：城镇化就是更多的农民转为市民的过程，按我们现在这个统计口径是不行的，光说一个常住人口，进来了房没有，社保没有，这个没有、那个没有，实际上是在不断积累矛盾。

老百姓第四层诉求：尊重的需要。对生命权的尊重，对老弱妇孺的尊重，何尝不考量着社会的良心！还记得那个白血病患儿的家长怎么说么？

家长：孩子也懂事，他说："爸爸妈妈，咱们家能花100块钱给我看病吗？咱们家是不是不用卖房子了？"

大病负担，是很多家庭不能承受之重。我们的医改在担心"福利病"的同时，是否更该担心，医改进程不够快，不能切实减轻百姓负担呢？

当然，让人温暖的事也很多。这届两会期间，当代表、委员路遇红灯也要停车等候时，北京为一位急产孕妇开通了绿色通道。

家属：谢谢交警，那么多人都为我们这个事，热情、积极的帮着我们去联系，我特别感动。

对老弱妇孺的尊重，彰显了社会的人文情怀、人本精神，让这个世界充满温情。

再说说老百姓第五层诉求：自我实现的需要。在众多声音当中，有一个年轻人的声音一划而过，但我们不能让这样的声音淹没。

市民：社会让我们这种草根已经没有上升的空间了。

自我实现，这是最高层次的需求，人们都需要发挥潜力，施展才能，获得满足。顶层设计时，理应为年轻人提供更大的上升空间。社会不给年轻人机会，这个社会又怎能有发展前途呢？

说到这里，可以做个总结了。**"不谋万世者，不足谋一时；不谋全局者，不足谋一域"。私以为，什么是我们的使命？仰望星空，攻坚克难，放眼全民的幸福，就是我们的使命；什么是我们的方向？脚踏实地，谋百姓之利，解百姓之忧，就是我们前进的方向。**

2013. 3. 17

第四章 如何实现无后遗症的经济增长

人若赚得全世界，赔上自己的生命，有什么益处呢？人还能拿什么换生命呢？

——《马太福音》16 章 26 节

相对论：中国需要“大国强民”的健康心理

关于相对论，爱因斯坦打了个形象的比喻：“你和一位美女对坐1小时，会觉得似乎只过了1分钟；但如果让你坐在火炉边1分钟，你会觉得过了不止1个小时。”世界第一这事，也要这么辩证来看。

海关总署昨天说了，中国贸易额首超4万亿美元，有望超越美国成为世界第一；中国汽车工业协会刚刚公布，我国汽车产销量连续五年蝉联全球第一；日本企业最新调查：中国啤酒消费量连续10年居世界第一……其实，我们的世界第一何止这么一两个呢？据说有个美国人写了部书，书中列出的“中国的世界第一”多达700多个。

但令人尴尬的地方也恰恰在这里，不提也罢——我们专利申请量世界第一，滥竽充数的多；科技人力资源世界第一，能出成果的少；仅烟草一项，中国便雄踞8个世界第一，但国人的健康要付出多少代价呢？至于房地产世界第一、采煤业世界第一、道路交通事故死亡率世界第一，更不见得有什么光彩吧。

汪峰唱道，我要飞得更高。飞得再高，终还是要落地的，“世界第一”落地的时候，我们不要“绣花枕头”，中看不中用。我们要什么？要咱百姓家底殷实，

实至名归。果如是，又何须什么“世界第一”装饰门面呢？中国需要“大国强民”的健康心理，自欺欺人要不得，别被“世界第一”忽悠了。

还有更劲爆的话题。这几天，“官不聊生”大热。媒体调查，百位受访者中，九成表示公务员不好当，甚至有六成受访者担心油水变少，萌生去意。“官不聊生”这词，于是热得烫手。

《华商晨报》就此发问：“公务员不好当”的哀叹说给谁听？在哀叹声中，对于大多数权力群体而言，也许看到的是特权梦的终点，可实际上，它又何尝不是理想社会的起点呢？公平的社会，只有天道酬勤的道理，没有坐享其成的馅饼。搜狐网反问：公务员越来越不好当的潜台词是不是过去太好当了呢？大公网认为，在频繁禁令的推动下，社会将加快从官本位到民本位的转型，公务员理应“不好当”；《中国青年报》毫不留情面地指出，可拉倒吧。远没到“官不聊生”这一步。难道中央的禁令不是官员应该做到的么？那只是底线，并非拔高要求。

按我看，“官不聊生”实在是个伪命题，中国从来没有“官不聊生”。各家媒体现在煞有介事地对这个伪命题津津乐道，只能说明反腐的民意足够强烈而已。

顺便说一句，江苏贪腐官员陆洪来最近在《检察日报》上发表忏悔书：“悔不该受贿120多万元，当时是觉得当官吃亏，才开始收钱，走上了贪腐之路。”你看，这也是相对论，让官员过过紧日子未尝不是对官员的爱护。

最后要说的一条新闻，也很能体现相对论精神，坏事也可能变成好事。说是最近，从重庆到福州打工的熊大姐在一栋大厦 8 楼擦玻璃时，系在腰间的钱袋子松了，辛苦攒了一年的 6000 元血汗钱被风吹走，飘到楼下。等熊大姐跑到一楼，钱早给人捡走了，最终只找回 300 元。让人欣慰的是，短短一天时间，通过媒体的报道呼吁，熊大姐的钱又找回来了，而且还多出许多。有这样一个细节，有人为了捐款，对民警撒了谎。民警回忆说：“他说他捡了 6000 元。可是，那些钱不可能是他一个人捡去了，我们知道，他这是善意的谎言。”

熊大姐丢钱引发爱心爆棚，媒体报道说，社会爱心人士和爱心企业向熊大姐捐赠达 11 万多元，远超丢失的数。网友评价说，这些钱有的包裹着良心，有的包裹着爱心，让人们透过“雾霾”看到希望！

最新消息说，内蒙古遭遇寒潮侵袭，出现 -46.1℃极寒天气。我想，有这样的人间温情取暖，再寒冷的冬天都会过去。

2014.1.11

利益均衡：给利益集团“自我革命”鼓个掌吧

有道是：“天下熙熙，皆为利来；天下攘攘，皆为利往”。如何平衡利益就成了学问。改革，不就是一种利益均衡的过程么？

在养老金并轨这事上，如何斩断利益纠葛？人社部已经完成养老金并轨方案的制订，目前进入论证阶段，核心内容是根据公务员的工龄进行一系列计算来确定如何补齐养老保险和职业年金。

虽然人社部官员随后回应，此事并没有定论。但消息一出，已引起不小波澜。**在我看来，养老金并轨，要找的是利益的平衡点，要么拉高就低，或者拉低就高。最好的局面，当然是把低的拉上来，也让企业职工有福同享**。但这样一来，钱从哪来？旧的窟窿还没补上，新的窟窿又来了。养老金并轨改革的目的，是让缺口变小，而不是让缺口变大。此时，养老金并轨改革，我们有必要强调一个原则，那就是优化和公平。

东方网毫不客气地指出：按工龄补齐，更要补齐“公平落差”。一直以来，企业职工个人一般缴纳8%左右，如果公务员个人免予“缴纳的义务”，在补齐过程中，公平不是在“补齐”，相反，会形成新的“制度差”。

如何化解楼市的利益冲突呢？楼市聚集了太多的利益诉求，一涨一跌同样牵动人心。最近，房价风声紧急，那边深圳部分楼盘单价每平米跌掉3000元，这边长三角多个城市上演房价“高台跳水”，业内还说“降价可能才刚刚开始”。

关于房价的争论也很是激烈。先有住建部官员唱多楼市，说“房价暴跌只是一种妄想”，随后有上海大学社会学教授顾骏严词驳斥。《证券时报》的分析一语中的，“我国房地产市场之所以不顺，很大的原因就是地方政府对这个市场有太多的利益追求”。

关于“京津冀一体化”的利益博弈又该如何平衡？按说，住在河北的人应该高兴，消息说，河北13个县市有望年底普及北京电话区号010。但是，有人说了，别人工作是“朝九晚五”，他是“朝五晚九”。

此时，财经网的分析就显得非常深刻：京津冀表面上看似在协同发展，实际上各个层面都在进行利益博弈，各怀打算，以至于协同发展的效果不明显。2004年11月，发改委就正式启动了京津冀都市圈区域规划编制，不过，十年过去了，规划至今没有面世，其中艰难和利益纠葛可见一斑。

这简直是一个利益博弈与均衡的活教材。相比之下，我们就可以理解《中国经营报》的报道，为什么由住建部主导的实现“住房公积金全国联网监控”的日期一再推迟，这可是第三年推迟了。一纸政令在地方政府的利益纠葛当中，显得如此尴尬，人家根本不配合！

利益均衡，从经济学意义上，是排队队，分果果，张三没有来，给他留一个。但是在法学意义上，却必须强调法律在利益分配上的权威。

新华网报道，三峡被指沦为利益集团牟利机器，国人为其缴税5000亿元。纳税人一共为三峡工程缴纳了5000亿元的特别税，不仅没有收到一分钱的回报，还要继续往三峡这个大漏斗里缴税，这严重颠覆了利益均衡原则。这个，恐怕是利益集团和公众利益的冲突，已涉及大是大非问题，要祭出法律之刃了。

此时，传来88岁的历史学家章开沅教授主动请辞“资深教授”的消息。打破学术头衔终身制，不再享受同等两院院士待遇——章开沅是第一人。他的理解是，这是“自我革命”。他说：“在这个圈子里，我也是既得利益者，已经得到够多好处了，所以内心很不安，希望改变这个体制。”

私以为，利益均衡，当然需要制度设计，需要法律保障，也需要强有力地推进市场化和行政化改革，但跟以上相比，章老的这种“自我革命”，却属于个人觉悟，更加难能可贵。

2014. 3. 30

奶酪之争：“心脏有病在臀部猛扎针有什么用”

今晨媒体关注的热点事件，归结起来，我认为是奶酪之争。

最热的事件之一，央视动了房企的奶酪，指名道姓，说有“45家房企欠缴巨额土地增值税”。这事一曝光，立刻引发热议，也惹来开发商的强烈反弹，房产商任志强立马在微博上发难，央视你这是把我们开发商当星巴克了，我研究研究，我要公开起诉你。这正是，你向我开刀，我向你开炮。其他房地产开发商也纷纷发声，昨晚，至少11家涉事上市房企发布澄清公告，都强调公司没有欠缴土地增值税。

到底有没有欠缴税款，经济学家马光远声称，要给装傻的开发商补课。说房企确实欠税，开发商不承认这一点是赤裸裸的装傻。房产专家杨红旭说，央视不惮罗列出地产巨头欠额，比较少见。他问：敢深查么？

房价的暴利本就是舆论关注的重心，这么一争议不免切中公众的痛处，不免勾起了许多前尘往事，什么楼市调控，什么地价，什么货币超发。**经济学家温元凯一针见血："房价的根子在地价，我们心脏有病总在屁股上猛扎针有什么用？你只要控制地价，房价不就下来了么？因为现在房价的70%是税费和土地价格。"**

中国国际金融有限公司首席经济学家彭文生也说："在现有土地制度下，地方政府变成了土地市场唯一的买家和卖家，所以有很多问题，一方面是农民利益受损，另一方面是房价越来越高。"

难道解决高房价就无计可施么？有。媒体不约而同地指向了不动产登记制度。《经济参考报》报道，距住建部首次提出的住房信息联网"最后期限"已时隔近17个月，距第二次承诺的2013年6月底也已过去5个月。一次次的爽约，让住房信息联网恍若可见却又难以企及。

住房信息联网为何屡期不至？《中华工商时报》报道，不动产登记制度最大挑战可能来自既得利益者。中国指数研究院（华中）市场研究总监李国政表示，统一登记会触及部分人的利益，这些人不希望将这一财产暴露，如果一些地方政府不配合、官员信息难公开，加之基础数据整理庞杂等因素均会对这项工作形成阻力。

住房信息联网到底动了谁的奶酪?《北京晚报》证实，反对态度比投资客更为坚决的，还有一部分地方官员。

时下,《齐鲁晚报》对教育不公中埋藏着的既得利益奶酪也深恶痛绝。文章说，一些地方的名校，事实上成为当地教育行政部门和其他强势部门的自留地，自己的子女，加上种种以权力和金钱为媒介的关系生，占了生源的相当一部分，均衡教育资源，面临着既得利益拧成的强大阻力。

如此种种，到底动了谁的奶酪呢?有人叫它“利益集团”，也有叫作“既得利益者”，经济学家吴敬琏的说法则是，“原本的利益主体”。这时候，《浙江日报》的一篇评论就显得那么掷地有声，题目是：“不动既得利益者的奶酪，改革难以深入。”文章说，分配制度改革是诸多“硬骨头”中的一块。党的十八届三中全会提出要“形成合理有序的收入分配格局”。收入分配改革要调节过高收入，清理规范隐性收入，取缔非法收入。这对部分利益群体而言，意味着昔日心安理得享用的“奶酪”将不复存在。

收入分配尚且如此，要全面落实各项改革任务又将触动多少既得利益群体的“奶酪”呢?考验牙口的时候到了。

2013. 11. 26

含金量：金融战争，我们可以坐山观虎斗吗

昨晚，澳网冠军奖杯，显得最有含金量。中国网球一姐李娜轻轻一吻，将沉甸甸的奖杯抱入怀中。不容易啊！这位澳网最年长冠军，完成职业生涯的第二个大满贯，也成为澳网百年历史的亚洲第一人。

今天，我要评估的，不只是这座冠军奖杯的含金量，还有金融战争，在互联网金融和传统银行业大战中，谁的成色更足一些？有养老金，中国养老金“十连涨”，抵消物价上涨因素，所剩几何？更有政府的突击花钱，一个月挥金如土25000亿元，这钱花得质量如何？

从金融战争开始说起，这场没有硝烟的战争正在互联网金融和传统银行业之间火热开打。互联网金融咄咄逼人，生生从传统银行业手中抢走数千亿存款，传统银行业这块金字招牌如今显得成色不足。数据显示，2014年1月份前二十天，四家国有大型银行存款大幅流失7000亿元。

马云曾经说过："银行不改变，我们就来改变银行。"这话看起来正在变成现实，余额宝已经抢去2000多亿元存款，本来，这是传统银行业的蛋糕。受互联网金融的挤兑，传统银行的饭碗端不稳了。他们再也坐不住了，最近，银行纷纷放下身段，提高利率，降低门槛。

当然，这场争斗事实上是群雄逐鹿，互联网金融内部也存在跑马圈地之势，比如微信理财通和余额宝，腾讯和阿里这两大巨头之间，不仅"线上"战在一处，在线下，打车软件领域也正杀得火热。

习惯认为，二虎相争必有一伤，不过，私以为，如果能从这场争斗中真正树立起服务用户的理念，未尝不是一个多赢的局面。尤其是咱们普通客户，大概是最大的赢家，坐山观虎斗，乐享其成如何。

再来评估一下中国养老金"十连涨"的"含金量"。国务院决定从2014年1月1日起企业退休人员基本养老金水平再提高10%。这是我国连续第十年上调企退人员的养老金。对此含金量，媒体并不看好。

《法制晚报》的报道标题耐人寻味，"养老金上调赶不上物价上涨，碗大了，量少了"。新华社指出，虽然养老金年年涨，但是这样的调整，由于物价上涨因素的抵消，"含金量"并不高。确保基金收支平衡、提高养老金连涨的"含金量"，刻不容缓。

该评估政府突击花钱的成色了。按照财政部的数据，2013 年 12 月单月财政支出高达 25047 亿元。大幅增加的数字显示，年底“突击花钱”弊病仍然突出。

东方网提到一个背景，很值得关注。曾经，因为中央严控三公消费，机关团体账户存款猛增，5 月份达到 14.3 万亿元，10 月份只剩下 4.1 万亿元。东方网指出，严格了一年，不敢吃不敢喝不敢花，结果最后一下子就给突击出去了，令人生疑。

《河南商报》也在质问，这么多钱，竟然在一个月内花完了，花哪儿了？纳税人的钱，理该花在民生领域，到底在老百姓身上花了多少呢？一切讳莫如深。东北新闻网提出：应该在阳光的“普照”下斩断“突击花钱”的手。让年底花钱用在刀刃上，让每个单位、每个人不再“为所欲为”。新浪网提出，当政府手里有了很多钱，理应对民众“多给少取”，否则，民众很难过上“好日子”。

今晨还有些特殊案例，含金量多少，也有待评估。近日有网友曝料，在高速上看到一辆奥迪车在应急车道上行驶。央视调查，这是连云港东海县公安局的车，这辆奥迪车价值 40 万元，超出配备标准。为什么配备这个车呢？回应说，为提升开道车形象。弄几辆豪车就能提升形象了么？在我看来，配车越豪华，含金量越低，形象越差。

深圳一条高速公路倒是“含金量十足”，但这个含金量，是打引号的。深圳宝安石岩的陈先生投诉，他依照路牌指引，在高速公路上行驶了 60 多公里，可是下高速的时候，却被收费145块钱。这可能是中国最贵的高速公路收费了，严重超出了正常收费标准。如此含金量十足的高速公路，难怪引起“抢钱”的指责。

抢钱肯定不行，发钱也可能起争执。最近，扬州市一洗车店老板因为年终奖和三位员工起了争执。那位老板称年终奖每人给500万元，实际上，只给每人发了2元彩票，难怪最后员工集体辞职。

新华网引用专家的话提醒：“无论是个体还是企业老板，要严肃和认真对待年终对员工的承诺。否则，势必引起争执，降低信任度。”**岂不闻，一诺千金么？私以为，一个人也有含金量大小之分，重诺言、守信用的人含金量就大，相反，就缩水打折，直至一文不名。**

2014. 1. 26

别样生意：文化搭台经济唱戏，有些戏没法看

听过这说法没？“我这人不懂音乐，所以时而不靠谱，时而不着调”。今晨媒体看下来，我看到很多不靠谱不着调的事情。你看，辽宁阜新的开发商在毁大堤盖大楼，是什么让他们如此胆大包天？西安的兴教寺要毁寺申遗，也实在荒谬，

申遗不是为保护文物么，这怎么还要强拆不成？重庆的丰都鬼城，的确被毁得面目全非了，说是修缮，结果是，真文物都给修成了假古董。说起来，这不靠谱不着调的背后，都有一本别样的生意经。

说起这“毁大堤盖楼”，实在疯狂。要知道，辽宁省阜新市细河大堤可是被阜新人看作城市的屏障。央视《焦点访谈》报道，现在，大堤被推倒，不是变成了大坑，就是盖了楼。好家伙，十几座连体两层的小楼拔地而起，档次还挺高。可这，让阜新市民今后怎么过日子？

一家房地产公司，居然能堂而皇之地毁掉大堤开发房地产，相关职能部门明知工程违法却没人管，主管的水利部门发过整改令却不敢承认。难道说，你要钱，不要别人的命么？这并非危言耸听，就是那细河大堤，发生过洪水，曾经漫过大桥，冲走公共汽车，还造成了人员伤亡。如今这样子，不是把整个城市，整个城市的百姓置于危险境地么？

同样匪夷所思的举动，还发生在西安的兴教寺。兴教寺是什么地方？是唐僧，也就是玄奘法师遗骨安葬之地。兴教寺现在很多建筑要拆除。为什么要拆？说是要申遗，那些建筑不符合申遗标准。慢着，还有没有其他原因？来听兴教寺僧人怎么说，“不能借着申遗搞破坏吧”。

申遗不好么？当然好。但公众最不能接受的，是这里面的悖谬之处，申遗是为了保护文物，为什么还要拆你没商量？唐僧有难，悟空何在？面对争议，猴哥都出来保护师父了。六小龄童最近发微博求助，呼吁有关方面出面协调。目前，官方已回应，暂不动一砖一瓦。

这事的症结在哪里？其实，是背后那个不大说得出口的“生意经”，商业利益驱动。按照既往经验，一旦申遗成功，几乎一律是大幅上涨景区门票，财源滚滚。西安部分领导干部这不是说了么，要“大手笔、大动作”，把兴教寺“好好运作”一下。什么叫“好好运作”呢？希望是好好保护，而不是围寺敛财。

相比丰都鬼城，兴教寺还是幸运的。重庆的丰都鬼城，那才叫可怜，央视报道，“丰都鬼城”遭遇游乐园式开发，开发商以修缮为名，六座大殿给拆除五座。

真文物给修成假古董，这真让人哭笑不得。你能说某些地方领导对文物保护真的一无所知么？是有糊涂的，更多的，是揣着明白装糊涂吧。GDP崇拜才是真的，在大兴土木的过程中捞取好处才是真的。急功近利，成为破坏力的源泉。

都说文化搭台，经济唱戏，真正做到这一步的，能有几个？曲阜算是一个，曲阜即将推出一个措施，如果你能背《论语》，游览三孔景区就不用花钱了。此前，湖南岳阳楼景区也有这种做法，你能背《岳阳楼记》，就能免费领取门票。曲阜这一招，难说不是学来的。正好，这两天，凤凰古城门票涨价，闹得沸沸扬扬。可以对比一下，同样是景区，差别怎么就那么大呢？

这一张门票的背后，考验的是发展的眼光。你离金钱越近，就离文化越远，因为文化给你贱卖了；相反，文化的影响力出去了，还怕别人不来“朝圣”么？你获得的回报可能更大。从这个意义上，谁能说岳阳楼和曲阜，不是在做一种别样的文化营销呢？这难说不是更精明的“生意经”。

2013. 4. 13

高温经济：看了房地产广告，心里拔凉拔凉的

时下的中国一片火热，多地气温突破40度，大家戏称，1/3的国土进入“烧烤”模式。甚至有人说，自己和烤肉的区别只差一点点孜然。目前，国家已经启动了高温二级应急响应。

战高温，消酷暑，有什么绝招没有？有人说，要藏进山洞，有人说要躲进冰箱，今晨一位市民的神回答才让人叫绝，想降温解暑么？就看房地产广告。哈哈，看了房地产广告，心里拔凉拔凉的。原来，房地产广告还有消暑的功能。这很像脑筋急转弯，很佩服这位市民的逻辑和这份幽默感。但认真想想，房地产市场岂非也是一种高温经济么？你看，很多地方长期高烧不退。

还有些高温经济值得玩味，比如，在河南，有一种生意跟天气一样火热，那就是外卖；在重庆，有商家开起了“水上饭馆”，纳凉吃饭两不误；在杭州，有企业给职工放起了“带薪高温假”。他们都是怎么想的呢？

先说水上饭馆，这出现在重庆。怎样的场景呢？一边大块吃肉、大碗喝酒，一边赤脚浸泡在冰凉的河水里。

重庆被称为四大火炉城市之一，如此高温经济出现在重庆，毫不奇怪，最受极致气温“烤”验的地方，往往也最考验生存智慧，包括生意头脑。

说到生意，在河南，很多的外卖店近来生意像天气一样火爆，如此高温经济只是极端天气的副产品，河南应该不是个案。现在，我倒要担心那些送外卖的工人了。上海不是有10多人中暑而死么？热死了，在今夏，不是夸张。

我看了一下，虽然国家启动了高温二级应急响应，而且是目前最高级别的应急响应，但多是对地方政府忠于职守的要求。在这时候，公众更想看到的，是针对公众的具体应急保护措施，尤其是给那些户外高温作业人员做些什么，而不只是笼统地提醒公众做好防范，这才是我理解的高温应急响应。

看看民众有什么建议？很多。总结一下，就是来点实在的，哪怕是仨瓜俩枣的高温补贴费。这项补贴，各地的标准不一样，而且补贴也比较少。按照2012年的标准，北京每天3元，陕西只有1.2元，谁来告诉我1.2元在当地能买瓶矿泉水不？当然，这1.2元背后的尊重和体贴更值得我们看重，并不是每个人头上都有一把遮阳伞。你想，多少临时工连1.2元也求之不得！

还有人建议给户外工人放“带薪高温假”，这怕不是白日做梦吧？别说，在杭州，西湖电子集团的近千名员工集体放“带薪高温假”，同样这么做的，还有杭州一家汽车公司。

什么叫人性化关怀？我觉得这个就是。你看，人家老板认为，这有助于提高工作效率，说是可以双赢。如此高温经济，你不仅能赢得工作效率，还能赢得员工的心啊。

2013. 8. 1

真金白银：来点实惠的，别虚头巴脑整没用的

一个“金”字，能串起今晨这很多条新闻。第一条，可以用“一掷千金”来形容。铁道部现在发愁，怎么把 12 月份的基建投资花出去，多少钱呢？将近千亿。我们知道，安全永远是第一位的事情，无论是投资安全，还是交通安全。有时候，这种“中国式突击花钱”也和“中国式过马路”一样，也要适时踩一下刹车才行。

说到“中国式过马路”，要引出一句带金的典故，“千金之子，坐不垂堂”。意思是说，那些金贵的人，不会把自己置于危险的地方。谁能说自己的生命不金

贵呢？

北京最近对19名闯红灯的行人分别开出10块钱的罚单。北京交警说了，这并非新规定。特意查了下资料，2012年1月至10月，全国因闯红灯肇事导致交通事故4227起，共造成798人死亡。触目惊心！对这事管理严格点，也是对大家宝贵生命的尊重。

下面这条新闻，可以用“纸醉金迷”来概括。说西部某县的接待办主任一晚8个饭局，还大吐苦水。

我们知道，公款吃喝不只是一个接待办的问题，也不只是一个县的问题。针对官场的奢侈应酬之风，新一届中央领导已经明确提出，“要轻车简从、减少陪同、简化接待，不安排宴请”等等。的确，是时候了，把这些吃喝官员从酒桌上喊回来，多干点正事。

什么是正事？比如，多关心一下居民收入问题。正好手头有个消息说，中国明年可能成为涨薪最快的国家之一。

对于这样的报告，我是半信半疑的。我怀疑我们很可能又“被增长”了。比如，他们在做报告之前肯定不知道美联储推出QE4吧，某些大国把自己的通胀压力不负责任地转嫁给其他国家了。

这么说来，另一项全球福利调查可信度更高些，即美世达信开展的一项调查，说在美英等发达国家，员工最喜欢的福利是带薪假期，而在中国，员工最希望得到的是“真金白银”，比如交通补贴、住房补贴。

不过，江苏的黄海涛一家四口看起来是个例外，他们把积蓄了半生的200万元，换成了一次长达一年的旅行。黄的说法说，“不当守财奴，为了梦想倾其所有”。这家人还真想得开！

相比之下，“昆明一家黄金会所用六百斤金条铺成黄金大道，耗资过亿”的新闻就不值一提了。那些从金光大道上走过的人就真有什么好彩头么？表面上是踩金，骨子里还是拜金吧。

顺便说一句，“金”这个字，刚刚当选日本自己评出的年度汉字。原因之一，是日本今年不断发生老人退休金诈骗事件。看来，“金”这个字不一定就代表着金光闪闪。好，鸣金收兵。

2012. 12. 14

世界第一：财神爷出境游能否与文明同行

中国创造了很多世界第一，甚至可以上溯到古代四大发明。但，并非所有的世界第一都值得称道，比如，在建摩天大楼，87%在中国，世界第一，进口车价格世界第一，剖宫产率世界第一。

即使是世界第一大旅游消费国，貌似很光荣吧？也美中不足。咱们一年扔出去1000多亿美元，不管走到哪里，人一看到中国游客，都知道财神爷来了。但央视焦点访谈提醒了，财神爷出境游的时候能否与文明同行呢？

最新一不文明的事，是30名中国游客组团出境游，要顺走人家客机上的刀叉。闹了个不愉快！有网友说了，在家都不文明，出去怎么能文明呢？这话说到点子上了。出国文明，回国不文明，也不成。有道是，仓廪实而知礼节，1000多亿美元的学费咱们都交了，文明也该上个层次吧？

说到上层次，不能不说说摩天大楼。为了上层次，现在，中国很多地方俨然成了疯狂的“摩天大楼控”，纷纷将摩天大楼的设计高度瞄准区域第一、中国第一，甚至世界第一。《经济参考报》提供的一份报告很惊人，中国摩天大楼总数已超350座，全球在建的摩天大楼中有87%在中国。

可是，这样的世界第一对老百姓有什么意义？换句话说，这样的世界第一对谁有意义？

下面这项世界第一，也不见得光荣。在中国，剖宫产率30年飙升9倍，已位居世界第一。

为什么许多准妈妈要剖宫产？据说是怕疼。但按我看，医院也有不小的责任，很多产科的医生、护士利用信息不对称，有意无意地诱导产妇放弃顺产。这当然是由于利益的驱动，剖腹产的费用远高于顺产。反自然的东西，能值得提倡么？准妈妈要端正观念，医生、护士应端正操守。

另有个世界第一，也让人脸上无光。中国进口车价格高昂，可称得上全球最高。据新华社报道，发改委盯这个事不是一天两天，目前，已开始反垄断摸底。情况怎么样？大家都在翘首期待。

你看大家怎么评价，“暴利”、“暴上加暴”，成倍成倍的冤枉钱就这么花着。同车不同价，看客下菜碟、双重标准，这个世界第一贵，中国消费者太冤大头了。为什么？价格被操纵。这让我们的监管部门颜面何存呢？呼吁反垄断调查更快一些。一万年太久，只争朝夕。

说到这，我们看出，当世界第一不见得就是好事。但下面这个世界第一当一当也不错。有研究显示，中国消费者的网购支出已达到1.3万亿元，即将超越美国。

有人说，“网购中国”将壮大“中国制造”，我则对“网购中国”怀有更大的期许，希望互联网思维能打破形形色色的贸易壁垒，消除各种各样的价格垄断，在消弭价格差的同时，期望兑付更大的福利、公平和公道。

2013.8.30

免费午餐：是我的当仁不让，不是我的分文不取

据说，“免费午餐”一词始见于19世纪，当时美国西部的酒吧和客栈为了吸引客商光顾，纷纷在门外张贴广告，“提供免费三明治和零食”。但如果你信以为真，进去说，我只吃免费三明治，我不买醉，那你很快就发现自己太天真了。不买酒水只要三明治的人，毫无例外地被“抛出门外”。

真的没有免费午餐么？就在身边，我发现，在互联网思维下，正出现一些免费午餐现象，值得玩味。“快的”与“嘀嘀”（后改为“滴滴”）现在争相给打车族发补贴，你补贴12元，那我补贴13块，永远比你多一块；在期货市场，东航期货宣布推出“零佣金”政策，这看似又是一道免费的午餐。但，这样的免费午餐背后，都有哪些潜台词呢？

新华网报道，如今嘀嘀与快的已经进入补贴大战的白热化阶段，背后更是阿里和腾讯“魔障了一般”的财力比拼。但问题也不少。央视直接列出了三宗罪：一、司机边开车边“刷活”，有很大的安全隐患；二、私下议价加价，扰乱市场秩序；三、抢单后不接受“扬手即停”涉嫌拒载。

所谓无利不起早，凤凰科技慧眼如炬，“从腾讯和阿里来看，无论是微信支付还是支付宝，他们更倾向于用打车返现的方式让用户意识到手机支付的便利，从此开始手机支付，这是两大巨头的目标”。由此，文章指出，砸钱只是契机，后续的服务才是关键。

说到改变，据马云所说，互联网已经颠覆了17个行业。现在，这把烈焰也烧到了期货公司。东航期货宣布，推出“零佣金”政策，只需手机操作3分钟即可完成期货开户。期货公司这“当头炮”，会引发整个期货业的“把马跳”么？

前瞻网认为，零佣金是互联网金融带来的不可逆转的潮流。这真有点“顺之则昌，逆之则亡”的意思了。

财经国家新闻网却提醒，互联网思维已成显学。但在这个日趋火热的时点上，也许更应该冷静地思考和抉择，某些互联网理财产品巨额补贴、高额返现等营销手段就已先后被证监局处罚。

文章指出，未来客户需求将变得更加多样化，互联网企业要适应客户需求的转变，不能仅仅把客户当成产品推销的对象，而是要做产品服务的解决商。——是不是可以这样理解，固然天下没有免费的午餐，但是互联网思维却要求我们更加重视客户的体验和感受呢？

此时，横扫千军如卷席的互联网思维，会否对“土地财政”的铁板一块有所冲击？

据最新数字，2013 年全国土地出让收入总金额达 4.1 万亿元，刷新历史高位。人民网财经记者梳理报告发现，多省（市）的土地出让金飙升，有的省份甚至已超过税收收入。任志强此前曾多次“开炮”，认为土地出让金是推高房价上涨的“罪魁祸首”。

对此，中央财经大学财经研究院院长王雍君一针见血：“在经济增长趋缓的时候，地方政府对土地出让金的依赖程度更高。地方政府想要戒除对‘土地财政’的依赖，需要一个过程。”戒除，这个词用得实在微妙，土地财政也是一种毒瘾啊。

此时，《萧山日报》的评论显得语重心长：天下没有免费的午餐，政府如果光靠土地财政，就会陷入被房产“绑架”的境地。房产商成了人民公仆服务的对象，他们拿出来的多，拿进去的肯定更多；如果光靠土地财政，一旦房产泡沫破灭，土地还能卖出好价钱吗？一旦土地卖光了，我们又靠什么维持经济的发展？

既然说到房产商，也要提一提河南省信阳市一家房企。为博眼球，最近上演了疯狂一幕。发免费蛋糕？差不多。半空中“天女散花”，狂撒10万元人民币，多名市民在争抢中受伤。

中国之声点评：这样劣质炒作手法除了透出企业的土豪心态，更是暴露了企业负责人的无知和社会责任的缺失。长江时评认为，房企撒钱搞宣传践踏文明社会尊严。这种不健康伎俩，即便引起关注也只能是负面关注。中国经济网评论道，天下没有免费的午餐，想对那些抢钱的人说：总想低着头捡便宜的人会早早驼背，总想捡到兔子撞死树上会荒芜农田，终究靠勤劳双手和劳动换得的钱更可贵。

靠勤劳双手赚钱，还真有这样一位典型。在湖北武汉，有一个做了两百多年杆秤的江姓人家，因为他家的秤分毫不差，被大家称作“良心秤”。央视报道，这么些年，也常有不法商贩出大价钱，要求江家人帮他们做黑心秤，但都被严词拒绝。

老奶奶说了：“不是我的钱我不伸手，不做那些昧心的事，我心安理得，多快活，多高兴！”说得好！**天下没有免费的午餐，不贪小便宜，不赚昧心钱，谁说不是一种做人的智慧呢？**

2014. 2. 19

小事不小：以制度之善引导人性之善

民生无小事，国家出台什么放假方案，北京推出什么保险，河北收取什么空气污染费都能引起众人关注，甚至是一句感慨，比如李嘉诚说“内地楼市价格太高，一般老百姓已难以承受”，也能从中读出大量的民生信息，不是么？

先说社保问题吧，昨天我们还在说，“我国养老金结余2万多亿元，专家称，只够用1年多”，今天，看媒体的报道，问题的严重性不只如此。《文汇报》报道，3800万人中断缴纳社保，使个人账户空账压力倍增。而且，截至2011年12月底，中国城镇职工个人账户“空账”已超2万亿元。一边在担心未来养老，一边又抛弃国家提供的社保，这或许是最无奈的“怪现状”了吧？

《经济导报》评论员兰恒敏发问：3800万人中断缴社保，将来咋办？兰恒敏发现，中断缴纳社保人群大多出于无奈，要么生活极度拮据没钱缴，要么单位不给缴，要么因社保“地方割据”而没法缴。兰恒敏提出，只有国有资本充实社会保障资金，才能补上社保的巨大窟窿，从根本上解决“新人养老人”的问题。

很多专家的观点与此不谋而合，《南方周末》采访了中国社科院专家张展新，他认为，在现实条件下，用国企利润反哺民众是一个可行的选择。人民网采访了很多专家，也都支持“以30%国企红利，去做实养老金账户”。

再说媒体热议的另一件民生大事，放假方案。国家才公布三种放假方案征求意见，大家就议论得不亦乐乎。总体看来，这三种方案不尽人意，民众一片抱怨之声。难道就没有第四种么？中国法院网发表评论，三种放假方案依然是“霸工”脸。意思是，这种征求意见忽悠的居多，诚意不足。

按我看，不必这么严肃，毕竟，这是在征求意见嘛。广东卫视的心态就很轻松，调侃道：这几种放假方案是让我们“矬子里拔大个，矮子里挑冠军”么？《新京报》给出建议：都玩“拼假”，不如增加假日总天数。这个说到点子上了。《中国经营报》提供了一组数据：中国假期天数全球第4少！是啊，总量不足，怎么拼都很难让人满意。

要说民生无小事，河北保定安国市收取空气污染费，也很有代表性，虽然每户只收取区区100元，一经报道，却制造了全国性的舆论轰动。

我也想不明白，老百姓呼吸新鲜空气是最基本的民生吧，你没治理好，还要向百姓收钱？《法制日报》就此评论道：收取空气污染费必须合理又合法。我给翻译一下，你收费吧，不能不讲理啊，不讲理也行，那你不能不讲法啊。

中国网的评论是：强收居民“污染费”等于鼓励企业污染。人民网的报道则是“空气污染费背后，不只是虚惊一场”、“当地政府人员都说不清楚道不明的收费项目，竟然已经在征收之中了，这也难怪公众对此收费不明白、不理解”。

最后，再通报一个民生好新闻。北京300万老人可定制意外险，7万符合减免条件的，保费由政府买单。北京市300万老年人口不论户籍，在公共场所发生跌倒、摔伤等意外，均可获得意外保险赔付，最高可获赔20万元。媒体报道，北京老年人意外伤害保险推出之日，正值“四川讹人老太事件”发酵之时，北京市民政局回应，老年人意外伤害保险推出，可以减少这一现象的发生。

按说这是有利于保障老人权益的好事吧，你可能想不到，一些媒体这么报道，广西卫视报道，北京300万老人定制意外险或可抑制讹人现象；千龙网评论，老人意外伤害险是一剂防讹诈的良方。新浪网友吴龙贵发表博客文章则这样写道：“老人意外险，人性之恶的制度化救赎。”在文中，他提到2007年南京“彭宇案”，也说到前段时间“四川三名儿童扶起摔倒老人反被索赔”的事件。他说，不是我们的道德水平下降了，而是我们的法律和制度应该创造出让人放心去行善的社会环境。

这依然是民生的领域，以制度之善引导人性之善；这也是做人的范畴，勿以善小而不为，勿以恶小而为之！

2013.11.29

第五章 转型期中国，何以面对野蛮生长

道之以政，齐之以刑，民免于无耻；道之以德，齐之以礼，有耻且格。

——《论语》

打开问号："这是断子绝孙的钱，你都敢赚"

昨天，我在微信中为朋友送出祝愿："马尚田祝你和家人马年马上甜！"今年流行马上体，朋友认为，本人的名字非常吉利，今年一定要多念几次不可。新的一年，你的愿望又是什么呢？

新的一年，有很多问号，远非回答新年愿望是什么这样轻松有趣，比如经济问号，为什么2014年被认为是啃硬骨头的改革年；管理问号，为什么宁波女副市长批评污染企业，说"断子绝孙的钱你都敢赚"；还有高房价问号，为什么中国百城房价连涨19个月，李嘉诚却接连抛售100多亿元房产？

当下，改革已成中国各界共识。很多人期待，在新的一年里，诸如养老金并轨这样的"硬骨头"尽快啃掉，收入分配改革细则这样的重大改革方案早些出台。

看看大家的愿望：央视记者的采访在街头随机展开，有的说，希望涨工资，有的要赚钱结婚，有的希望空气质量越来越好，还有的，非常认真地双手合十，撂下一句话，希望“狠狠地惩治贪官”……

这是问政和问责的范畴了，同样需要打开问号。此时，武汉的电视问政不能不提。武汉电视台承办的“电视问政”节目，近日迎来“期末考试”，武汉多个政府部门的一把手，面对人大代表、政协委员、网络名人及媒体记者的现场发问，居然现场踢起了皮球。

这实在是讽刺，在电视上也敢踢皮球！那平时呢？《东方早报》认为：电视问政要能决定官员仕途，恐怕效果会好些。

问责何以这么难？宁波的例子更典型。《都市快报》报道：昨天，宁波市女副市长陈奕君点名批评一些合资企业污染，只知道赚钱、不知道社会责任，她说，**“不停工还赚老百姓的血汗钱，这样的企业要你干吗？说严重一点，这是断子绝孙的钱，你都敢赚?”**话说得很痛快！引来一片掌声。

当然，问责，不仅需要放狠话，也需要动真格。《法制晚报》报道，河南省纪委近日提出，将蹲点高速路，清查携带土特产的公车，消息发布后引起了网友的热议。有网友“点赞”，称“守株待兔不如主动出击”。我只想提醒一下，主动出击也行，咱们不通过媒体事先通报行不?

问责的成果还有，央视报道，河南省人社厅落实整改，清理2.2万吃空饷人员；另外一个成绩也不错，广东清远一环保局长被清远市民实名举报，涉嫌勒索企业，说“分分钟可以搞垮一间厂”，已被证实此事属实，消息传来，这位局长被罢免。——看来，反腐还是要发动人民战争不可！

说这话时，南京市委大院昨天首次敞开大门，市委书记亲自接待市民代表，邀请市民监督。我说，这不应该只是一种姿态，还要是一种常态才好。

高房价的问号也要打开。财新网报道，中国百城房价连涨 19 个月，北京、厦门等 7 个城市的涨幅在 20% ~30%。房价太高，有一个消息可以作反向证明，说李嘉诚现在又在南京开卖房产。一年来，这位香港首富已经出售了大约价值 126 亿元的中国内地物业。原因是什么呢？李嘉诚说，内地房价太高，投资有风险。他特别指出，内地房地产过去持续上涨，往往以高于市值的价格也无法投得土地。

此时，我们更关心的是，对地方政府的问责机制何在？《经济参考报》指出，多地房价涨幅过线挑战调控目标，但，此前调控问责屡屡爽约，让人气馁。

公平问号也需要打开。北京今年起停办长期进京证的消息引发热议，人民网调查，17000 网民，近八成极力反对。《新京报》、《南方都市报》、东方卫视纷纷报道，临时进京证办理处，外牌车主连夜排起了长龙。

这不公平！在此之前，很多政协委员就多次呼吁取消车辆进京证，比如九三学社副主委杨肇键委员，他就认为，这一做法造成了人为的地域封锁和市场分割，不仅严重违背了市场经济公平、公正的原则，也有悖平等通行原则。

现在，媒体也纷纷质疑，这个临时证件每周办一次，会不会制造更多拥堵呢？摇号限行这些年，雾霾不少，拥堵又何曾减少呢？如此，不仅公平的问号需要打开，职能部门的心胸和管理能力也面临拷问了。

2014. 1. 2

转型升级：以 GDP 论英雄时代要终结了吗

转型升级，这个词，曾经是经济危机之后很多人的口头禅，各种会议或者发言不落到“转型升级”上总觉得话没说透。现在还是很热，昨天央视一个经济论坛就用这个作主题：转型升级的行动和智慧。

个人觉得，转型升级动辄挂在嘴边有两种可能，一种可能我们离危机真的不远，非转型升级不可；一种可能我们已经到了一定历史阶段，必须用新的生产关系适应新的生产力。

我们可以看一个指标，GDP 增速，曾经，这是一个很重要的指标吧？这次中央经济工作会议，外媒一大关注点就是，这个世界第二大经济体，在级别最高的经济决策会议上，会把 GDP 增速设在百分之几？

他山之石，可以攻玉，有时候我们可以借助一下外面的眼光，更好地看清自己，不妄自菲薄，也不盲目自信。日本一家研究机构推算，中国的 GDP 最快在 2017 年就将反超美国。想必新领导班子正在勾勒首届任期（5 年）内夺取“全球第一大经济大国”宝座的蓝图。但日本《产经新闻》发表文章：“经济世界第一”梦布满陷阱。有专家指出，追求扩大数量的发展模式已行不通，中国非加快转变发展方式，提升质量不可。

幸好，我们已经意识到这个问题，按照最新的领导干部政绩考核办法，不再仅仅把地区生产总值及增长率作为考核评价政绩的主要指标。

《羊城晚报》发表文章：《这是简单以 GDP 论英雄时代的终结》。文章说，以往，简单以 GDP 论英雄，就是唯 GDP 论英雄，只要 GDP 上去了，就“一俊遮百丑”，就提拔重用，这篇翻过去了。中国新闻网评论：“政绩考核不唯 GDP 为发展转型预设空间”。文章说，现行考核弊端显而易见，粗放式、透支式、高耗能发展模式难以为继，改革政绩考核体系为转变发展方式提供制度基础。《北京青年报》写下这样的标题：跳出以 GDP 论英雄的“懒政陷阱”；《每日经济新闻》更具财经慧眼，指出：不以 GDP 论英雄才能根除盲目举债。

这时候，很多民众把GDP和环境污染并论，又说到我们的痛处了。如今的政绩观转型恐怕也要“拜环境污染所赐”。

“十面霾伏”之下，老工业基地辽宁率先突围，新近开出了国内首张“雾霾罚单”，总额达5420万元。我注意到一位辽宁省官员的表态，被罚城市的市长面子上过不去，可能倒逼地方注重治污。我看明白了，这叫知耻而后勇，掏钱还在其次，关键是面子，如果对方真的有荣辱观的话。

但很多媒体显然不这么看。新华网评论：“雾霾罚单”，究竟想让谁心疼？评论说，地方政府上缴的罚款来自于公共财政，就算罚得再多，官员不心疼，监管部门不心疼，污染企业更不心疼，最心疼的还是老百姓。本来，当地群众就已经饱受雾霾之苦，最后还要掏钱负担这笔罚款。

南都网指出：治理雾霾，开罚单不如摘“帽子”。说辽宁雾霾罚单的缺陷显而易见。罚款由一个城市上缴到环保部门，同属财政资金，几乎像是财政资金的一种挪移。——是啊，左口袋换到右口袋，有意思么？《京华时报》也认为，把空气质量和官员的“乌纱帽”挂钩，要比罚点钱更管用。基于类似原因，《新京报》大声疾呼，雾霾罚单别只让公共财政“背黑锅”；和讯网干脆给出了一个非常尖锐的标题：首开雾霾罚单，是对带血GDP的又一次分赃。

如此看来，不仅是政绩观要转型，施政策略也要升级。咱们不妨再看，连商界大佬们都在踌躇满志地要转型升级了。

昨天，柳传志、刘永好等商业巨头聚到一块，在商量什么事呢？转型，向现代农业转型。说事现场，柳传志端来猕猴桃、刘永好提着猪头肉、董文标拿着金枪鱼，想想就热闹。其实，他们早就不是孤军奋战，你想，丁磊养猪、褚时健种橙子，早已开疆拓土，拥有了自己的一亩三分地。

最后，还要说到需要转型的土地财政。关于房地产，有两条新闻值得一说，北京地税拖欠大户曝光，55 家拖欠地税大户，房企占三成多。看来，央视此前披露的房企欠税不是空穴来风。难道说，地主家也没有余粮了？炙手可热的房地产业内部出了财务健康问题么？

事非偶然，另一条相关新闻说，李嘉诚 90 亿港元甩卖上海写字楼，“卖楼”再度引热议。对于李嘉诚集中抛售亚洲资产，有分析认为，华人首富的举动昭示了国内商业地产的风险已经很高。

房地产业集聚的风险，考验着依赖土地财政的地方政府。简单拿两个数据做下对比。据一位财政系统官员最新透露，截至今年上半年，中国政府性债务规模约达 30 万亿，其中地方政府性债务总额 18 万亿。债务这么多，能还上么？另一个现成的数据显示，够呛。国家审计署今年 6 月调查，18 个省会和直辖市，有 17 个承诺以土地出让收入来偿债，比例高达 95%。但是，2012 年 6000 亿的土地出让净收入连支付地方债的年利息都不够。

可以想见，如此高昂的地方债务，必然引发更深层次的恶性循环。到了今天这般光景，我们的发展模式到底要不要转型升级，已经是光头上的虱子，再明白不过的事了。

2013. 12. 12

纸上谈兵：“富不过三代”也许并非偶然

“富不过三代”魔咒再次显灵。浙江台州家族企业海翔药业，父亲罗邦鹏花了40年，将一个乡镇企业变成一家上市公司，儿子罗煜竑接手只有4年，就将家业全都败掉了，最近拱手让人。

为何富不过三代？你可以认为是偶然，据说少东家好赌，这情节像现实版本的《活着》。我却认为是必然，所谓创业难，守成更难。创业的一代多半是辛苦经营而来，守成的一代呢，多是纸上谈兵，缺少身体力行的经验。家族企业传承，在未来十年将达到高峰，届时会有多少个罗煜竑呢？

家族企业传承如此，政策推行也是一样。一纸规定好不好，不看广告，看疗效。比如，银保新规实施满月，兰州部分银保产品犹豫期仍未变更，怎么解释？某些“廉租房”摇身变成“公务员房”，又为了哪般？

号称“史上最严厉”的银保新规自2014年4月1日落地后，至今已实施一个月。《西部商报》记者走访兰州多家银行发现，一部分银保产品犹豫期仍未变更。你上有政策，他下有对策，其奈我何？

至于“廉租房”摇身变成“公务员房”，说的是河南省郑州市馨悦苑小区，小区很豪华高端，乃是省委省政府公务员小区。但这块地最初的规划是廉租房。廉租房怎么就变成了官员的福利房，河南省委省政府是不是出来走两步？

我们看到，很多政策、规定出发点都很好，但最后，有些是纸上谈兵，有些变成一厢情愿，有些则成为空中楼阁，这是为什么呢？

且看国务院2014年5月9日出炉的新“国九条”。这项政策无疑非常重大，引发各方议论纷纷。英大证券研究所所长李大霄兴奋异常：新“国九条”，维护投资者特别是中小投资者合法权益，是盼了多年的特大利好！中国股市有救了。《华夏时报》主编水皮更冷静些：不论是新股发行改革、退市制度还是新“国九条”，均是资本市场深化改革的组合拳。财经人老艾则看到了投资者的敏感点：完善资本市场税收政策，虽然仅是比较靠后的第30小条，但投资者对此却是异常敏感的。

没错，投资人的反应出奇的一致，来点实在的。政策千条，都不如“降低股票交易费用，取消印花税”来得实在。这涉及到我们的衡量标准，**一项政策好不好，一个规定叫不叫座，看什么？要看接不接地气，再看能不能落实，最终看能不能经受得住市场检验**。

用这样的标准，咱们衡量一下其他新政。如何呢？上海的新规，整治“群租”，任一出租房间的人均居住面积不得低于 5 平方米，违规者最高可罚 10 万元。这样的所谓新规，看着眼熟，很多地方此前也实行过，最终却变成一纸空文，束之高阁。分析人士说得好，群租者的低收入与社会高房租的现实反差，导致政府执行群租禁令有一定难度。不接地气难以落实的规定当然经不起市场检验。

那么，国土资源部正式挂牌成立不动产登记局，这个动作怎么样？用反腐的手段，规范房地产市场绝不算旁门左道。媒体报道，北京市场上出现了多套二手顶级豪宅的集中抛售，降价幅度高达千万。据说反腐力度加大必将引发北京二手豪宅市场出现抛售潮。这能否可看作是积极的信号么？

至于国家发改委最近取消低价药限价的新规，又该怎么看？《长江日报》指出一个尴尬的事实：国家一直对药价问题非常重视，也想了很多办法，比如推出基本药物制度，用红头文件连降了 N 次药价。但落实到公众感受上，降价感觉却始终不明显。“副作用”却很鲜明，直接受药价连降政策的影响，很多低价药，包括很多急救用药，都从市场上消失了。

很多媒体对此则给以肯定，将这一举措看作是尊重市场之举。《重庆晨报》认为：客观来说，在“低价药”遭遇“降价死”的尴尬现实里，取消低价药最高零售价的举措，能够很好地调动药企生产低价药的积极性。《法制日报》也很乐观：这样一来，已经消失的低价药有望复活，处于消失边缘的低价药有望重新恢复生机。

但新政的局限性也不难看出，《广州日报》说：不除以药养医，难救“低价药"。《华西都市报》也说：保护低价药生存，还须流通环节发力。新华网指出：低价药"松绑"只是一小步，综合药品生产和使用情况来看，单是生产环节政策调整，对留住低价药影响有限。

纸上得来终觉浅，绝知此事要躬行。私以为，尊重市场规律也只是第一步，善政还需善行，万里长征，且行且珍惜吧。

2014. 5. 10

野蛮生长：考验政府的决心，也考验公知的格调

很多行业在初始时期野蛮生长，还可以容忍，但总是野蛮生长，未免就犯了忌讳，甚至冒天下之大不韪，需要改良或改革了。比如户籍制度，比如土地财政，甚至是海外代购市场，也包括"加班不给补偿"的用人单位。

先说户籍制度，中国城乡二元户籍制度导致多少不公平就无需多说了。公安部现已制定"户改"时间表：2020 年形成新型户籍制度。为什么要这么久？公

安部副部长黄明说，户籍上附着的利益较多，需要逐步剥离。

究竟在户籍上附着了多少利益？中国新闻周刊网给算了一笔账，不算不知道，一算吓一跳，北京户口有福利 80 多项：就业、买房、买车、教育等等。据测算，没有北京户口买房至少多花 46 万，读书至少多 8 万，生孩子多 5 万……

香港《文汇报》分析认为，户籍问题的关键在于公平问题，为剥离附着在户籍上的不平等福利待遇制定蓝图，未来关键是要切实落实“推进基本公共服务均等化”等措施。搜狐财经指出，只要社会福利存在，今天以户籍制度形式表现出来的社会不公就依然存在。搜狐财经旗帜鲜明地提出，改革户籍制度的前提是，减少附着在户籍上的社会福利。殊途同归，都很有道理！

和户籍制度的野蛮生长相比，楼市的野蛮生长乱象更是牵动人心。《理财周报》最新盘点 2013 年楼市，说房价在调控下昂首阔步前进，一线城市涨幅甚至可用“失控”来形容。

此时，一位董教授的最新言论引起了舆论的热议，媒体报道，北京师范大学管理学院董姓教授称，打压房价是反人类的。“北京的交通比较堵恰恰是因为北京的房价太低了，如果北京的房价放开，房价足够高，就不会有这么多人涌入北京，他们会自动离开，房价自动就可以起到交通疏导的作用”。

一石激起千层浪，人民网指出，“拥堵因房价太低”，这是城市赶走穷人思维，很冷漠，不敢苟同。文章说，城市面前，不应该有穷人富人之分。城市不是无情物，城市应该是人性聚合的地方，温暖聚合的地方，正能量聚合的地方。解决交通拥挤靠城市管理智慧创新，不能靠提高房价赶走穷人，这应该是一个基本的管理温情。新华网在转载时则用了这样的标题：“大学教授为出名昧良心说话”。

当然，这样的专家雷语，我们今年还听到不少，比如清华大学客座教授曾先生说过“房价越低的城市越丢人”、城市规划专家文先生建议“落户北京先考试”，都让人心里不是滋味。

在此，我谈一个基本态度，**可能媒体有误读的成分，但是所谓专家的公众信任度极低也是公认的事实。真正的公共知识分子，首先人格是独立的，不依附权势，不为名利所累，说正直的话，说良心话，说带温度的话**。

国家行政学院副院长、经济学教授韩康的话就显得很有力道，《齐鲁晚报》记者问他：“为什么老百姓的普遍感觉是，中央政府越是限购、限贷，房价越是高涨?”韩康说：“问题很复杂，首先是地方政府并不积极，因为地方政府的财税利益同地价和房价紧紧绑在一起，你说地方政府还可能真心实意地支持中央政府限购、限价吗?”赞!

如此看来，楼市的野蛮生长，不仅考验着政府的决心，也考验着公共知识分子的格调。

海外代购市场，也是一块野蛮生长之地。众人关注的离职空姐海外代购案昨天宣判，由11年改判3年。据说淘宝网创始人马云曾多次表示，想去法院旁听此案，但最终未能成行。

马云也很关注这个案子，我想可能是因为海淘、海外代购，是淘宝上一大热门项目。正好财新网报道了一条消息，多少可以看出斤两："尽管增速放缓至2%，今年中国人仍是全球第一大奢侈品消费群体，占全球奢侈品消费近三成。其中，有近60%的消费者通过代购渠道购买过奢侈品。"

但中奢网也曝光，这个市场假货横行，用"铤而走险"和"野蛮生长"来形容恰如其分。新民网分析指出，面对"价格"这个最直接的消费诱惑，海外代购着实是一个难以扑灭的火热市场，可是，海外代购产业链背后存在的严重的"法律隐患"也实在不容忽视。

用工市场如何呢？也有野蛮生长的现象。近日，《中国劳动力动态调查：2013年报告》发布，近半数加班无补偿，消息引起众怒。

此前一家公司调查显示，中国人的"勤奋度"位居全世界榜首。找着原因了，国人的"勤奋度"中原来也有"被加班"的成分。河北新闻网报道，私人时间无偿奉献成中国劳动市场潜规则。文章认为，这是对劳动监察部门积极作为的强烈呼唤；《燕赵晚报》也提出，半数加班无补偿需权利补救；《河南商报》的标题更是醒目："员工加班半数无补偿，监管不能打酱油。"

得，用工市场的野蛮生长也该告一段落了，劳动监察，大伙喊你去加班啦。

2013. 12. 18

难念的经：土地财政，医得眼前疮，剜却心头肉

在市场经济的大背景下，我们该如何看待地方政府的债台高筑，工薪阶层的举步维艰呢？要深化经济体制改革，也许，如下这些难念的经，都必须面对。

按照日程，2014 年全国省级两会全部闭幕。经济增速是下调了，收入增速却很不理想。和 22 个省区市下调 GDP 目标相比，我更关心去年 22 省份城镇居民收入没“达标”的消息，还有，16 省城镇居民收入增幅没能跑赢 GDP 增速。

清华大学公共管理学院副教授杨永恒一语中的，收入增速慢于 GDP 增速，说明经济增长的收益没有对应地让老百姓享受到，现在一些省份的经济增长模式仍然以“上项目”“拉投资”为主，对民生考虑不足。

还有其他因素没有？居民收入上不去，也可能和税负有关。社科院报告：2013 年数据显示，我国公共财政收入达到 12.9 万亿元，人均宏观税负接近万元。业内呼吁，破除利益格局牵绊，将财税改革落到实处在当下显得尤为重要。

据有关数据，“工薪阶层”缴纳的工薪所得税占个人所得税 50% 以上，工薪

阶层成为个税纳税主体合适吗？你看，不只是税负重，也有税负不公的问题。《第一财经日报》也呼吁：宏观税负水平应合理回归，应该减税。但这不只是税收制度的设计问题，也直接受制于政府支出是否得到高效使用。

此时，地方政府也有一本难念的经。《经济观察报》报道：一线城市2014年要艰难还债。说一线城市今年能完成既定的还债任务吗？也许能完成，但前提是，继续举债。

按照各地审计部门要求，2014年，北京偿还1940多亿元，上海2200多亿，广州按广东省标准粗略计算也有近500亿要还，均不包括利息。但土地出让金中可支配部分甚至不及还债总额的1/3。北、上、广如此，全国其他省市更不乐观。

很可笑的是，现在不少地方政府还在储备土地，未来土地收益将会成为还债的主要来源，但诸多债务，恰恰是收储土地产生的。**这真是，医得眼前疮，剜却心头肉！**

很明显，这些和市场经济资源优化配置的理念格格不入，这不只是显露出民生的难处，也暴露出土地财政的短板。

一些公务员现在满腹委屈，也有一本难念的经。《瞭望》新闻周刊记者在江西、甘肃两省采访发现，单位各种福利被取消后，少数公务员心生抱怨甚至工作消极。“大家都觉得自己已经对得起那2000多元工资了”。

关于公务员实际工资多少，最近的公务员工资“走光”事件倒可以做个印证。最近，一个登有湖南冷水江市公务员工资信息的网站，因其查询密码过于简单，使得信息被泄露。网站信息中公务员工资多在2000~4000元，这与很多人眼中公务员“福利高、待遇好”的形象相去甚远。

新华网评论说，群众对公务员“收入高”“福利好”印象的形成，可以说有其必然性。公务员工资“走光”这事之前，权威的信息不公开，或者缺乏接收权威信息的途径，群众接受的也只能是传言与表象，也只能相信这些信息并自行作出判断。

《人民日报》提出：在法治思维、权力规范的要求下，公务员工资待遇不妨晒阳光多“解密”。事实上，信息越公开，权力越容易归位，也越容易取得公众理解乃至信任。

那么，企业用工荒又该如何解决呢？这是企业家们难念的经。因为用工荒，很多企业面临着大量的投资闲置、等待工人来开工的局面，已经严重影响了企业的发展。

一则消息此前备受关注，蓝思科技股份有限公司在湘企业用工缺口达3.5万人，其董事长为此紧急求援湖南省政府。事非偶然，《中国经营报》报道：用工荒再启东西部用工拉锯战。说是农历新年之后，各地“用工荒”再度如期而至。广州今年节后用工缺口将达12.33万人，而武汉企业缺工9万~11万人，某些地方，即使涨薪20%以上也难招到人。

但打工者怎么算这笔账呢？有人说："即使每年涨一些工资对我们吸引力也不大，因为物价涨，房租也在涨，这样仍没有多少剩余。"这样的用工荒，是找市场，还是找市长？真是一个难题。

市场经济到底是什么？经济学家张曙光的一番表述很值得深思。他说："市场经济，不光是资源配置，也是一套法律体系，有它的道德基础，有它的人文关怀，有它的制度结构在里面。"

家家有本难念的经，但破解这些难题，是深化经济体制改革的必由之路。**经由这些，我们期盼一个更高效的政府，更健康的市场，最后，一定是指向最普通的民众，眉头不再重，城市不再空。**

2014. 2. 16

特事特办：政府官员一拍脑门扔钱几十万太没规矩

特殊事情要用特殊办法来处理。31 个省（区、市）中超 9 成已将大气污染防治工作列为今年的首要任务，这是很无可奈何的特事特办；湖北省政府奖励李娜 80 万元，李娜冷脸相对，这种特事特办很无趣很无聊；至于河北遵化市政府特事特办解决农民工欠薪问题，又为何让人高兴不起来？

先说全国大气污染防治工作，把这个列为今年的首要任务，实属无奈。北京市政府新规传来，空气重污染橙色红色预警时禁止燃放烟花爆竹，也丝毫不让人奇怪。大气污染已严重影响到我们的生存，黑色 GDP 难以为继，快火烧眉毛了。

和这样被动的特事特办比，湖北省政府可是主动多了，他们要特事特办，奖励李娜 80 万元。可是看看娜姐一副冷冰冰的神情，再看看民意的脸色，估计湖北省政府这下是讨了个很大的没趣。新浪网调查，五万多人中，将近 8 成人反对。

百度百家认为，李娜接受 80 万元，也是一次消费，只不过是“强制消费”。文章分析官方的心态是这样的：李娜将这笔钱拿到手上，在湖北官方看来，“你”就是“我”的人了，“你”的成功便同时成了“我”的成功，民间的成功，就上升为官方的成功——这就是一种消费。人民网则严肃指出：政府奖励李娜 80 万元有违公共财政伦理。文章说，政府用公共财政奖励一个职业运动员，有点名不正言不顺。如果政府官员一拍脑门，说 60 万就 60 万，说 80 万就 80 万，那么，政府权力的随意性太大，花钱太没规矩，不怕老百姓说“崽卖爷田不心疼”么?

更多人呼吁，政府作为公共服务者，应多做雪中送炭的公德之事，少做锦上添花的无谓之举。有网友略带挖苦地说，人家板着脸，似乎和你们见个面是对你们的恩赐。何必呢？何苦呢?

那么，农民工讨薪是不是需要特事特办呢？一到年底，这样的新闻又此起彼伏，在苏州，数百农民工讨千万工资现在正心力交瘁；在辽宁大连，政府法院互踢皮球，一百五十多名农民工历经十三年的讨薪路，正求救无门。最近的好消息是，在媒体曝光之后，河北遵化市政府把承建企业拖欠农民工工资问题解决了，几百万欠款有了着落。但央视记者提到一个细节，却实在让人高兴不起来。当地人保局局长说："这个案子是特事特办，是作为特殊情况来处理的。"

欠债还钱，天经地义，如果要回自己的工资都需要特事特办的程序才能解决，未免让人无语。

新华网评指出：解决工资拖欠问题不能总靠"特事特办"。文章说，政府有关部门的"后知后觉"，企业监督自律的空置，行业规章制度的失效屡见不鲜。在我国法律法规不断健全的今天，需要从"特事特办"的怪圈中尽快突围。

还有些特事特办现在引起争议，南京一副局长找人代替自己开会被免职，舆论呈现迥然不同的两种声音：支持者直呼"大快人心"，整会风、转作风就应该令行禁止；反对者称"杀鸡儆猴"，副局长不过是撞到枪口上的"倒霉蛋"，其免职缘于"市长震怒"。

红网评论说，严肃纪律完全应该，而"拍脑袋"的行为必须禁止，靠"拍脑袋"决策是法治社会之大忌。《北京晚报》指出，一个彰显依规行事、从严治吏的"零容忍"行为，缘何受到民众质疑？究其原因不外有二：一是民众对懒散会风的习惯性"默认"；二是"市长震怒"语境下的被免职，是不是有违程序正义，是否具有一时兴起的“人治”意味？

但按我看，是不是还有第三种原因呢？特事特办里，也呼唤管理智慧啊。我想到教育家魏书生的故事。魏书生当盘锦市教育局长之后，发现很多人上班迟到。按说新官上任三把火，一定要杀鸡儆猴，立立威风不可，但他什么也没说。改天，他提出一个要求，说我调查了一下，大家工作太辛苦，身体都不太好，一定要加强锻炼。这样吧，以后我们早到半小时锻炼身体。然后，在局机关大院的地上画上格子，每个格子里写上人名，谁如果不到，一眼就看个清清楚楚。

“笑果”出来了，用这个办法，上班迟到的积弊一举解决，大家还都为这位新局长的体贴感激不已呢。

2014. 1. 29

以假乱真：谁在往政绩里注水，胆子还越来越大

假作真时真亦假，今天清明，就从这祭品市场开始说起。媒体报道，山西太原一处祭品售卖摊前，“iPhone、iPad”等苹果电子产品赫然在列，部分产品简直做到以假乱真的地步。要说以假乱真，前几天我们也说过，现在网上出现了“代

客扫墓”的业务，只要客户给钱，他们代为磕头、哭坟，跟真的一样，而且可以视频直播。

其实，这也不新鲜。民间早有一个行当——职业哭灵人。新浪网最新刊发一组图片，说的是福建职业哭灵女，每月“哭”二十多场，月入6万元，比白领收入更可观。这些人，可不简单，年轻时在歌仔戏团有十几年的磨炼，都有不错的表演、唱念功底。据说她们的哭灵相当有“技术含量”，感染力也特别强。每场哭灵，这些人都能哭出眼泪，脸上的“血泪”妆显得更加逼真动容，能把死者亲属的心哭得稀碎稀碎的，不知道的，还真分不清楚谁是死者亲属，谁更悲伤，真达到以假乱真的地步了。

如果说这些以假乱真无伤大雅无可厚非的话，那么，以下要说的虚假统计、虚假财产申报、虚假宣传等等，就不可同日而语了。

比如虚假统计。国家统计局近日公布全国31个省（区、市）2013年GDP数据。不统计不要紧，打架了，中国31个省份2013年的GDP总和约为63万亿元，超出全国GDP总量6.1万亿元。事实上，自1985年在国家和地方层面分别核算GDP数据以来，地方统计总和经常出现高于全国GDP总量的局面，且有逐年递增之势。

六万亿元是怎么多出来的？我们是不是可以得出这样的判断呢，有地方政府往政绩里注水，似乎注水的胆子还越来越大。此风绝不可长，否则，有以假乱真之忧。你想，注水的政绩背后必然是缩水的民生，政绩的假会乱了民生利益的真。

官员财产申报是否也涉嫌虚假呢?《华夏时报》报道，广东省某央企机构的副处级干部说，财产申报表格太短，申报人无法如实填写，比如申报房产信息，表格仅设置3~4行可填住房数量。“不知道怎么填，干脆就填一处”。

光明网问道：房产多处，却最多能写三四套。这不是逼人作假吗?文章指出，申报表格太短只不过是一种忽悠民意的借口，这恰恰是不引入公众监督的恶果。要我说，形式太假，也可能乱了事实的真，这也是以假乱真的含义吧。

那么，虚假宣传又如何呢?碧桂园福建三明市的业主向媒体投诉：“碧桂园涉嫌欺骗，当时认购时销售人员催着我们签认购合同，后来看到购房协议时，才发现满纸霸王条款。我们不买碧桂园的房子，想退回认购金。碧桂园态度很横，一直也没退给我们。”

此前，三明碧桂园推出认购活动。相关宣传这样写道：“2小时劲销22.6亿元，夺得福建省单日单盘销售冠军，开创新的楼市奇迹!”原来，所谓“楼市奇迹”是个假象，掩盖了霸王条款和涉嫌虚假宣传的真相，这也该是以假乱真的范畴吧。根据新“消法”，消费者购物有“反悔权”，开发商这么霸道，有关部门知道么?

该说说“以药养医”问题了。自4月1日起，浙江427家公立医院全面实施药品零差率，开始告别“以药养医”的生存模式。

《中国青年报》试探性地发问：告别“以药养医”能否让利于民。文章说，在国家尚未大幅度加大医疗投入的情况下，浙江取消“以药养医”生存模式后，427 家公立医院如何生存发展？答案似乎是“以治养医”。和“以药养医”相比，这或许是一种进步，但要使这一新的模式取信于民，还得拿出切实的措施，从而让患者真正受益。

这一顾虑并不多余。我也注意到，医院全面实施药品零差率的同时，上调部分医疗服务价格，如病理检查等治疗费和手术费，按照平均 30% 的幅度调整。有人就担心了，假如一边厢药价继续高企，一边厢诊疗费、手术费、服务费猛涨 30%，那么“以药养医”尚未彻底告别，“以治养医”又接踵而来，患者的负担岂不是不降反增么？

是真情，还是假意？路遥知马力，日久见人心！

2014. 4. 5

剑走偏锋：大块头“阿里”挑战规则，给拒之门外

我所说的剑走偏锋，指的是对规则、习惯的挑战，这种挑战，很有反思的价值。

首先说到的休假方式，剑走偏锋，不知道您是否会尝试呢？许多寺院今年推出了十一“短期出家”禅修班活动，备受上班族青睐，清静的寺院生活吸引了不

少人前往体验。说是在寺院禅修，吃素食，早睡早起，要上交电话，全程止语，跟这些都市人平时的生活天差地别。很多人收获很大，换一种活法才发现，红尘多可笑，痴情最无聊，剑走偏锋也好。

的确，剑走偏锋未必就是个贬义词，不走寻常路，不循规蹈矩，往往是实力的特征。比如，阿里巴巴集团到香港上市，就不愿意按照常理出牌，提出合伙人制度挑战上市规则。这也符合马云的特点，常能出奇制胜，但这一次，看起来，不灵！谈判已经破裂。

面对金融大鳄阿里巴巴，面对千亿美元的项目，港交所谨慎而冷静地说出一个“不”字来。原因之一，这个大块头挑战了规则。港交所担心，阿里合伙人制不能保证投资者利益。如果这一切属实，我觉得港交所的做法难能可贵，捍卫规则，岂能见钱眼开呢?

这时候，我们可以对比另一件事。《2013 胡润套现富豪榜》昨天发布了，30 位中国富豪过去一年套现超过 6 亿元，总套现 378 亿元，比去年增加 5%。今年的套现大王，是广东雅士利的张利钿家族卖掉股份后获利 58 亿元。我想起另一位“套现大王”来。根据历年榜单统计，黄光裕是国内富豪中累计套现最多的，其早年通过减持上市公司国美电器股票，四年累计套现达 138 亿元。

套现不可怕，怕的是非法套现，怕的是某些人剑走偏锋，钻法律的漏洞，搞内

幕交易，怕的是股市成了少数人的提款机，多数人的绞肉机。不要让这边大股东疯狂套现，却让那一边的普通股民们在不知情的情况下为减持买单，赔了个兜底朝上。

如此说来，剑走偏锋，可能意味着制度的漏洞被利用，规则被破坏，这时候，就需要点前瞻意识和忧患意识了。

在乳制品市场，何尝不是呢？在中国奶源大省河北的部分地区目前再现乳品企业疯狂抢购奶源的风潮，奶源工业吃紧，部分乳制品涨价甚至是断货。

这种情景，和2008年三聚氰胺事件爆发前的市场何其相似！这里面潜藏着诚信危机。当年三聚氰胺事件，正是因为争抢奶源所致。在一片抢购风潮中，便有了不走正道、剑走偏锋之举。奶源一旦紧缺，就会加水，或者添加其他什么物质；另外，企业因为抢奶，就可能会对产品的质量尺度放宽。

在网购市场，你也可能遇到剑走偏锋的商家。很多人反映，在网购给差评之后招致商家报复，最新的案例是，广东江门这位买家遭遇了“垃圾包裹”。

在写这期评论的时候，我们的实习编辑李佳逊跟我说，她的同学也遇到过这事，比这更过分。她同学买东西不满意，给了个差评，结果商家居然给她寄来了寿衣。你瞧，这商家有多损！这样的剑走偏锋，也是马云所不能容忍的吧。违反了市场规则，他离出局也就不远了。

2013. 9. 27

如此夸张：当心压倒中国楼市的最后一根稻草

要说夸张，今天这些事儿个顶个的夺人耳目。第一个夸张，地王撒欢。445亿元，这样的大手笔狂飙地价，发生在短短24小时内；第二个夸张，一掷千金。花千万元买幼儿园，辽宁营口这家长不为别的，就怕女儿受委屈；还有更夸张的，霸王手术，深圳病人被绑在病床上，被强制消费；另有山寨横行，山寨大黄鸭与正牌同台竞技，趾高气扬。

先说"地王"狂欢，在短短24小时内，北京、上海、杭州、苏州上演"地王"狂欢，总价445亿元。有人掐指一算，这么高的地价，北京那块地盖起楼来非卖15万/㎡不可。

地王狂欢，谁压力最大？当然是消费者，最后，还不是消费者买单？但是，地方政府的这笔"土地财政"的如意算盘未必那么好打。医得眼前疮，剜却心头肉，当心压倒中国楼市的最后一根稻草。

开发商大手笔，辽宁营口一家长也毫不逊色，他投资千万将女儿要读的幼儿园买了下来，为什么呢？据说是怕 4 岁的女儿受委屈。太夸张了吧？

这是什么事呢？为喝牛奶，买了头牛。前段时间，也有一新闻，和这事有一拼。中国父母花 1700 万澳元购豪宅给子女当宿舍，他想做第二，没人敢当第一。可问题是，**大把撒钱就能买到最好的教育么？这种金钱迷信，放在教育领域更不可行。你为浪费经济买单，却剥夺了孩子成长的机会**。

辽宁营口这一边，为女儿教育不惜一掷千金，不差钱，那边，台湾苗栗县，就显得很小家子气，要取消中小学免费午餐，很多学生家长急得跳脚。政府债台高筑，财政紧张，首先想到从孩子嘴里省钱，太夸张了。此中的荒谬之处无须多说。再穷不能穷教育，再苦不能打孩子主意。

医院又怎能算计病人呢？深圳龙华一家医院却磨刀霍霍向患者，你若到了这家深圳美弗儿妇科医院，那就倒霉了，病人躺在手术台上，在人命关天的时候，他强制你消费。这是什么样的医院？

人为刀俎，我为鱼肉。这霸王手术实在太夸张了，把患者绑在手术台之后，跟你谈价格，从你卡里划账。如此商业化的医院走火入魔，已然超越道德的底线。

最后要说说山寨大黄鸭。昨天，当荷兰设计师霍夫曼的“大黄鸭”在北京园博园正式展出之时，一只山寨“大黄鸭”正神气活现地在北京玉渊潭公园游来游去，身穿绿马甲还拖着7个蛋。山寨大黄鸭招摇过市，敢与正牌同城竞技，分庭抗礼，毫无羞愧之意，着实夸张。据说，全国已出现各式山寨大黄鸭10多只。

是什么催生了这么多山寨呢？当然是大黄鸭强大的影响力和背后可观的经济效益。可是，山寨大黄鸭们，你们视版权为何物？还是轻点扑腾吧。

2013.9.7

智慧缺陷：中国甭管什么节，全是购物狂欢节

在我看来，咱们甭管什么节，全是购物狂欢节，这是中国商人的能耐。咱们不妨看看“双11”这一购物狂欢大节。昨夜今晨，各大媒体主要扮演了三种身份，第一种是“数据达人”，第二种是“技术帝”，第三种叫“防范哥”。

数据达人。《城市晚报》报道的一件趣事，算一个。一哥们怕妻子“双11”败家，没收妻子所有银行卡。据说80后的小张和妻子都是白领，生活条件不错，可妻子无节制的网购让他很是崩溃。他说：“去年光棍节，他家这位花了两万网购了三箱面膜，现在还剩着呢。”两万，三箱，这是重点。原因查明，消费不理性。

还有数据达人，东方卫视报道，“双11”包裹将超过3亿件。这对于快递业来说，不知是好消息，还是坏消息呢？

新华网就在研究这3亿个包裹。新华网分析：电商大战背后是物流大战。不少快递公司虽已早早备战，但依然有不少业界人士担忧，物流的提升并不足以应对庞大的包裹数量。面对“双11”的购物释放，电商及快递公司能否安然接招仍是大难题。

要说“技术帝”，中国新闻网绝不甘居人后，他们着眼游戏规则，给出个提法，“双11”折射的是中国零售业游戏规则之变。说是许多传统零售商正努力适应天猫为首的电商阵营所改写的游戏规则。事实上，随着天猫不遗余力推动线上线下联动的O2O（Online to Offline）模式，各大品牌已纷纷向天猫“投诚”。现在，不是有网友戏称嘛，“如今做生意的，要是不‘触电’，都不好意思跟人打招呼”。当然了，只要能刺激行业提升服务水平，让消费者得到真正的实惠，管他线上线下呢？完全可以“共赢”不是？

新华网的登高一呼似乎更有技术含量，各位，“双11”，请让目光超越价格战。主要观点是：“双11”对中国电子商务并非好事，超百亿的销售额看似可喜，实则隐患无穷。滥价行为正一步一步助长着消费者“唯价格是从”的心态。这会否倒逼整个零售行业逐渐背离健康的、正当的赢利方式呢？

是啊，你看看“双11”网络狂欢之后的后遗症，让多少消费者叫苦不迭：秒杀付不了款、折扣“虚招”、物流“不给力”、货品以假乱真……“请让目光超越价格战”，这个提法，我认为慧眼独具，很有忧患意识。

接下来，我再提炼个关键词，说说“防范哥”。很多媒体心有灵犀、不约而同扮演起防范哥的角色，《市场星报》报道，假天猫假淘宝“井喷”，你们一定小心了；《人民日报》提醒：警惕“双11”网购诈骗及手机病毒；《法制晚报》的叮咛也语重心长：“双11”网购，小心骗子出没。

看上去，这些提醒、警示、叮咛、嘱咐，都温馨得很，“防范哥”也显得很是古道热肠，但这么多温馨提示背后，反映的是什么呢？我们的商业环境还比较糟糕，法制意识和诚信精神要一道补课。

关于这个，微信上正传播一个段子：有一个小伙子去法国一所名牌大学留学，毕业之后，去很多家跨国公司应聘，总在最后时刻被拒绝。他实在忍不住了，就冲进一家公司人力资源经理的办公室。公司人员说了，你是不是曾经坐地铁逃票来着？他很委屈，有倒是有，就那么几次，罪不至此啊？

人家说了，这事证明了两点：一、你不尊重规则，二、你不值得信任。最关键的还有一句话，“道德常常能弥补智慧的缺陷，然而，智慧却永远填补不了道德的空白”。

2013. 11. 11

行业内幕：以牺牲环境为代价的黑色 GDP 要它何用

不看不知道，一看吓一跳，今晨媒体爆出了很多行业内幕，让人百味杂陈。先说说食品安全吧，央视报道，一些黑商贩受暴利驱动，制造糖干海参。怎么做呢？在加工干海参过程中，将海参放到白砂糖中浸泡、晾干，这样，白糖就渗进了海参中，名义上卖的是完整的海参，实际上有大量糖的分量，消费者因此就被骗了。辽宁省公安部门对沈阳、大连的水产市场走访发现，这种违法操作相当严重。

还是问题食品，来看看湖南毒大米的内幕吧。现在，原因查明，原来，在湘江流域，工矿企业超过 1600 家。

据我所知，湘江流域，聚集了湖南 60% 人口，贡献了湖南 70% 左右的国内生产总值，也承载了 60% 以上的污染。**想想真是悲凉！牺牲环境为代价，去换取 GDP，有了 GDP，却搭上了百姓的健康。这样的黑色 GDP，要它何用？**

下面这个内幕算不算问题食品的范畴呢？国家规定，公园内禁设高档餐馆，确保公园姓“公”。但是北京卫视调查发现，北京很多公园暗藏高档会所，消费十分惊人，1000 元根本吃不到什么。

食品问题通常不是食品问题，昨天，中粮集团董事长宁高宁说了这样一句话，“食品问题已经超出食品问题，变成什么问题呢？变成社会问题，诚信问题，也变成一个国家的形象问题”。

最后，该关心一下武汉摆摊城管的内幕了。武汉城管执法队员白天执法，晚上摆摊，内幕如何？“武汉市城管委”最新通报，摆摊城管是卧底，我们这是换位思考。

城管卧底“体验摆摊”，去了解小摊贩练摊的内幕，听着新鲜。而且，是要换位思考，用心良苦啊，这真该让那些“跳脚踩头”暴力执法的延安城管好好听听。当然，质疑声并没有远去，“摆摊”照片有摆拍嫌疑，这是否是一次炒作；即使是卧底，知法违法又是否合适呢？

2013. 6. 18

第六章 / 实现中国梦的路上荆棘丛生

别走太快，等一等灵魂。

——印第安谚语

羊毛出在牛身上：天文补贴由公共财政出钱合适吗

羊毛本该出在羊身上，对吧？但在经济领域，张三买李四的东西，王二麻子却帮着买单，这就成了羊毛出在牛身上。比如，乘客打的，“滴滴”和“快的”抢着来帮我们买单。当然，两家公司持续了 4 个多月的“打车立减”补贴活动今天零时起告一段落了。

事实上，这种羊毛出在牛身上，是一种商业模式创新，最终是一个多赢的格局。的哥乐了，乘客笑了，“滴滴”和“快的”也目的达成，满载而归，用户数增加到了上亿量级，移动支付的规模已成气候。

顺便说一句，“滴滴”、“快的”为停止补贴一事，分别发出告示，给用户写了一封信，很有看点。“快的”写得很理性，我们花了多少钱，干了多少对大家有益的事，将来我们还要怎么干；“滴滴”呢，很感性，“现金补贴暂时停止了，但我们的爱还在。‘滴滴’、司机、乘客之间的鱼水之情还在”。那叫一个柔肠百转，泪眼婆娑。这是互联网金融的精彩之处，免费经济，第三方买单，买单的人，还要感谢你，谢谢你让他替你买单。

同样是补贴，同样是羊毛出在牛身上，还有一些补贴不那么招人喜欢。这世界，我们看到很多寄生生物，创造着高利润，拿着高福利高工资，还享受着高额的政府补贴，甚至轮番儿成为“补贴王”，不断地在消耗社会财富。

《经济观察报》披露，2013 年，国家铁路公司经营总收入 10426 亿元，同比增长 7%，其中运输总收入完成 6051.2 亿元，同比增长 14%，全面实现盈亏平衡。但是在盈亏平衡的背后，应主要得益于财政部在年底给铁总一些公益性的补贴。消息人士透露，这笔补贴的金额有 400 多亿元。

如此天文补贴并非个案。每年年报披露之际，我们都会发现大量上市公司依靠政府补贴实现咸鱼翻身。2013 年上市公司年报显示，A 股上市公司，至少 1377 家获得政府补贴，合计金额超过 770 亿元。2012 年年报则显示，超过九成已披露年报的上市公司获得政府补贴，其中七成的补贴被国有企业领走。就说“两桶油”吧，作为利润丰厚的垄断寡头，自 2004 年以来，中石油、中石化 10 年获政府补贴累计超过 1250 亿元。讽刺的是，这些受补贴国有企业利润何其丰厚。最新消息，前 4 个月国企利润总额达 7428.4 亿元。

为什么要财政补贴？通常，财政补贴大都是伴随着更多的税收而存在的。各地政府为了招商引资，“差异竞争”，一般都会给予大企业（纳税大户）一些财政返还。但是，垄断型国企，本来垄断地位就是赚钱的法宝，反过来还伸手要财政补贴就说不过去了。

在中国楼市，这种锦上添花“损公肥私”的事也在上演。据兰德咨询统计，截至 4 月 20 日发布年报的 110 家 A 股上市房企中，有 64 家企业获得政府补助或补贴，占比高达近六成。2013 年年报显示，仅华侨城、世茂房地产、龙湖地产、SOHO 中国等十家房企，去年就获得地方政府近 14 亿元的巨额补贴。

光明网认为，政府给房企发“红包”告诉我们：房企税负再重，最终不过是由消费者来背负。畸高房价的盛宴里，大快朵颐的是地方政府和房企，被盘剥成瘦骨嶙峋的却是广大的消费者。对此，公众焉能不愤慨？

这正是问题所在，羊毛出在牛身上，这个份子钱可最终是广大的消费者来出。如此天文补贴，公共财政出钱，也就是说，民众在为巨额补贴买单。

此时，如果用《21 世纪经济报道》的一个标题来形容也很贴切：“中国之怪现状：补贴发给最不需要补贴的人。”当然，文中的感慨另有源头，指的是上海开补贴进口车先河。

最近，上海为进口电动车特斯拉首次打开中国地方政策补贴的“绿色通道”，引来议论纷纷。业内认为，这种补贴政策涉嫌“内外有别”。中国新闻网则认为，补贴特斯拉何必纠结？不开放的市场竞争模式，正是造成国内电动汽车市场不温不火境况的重要原因，“黑猫白猫，抓住老鼠就是好猫”。

但我以为，咱们要分清，我们补贴的到底是一只什么样的猫。波斯猫吗？有调查显示，特斯拉的车主平均拥有 1～5 辆车，买特斯拉的人非富即贵。特斯拉最便宜的一款在中国的售价也高达七八十万元人民币，普通人是买不起的。如果把特斯拉归入奢侈品范围，国家对于奢侈品可从来只有增加税收而没有减免甚至给予补贴的道理。

可以总结一下了。在经济学上，获得补贴的对象通常是与公众利益有关的产品。比如对农业补贴，高温补贴乃至对低收入家庭的补贴。这是羊毛出在羊身上，取之于民，用之于民。但**在很多领域的补贴，羊毛出在牛身上，体现的却是无原则地甚至无节操地利益输送，需要批判**。

私以为，世界潮流浩浩荡荡，以互联网经济多赢格局的利人利己行为业已成为大势所趋，以公众利益送人情，满足小圈子既得利益的损公肥私行为注定不能久长。

2014. 5. 17

无利不起早：求功要求百世功，求利要求千秋利

所谓“无利不起早、有利盼天明”有其合理性，不一定就是贬义。根据经济学的利益法则，资本有逐利性，这是人们从事经济活动的重要动力。

来看近期中国楼市的各种论调。有崩盘论，泡沫论，拐点论，还有唱空论，最新论调说，“中国的房地产业目前正遭遇下行危机，这限制了中国经济的整体表现”。这“唱空”中国楼市的，是瑞银投资银行首席经济学家夏德威。当然，也有力挺楼市的人，认为“泡沫论”缺乏依据，想过幸福日子，还得买房。持此

"幸福论"者，华远地产董事长任志强也。

你方唱罢我登场，唱多唱空，都不奇怪，这是利益诉求问题，关键是看他坐在哪把椅子上。按我看，力挺楼市的房产开发商，唱空楼市的国际投行，都无利不起早，各怀心腹事，不足为凭。

那么，中国社会科学院日本经济蓝皮书课题组呢？他们最新预测，"参照日本房地产发展经验，北上广或仍将出现大大超过人们心理预期的房价疯涨"。我看，这同样是个不靠谱的结论。要知道，20 世纪 90 年代初日本爆发的房地产泡沫破裂，是世界各国历史上迄今为止最大也是最深重的一次房地产危机，国民经济陷入长达十年的负增长和零增长。如果这么简单参照，我们现在岂非要拉响警报了？

当然，在众声喧哗中，明白了各方的利益诉求，我们还是可以兼听则明。比如，夏德威说："过去几年，由房地产驱动的上下游产业链一直是中国经济增长的重要因素。现在，开发商遭遇资金困难，这会导致银行业的潜在信用危机，因为贷款很大一部分流向房地产业。"

的确，投资一向是拉动中国经济增长最重要的一驾马车，而房地产则是其中的支柱产业。这一产业的持续低迷，已引发很多地方政府的一片救市呼声。这也不难理解，因为我们正处于特殊时期，众多城市 GDP 被楼市"绑架"可看作是这一阶段的特殊怪现状。经济学家姚景源说了，"按经济学原理讲，任何经济政策都有副作用，都有代价，我国目前处在对以往刺激经济政策副作用的消化期"。

也有例外，媒体报道，中国存在唯一没有被楼市“绑架”的城市样本：中山。广东省中山市不靠房地产作为支柱产业，经济活力不落人后。土地面积仅占广东省 1%，GDP 却是广东省第 5 位。中山居民住房购买力惊人，五年收入可买到 90 ㎡房子。

我们看到，在各种利益诉求甚嚣尘上时，中山市擎起的，是一面公众利益大旗。正如昨天商务部强调的，“中国外贸要实实在在地为国民创造福利，是我们非常重要的目标”，即使是“无利不起早”，也应谋求一个长远之利。

对既得利益群体来说，也频频上演“无利不起早”。近期，数千名大庆油田职工及其亲属采取聚集的方式，强烈要求子女“包分配”。如此“无利不起早”所为何来？原来，大庆油田出台新招工政策：老职工的子女如毕业于“二本”非石油专业或“三本”将无法直接“接班”，而要通过考试。新政一出，相关利益方群起反对。但媒体纷纷发问：“子承父业”岂能适应现今市场经济？石油工人的“世袭制”该到头了。

东方网披露：事实上，世袭制在石油、煤炭、电力、天然气、烟草、铁路、银行等国有企事业单位普遍存在，这从各地不断曝出的内部招聘和“萝卜招聘”事件中可见一斑。一些“官二代”“富二代”“垄二代”通过拼爹、拼钱、拼关系，无需面对激烈的就业竞争，就可坐享一份付出少、回报高的好工作，而名义上属于“全民所有”的垄断国企，其岗位却被高度地内部化、权力化、世袭化，这显然不仅仅是一个简单的就业问题，更关乎整个社会的机会平等与分配公平。

说得好！**我也有必要提醒，中国上古时期就已经实行了禅让制度，比如尧、舜、禹，重要的位子要让有德者居之，而不是勉为其难，坐着扶不起的阿斗。**

这种既得利益作祟的反面典型又何止这一桩桩一件件呢？国家级贫困县修水县，将户口与社会抚养费的征收捆绑在一起，公权部门结成了利益共同体；河南永城去年年底发生车主不堪忍受公路超载罚款服毒自杀事件，时隔半年，媒体再次曝光当地仍存在严重的“三乱”现象。

还有那个比价软件。央视《每周质量报告》曝光，说是比价软件“我查查”，先把商家产品价格标的很低很低，消费者如果搜索比价的话肯定会去选择价格低的卖场，而软件中低价产品的卖场在现实中则根本不存在。商家说了：“我们一瓶酒卖1800多元，他非说我们卖688元。这个价格从哪里来的呢？是不是编造的呢？”

一调查内幕，无利不起早，“比价神器”背后有一条灰色利益链，商家这边需要缴纳每年五万元的会员费才能把你的价格改为正常。如此“无利不起早”已经游走在法律的边缘。

关于资本的逐利性，马克思说过：“有50%的利润，它就铤而走险；为了100%的利润，它就敢践踏一切人间法律；有300%的利润，它就敢犯任何罪行，甚至冒绞首的危险。”

但我看，分人。**欲大富贵者不谋小利，不顾公共利益追逐私利也行之不远。岂不闻，求功要求百世功，求利要求千秋利，求名要求万代名么？**

2014.5.21

何去何从：钱只不过是一个必要非充分的条件

咣当！加拿大向五万中国富豪关上大门。这让多少人梦碎了一地。这事，用一句诗评价：我本将心向明月，奈何明月照沟渠。

为什么加拿大政府向中国富豪关闭大门？从下面这条最新消息我们可以看出一些端倪，说加拿大房价过去10年间大涨84%，房价超出购房者负担极限。

关于移民受阻，网易指出：海外移民并非“有钱能使鬼推磨”。投资移民是个人和国家之间的一项生意，不是“有钱就可以买绿卡”，钱只不过是一个必要非充分的条件。

那么，已经移民和将要移民的人都是什么心态呢？按照胡润一项调查显示，在中国资产上亿元的超级富豪中，有1/3的人已经移民，这些人看起来很没有安全感。

我注意到一个细节，这些富豪移民国外生活与工作，却并不是想永远离开祖国，仅有15%的富豪表示愿意放弃国籍。关于这个，《21世纪经济报道》洞若观火：“不少中国移民其实只是需要一个国外身份，从而得到更大的安全感，他们仍然在国内经营和居住，并不给目的地国带来就业机会和税收，这正是这次加拿大试图控制中国移民的主要原因之一。”这一点，岂非和某些官员的心态很相似么？一方面享受体制内的福利，另一方面又羡慕着体制外的好处。

不妨说说某些公务员何去何从。河南商丘曾公开鼓励公务员下海引发轰动，但据记者调查，到目前为止，没有一人辞职。此前，安徽、江苏等多地曾试图用优厚的补偿，换取公务员的提前离岗，补偿很不少，有的高达数十万元。但无一例外，相关政策到最后都是草草收场。不辞，不辞，打死我也不辞。

当然，这并不值得太过惊诧。据说，即使最幸福的工作，也会有200次辞职的想法、50次撂挑子的纠结。公务员想辞职为何有心无胆，有心动无行动呢？光明网分析，这其实可以从“国考”中找到答案。2014年度公务员报考人数超过130万，体制内个人福利的稳定预期恐怕是主要因素。

但网易财经指出这一问题的严重性，说政府部门是社会财富的分配者，当精英人才通过层层筛选加入到这个队伍，意味着分配蛋糕的人在增多，而把蛋糕做大的人在锐减，社会活力必然降低。

那么，怎么办？《现代快报》认为，就该用奖惩铁规打破公务员金饭碗。现在的情势，不只是“不想干可以走人”，更有“不是你想干就能干下去”之意，禁令只会越来越严，如果不能积极适应，那只有进入被淘汰行列。

是啊，既然有进入机制，就该有退出通道嘛。这么说来就不奇怪了，一边抱怨中央禁令，什么“以前每月领6千，现在只剩3千”，什么“这点工资，都赶不上农民工”，一边却是打死也不退。越是“牢骚太多”，越说明中央禁令发挥作用，也越说明半点不能放松管束。

如此，也送出一句诗：牢骚太盛防肠断，风物长宜放眼量。

打假，也需要点忧患意识。美国贸易代表处近期公布2013年恶名市场名单，把中国列为最大的假货实体市场。对此，中国商务部专家回应称，中国对侵权假冒一贯保持严厉打击，美国这份报告是以偏概全，不排除有贸易保护主义的倾向。

正巧，看到国家电视媒体在曝光市场很多傍名牌的“山寨”商品：酷似“果粒橙”饮料，仔细一看标的竟是“果粒登”；包装精美的“冰红爽”外表酷似“冰红茶”；“营养快线”“营养决线”仅有一字之差……如此种种，让人啼笑皆非。难怪有消费者说：“造山寨是个技术活儿，辨山寨是个眼力活儿。”

《深圳晚报》说到一段往事：宋朝的时候，市场繁荣，假货也一度泛滥。那时有一种特殊的早市，被称为“鬼市子”。每天五更时（清晨3~5点）开始点灯交易，天一亮，摊贩和顾客即作鸟兽散。这有点像传说中北京簋街的由来。

事实上，当时的鬼市就是黑市。交易物以文物与衣物为主，来历多有问题，交易时不免鬼鬼祟祟，间杂坑蒙拐骗的鬼花样。那些东西，相当于现今地摊上的伪劣产品，但造假水平很高。天长日久，人们居然只知有假物却不知有真物。

这叫什么？假作真时真亦假，无为有处有还无。弄虚作假，颠倒黑白，世界到了这个地步，哪还有市场秩序可言？

2014.2.15

斗法：有多少伪劣的食品，就有多少伪劣的人品

很多商家，竞争伙伴关系，总是明里暗里斗法。我知道两家家电超市，相隔不远。有一次，一家超市门前摆上音响，放陈小春的歌曲《算你狠》；另一家超市很快针锋相对，抬出功放，播的却是杨坤的歌《无所谓》。斗得挺有趣！

今晨媒体看下来，也有很多斗法。北京对闯红灯开罚，有人抗拒执法，说自己色盲，他倒理直气壮；有不良商家挂羊头卖狐狸肉，还拍着胸脯说，我以人格担保。

好，先说北京，昨天治理行人闯红灯，首度开始罚款，开出两万多张罚单，我们《天下财经》报道了。各大媒体对此事，也给予了极大关注。面对交警开出的罚单，一位老兄理直气壮地说：“红灯，我没看见呢，我色盲。”

嘿嘿，以色盲为理由和交警斗法。如果他真是色盲，更让人担心，色盲，更

要谨慎小心，遵守交通规则哦，可不敢这么大摇大摆横穿马路，还倍儿有理。

昨天交警是在150个路口开展重点整治，北京有多少个路口呢？1万多个，也就是说，北京现在存在着大量的执法盲点。正因为这个，您注意到了吧？**很多行人，交警在的时候，就遵守规则，交警不在的时候，就不守规矩。这些行人，斗的不仅是交通法规，也在跟自己的侥幸心理斗法。**

那些挂羊头卖鸭肉的商家，何尝没有侥幸心理？上海食品安全办公室最新查出，品尚豆捞坊在销售掺假羊肉。

民以食为天，最近食品安全问题不少。个人觉得最恶心的，莫过于那拿老鼠肉冒充羊肉的事了。央视记者采访到假羊肉案疑犯卫某，这位老兄否认卖过老鼠肉，最多挂羊头卖狐狸肉。

为了让记者相信自己，这位老兄诅咒发誓，说自己绝没有卖过老鼠肉，“我可以拿自己的人格担保”。**“挂羊头卖狐狸肉”的人格，又怎能让我们相信呢？伪劣食品形形色色，背后的确有人格问题。有多少伪劣的食品，就有多少伪劣的人品。**

同样，在团购商品的时候，我们也要有心理准备，偶尔要和伪劣人品斗斗法。最近，有顾客反映，在一家爱丽网的团购网站上买到的豆浆机，有问题。经厂家鉴定，这是仿品。于是，将他们告上法院，法院判决网站败诉，赔偿原告四万元。

爱丽网说自己有点冤，他们也要向进货厂商提起诉讼。但，能说你没有责任么？**做人不诚实，个人信用就丢了；经商不诚信，商业信誉就没了。到头来，只能是赔了夫人又折兵。这是跟谁斗法？是商道，是品德。**

最后还要说一个东方卫视的报道。欧洲近些年针对中国旅游团的偷盗行为越来越多，并且出现一个新的趋势，劫匪如今更想抢中方领队、导游。你知道窃贼怎么看我们的海外旅游团领队么？——“肥羊”。此时，我们又该跟谁斗法呢？

答案揭晓，树大招风。近几年来，中国游客的购买力让许多旅游目的地国家感到震惊，中国海外购物连续两年拔得头筹。我们得反思，**中国早有古训，客不离货，财不露白。我们在富裕起来之后，是否还能保持低调内敛的作风呢？这时候，与其和劫匪斗法，不如问问内心，除了物欲之外，还可以追求什么，能让自己活得更有面子，更安全。**

2013. 5. 7

时不我待：给不该吃药的人吃药，是不是更该吃药呢

今年以来，我们常听到这样的说法：发展时不我待，治理雾霾时不我待，市场监管转型时不我待……今天我找到更多的说法，比如，房产信贷领域，有房产巨头资金链断裂，风险防控时不我待；“超日债”违约拉响债券警报，债券市场风险重新评估也时不我待。

住房信息联网又如何呢？也让很多人生出“一万年太久”的感慨。这项工作从2010年就已经启动，但进展并不顺利。现在，我国明确2020年前实现全国住房信息联网。普通市民会怎么看？有人说了，三年不行么？恨不得十年八年的，肯定是里面有问题。

住房信息联网这么难吗？中国房地产及住宅研究会副会长顾云昌此前表示，利益集团的阻力是一大原因。财政部财科所所长贾康也曾公开表示，房产信息联网技术不是主要问题，而是有些部门和地方顾及相关利益，存在故意控制的举动。

还是房产，房产信贷领域的冰山碎裂之声听起来更惊心动魄一些。《每日经济新闻》报道，兴润置业这家宁波地产界曾经的房企大佬，日前轰然倒塌，留下超过35亿元的巨额债务，其中银行欠贷达24亿元，涉及十多家银行，而整个事态的处置远未到画句号的时候。按照官方的认定，兴润置业及关联企业资金链断裂，经营不善，被高利贷搞垮是主因。

一叶知秋，就在广州，一家大型房企的三个项目同时推出一成首付优惠活动，继杭州、南京、秦皇岛等二三线城市甩盘或大幅降价促销后，一直被认为不会降价的一线城市，价格已出现松动迹象。看看销售数据吧，内地30家房企2月房产销售量对比1月下降四成。

楼市的风险防控时不我待。事实上，这种风险防控政府正在悄悄进行。业内人士认为，在金融领域，政府正在施展有形之手，通过收紧开发商融资渠道，促使有资金压力的企业通过降价回笼资金，把房产的“水龙头”慢慢地关小。

在另一个领域，中国债券市场的风险评估也时不我待。近日，“11超日债”违约事件持续发酵，这是中国债券市场中首例爆发的实质性违约事件。一直以来，国内的信托产品、公募债券都在“刚性兑付”的保护伞下，被认为是低风险甚至是无风险的投资产品。而超日债的违约，到底意味着什么呢？

用益信托工作室研究报告认为，若不是有刚性兑付的潜规则，8家信托公司的几款信托产品也早已违约。《新京报》也指出，现在就有3家公司面临着同样危机，都集中在风电、光伏等新能源领域。过去数年间，新能源一度繁盛，但产能严重过剩后，却剩下一地鸡毛。文章认为，新能源频响债券警报，是产能过剩埋下的“祸根”。

最新消息，部分投资人以“11 超日债”违规上市为由，将负责保荐的中信建投和上市所在地的深交所告上了法庭。业内认为，随着信用风险在身边引爆，市场以及投资者，都必须正视信用风险重估的问题。

消费领域也有信用风险，比如海外代购药物市场。深圳市药监局提示：75%以上所谓的海外代购抗癌药都是以次充好、以假充真的假药。此时，尼康相机的致歉声明姗姗而来，针对“3·15”晚会曝光尼康 D600“黑斑门”问题，尼康中国昨天在官网致歉：将为用户提供免费检查、清洁服务，仍无法解决将免费提供后续服务。这番致歉一出，雾霾不用再为尼康背黑锅了吧。**雾霾虽然不是好东西，也容不得推诿陷害，如今这番道歉，雾霾的不白之冤也该昭雪了吧。**

孩子用药安全防范也时不我待。昨天，在吉林市芳林幼儿园门前，百余名家长聚集在一起讨要说法。警方已初步确认，这家幼儿园涉嫌擅自给幼儿服用“病毒灵”。同样的事件，就是前后脚，在西安、湖北宜昌的幼儿园也都发生了。

《北京青年报》质问：幼儿园为何青睐“病毒灵”？报纸曝光，实际上，北京也曾发生过类似事件。2011 年 3 月，通州新天地幼儿园的 180 个孩子在没有感冒的情况下，被园方统一安排吃了两天儿童感冒药“优卡丹”，其间有孩子出现过敏症状。

《武汉晚报》提出，给孩子喂食“病毒灵”不能当个案。目前看来，这些幼儿园之所以这样做，最大的可能性是为了预防孩子感冒，保证出勤率，这样幼儿园才有钱赚。

可是，这药能预防感冒么？不能。中国药科大学药学院副院长、教授于锋认为，幼儿园盲目给孩子喂病毒灵事件十分荒谬、没有常识，简直莫名其妙，其背后暴露了处方药监管漏洞、教育者缺乏用药常识、卫生机构乏力等多种问题。

在我看来，此事最大的荒谬还是，给不该吃药的人吃药。给不该吃药的人吃药的人，是不是最需要吃药呢？去除教育系统的“病毒”，时不我待。

2014. 3. 18

面子问题：慷国家之慨行个人之私，哪有面子可言

面子问题是个老问题。中国式“剩宴”，多发于婚宴和公务宴请。同样是好面子，性质可不一样。**“婚宴浪费”充其量属于个人的死要面子充冤大头；公务宴的浪费呢，就恶劣得多。拿着公款大吃大喝，宴请上级不遗余力，吃最好的**

菜，喝最好的酒，慷国家之慨，行个人之私，哪有面子可言？

好在，最近公务宴有新动向，今年国家抓得紧，各地都出现了“公务宴”退订潮。另外，北京749家餐馆也有新动作，推出“半份菜”，大受欢迎。

还有条新闻，涉及农民工兄弟的面子。人力资源和社会保障部说了，要建立“绿色通道”协助农民工讨薪。

关于讨薪，在杭州，两名工人最新上演了卧轨讨薪事件。类似过激的讨薪不再一一叙述，只想说一句，农民工没有面子，我们的职能部门能有面子吗？

同样的道理也适用于公务员的面子。最近，广东政协0001号提案引起网友热议，并被撤下官网。这是一个什么提案呢？原来，是关于多渠道解决省直公务员住房问题的建议。

公务员买不起房子，体现的是民生艰难。公务员尚且如此，其他人呢？要知道，很多人连住房公积金都没有。公务员买不起房子的时候，向国家伸手，老百姓买不起房子，向谁要去？难怪这份提案很快就从官网上撤下了，不知道是不是见不得光。

转到湖北黄石。那里，正提前98天迎接暗访组检查，还广而告之呢。如此迎接暗访，会让什么人脸上无光呢？

暗访变通知，检查变成走过场，该打谁的板子？在我看来，有两种可能，一种可能，地方政府神通广大，眼线众多；还有一种更大的可能，就是暗访组的相关人员提前将暗访的时间透露给了地方政府。有了准备，当地领导不会因为存在诸多问题而丢面子甚至丢官，同样，暗访组也会受到很好的接待吧？

对这种推测，我从国家环保部部长周生贤的话里得到印证。他说："现在有些处长下去都摆谱，事先还打招呼通知。你比我的职务可小得多！"如此暗访表演还有什么意义呢？歇歇吧，大家都怪累的。

最后说说大学生猪倌抢滩上海的新闻。谁说大学生就不能当猪倌，谁说当猪倌就没有面子？北大学生卖猪肉不是新闻，猪肉卖得好同样能成为北大的骄傲。

想到一个故事，美国总统杜鲁门当选后不久，有位客人去拜访他的母亲。客人笑道："有杜鲁门这样的儿子，你一定感到十分自豪。"杜鲁门的母亲说："是这样，不过，我还有一个儿子，也同样使我感到自豪，他现在正在地里挖土豆。"

2013. 1. 26

如此错位：怎能指望假温情、假感动去传递正能量

今天要说的很多事件，都有点“错位”。上海有高院法官去夜总会花天酒地，法官怎成了花花公子？陕西有产科医生跨省贩卖婴儿，医生怎成了人贩子？烈日下，女孩为清洁工打伞居然是广告炒作，欺骗了多少人的善良；车站旁，长春城管“徇私情”帮助“瓜子老太”摆摊，又让多少人心情复杂？

法官变成寻欢客。网上曝光的这一段视频，总长 8 分多钟，显示的是上海市高级人民法院副院长陈雪明、民一庭副庭长赵明华等 5 位法官集体在上海某度假村夜总会吃喝玩乐，花天酒地。

这么错位的事情，的确让很多人坐不住了。如果此事属实，这远远不是个人私德的问题。你能想象么，昨天夜里接受了别人吃请，胡天胡地的法官，明天怎么明镜高悬，在法庭上主持公道？上海纪委已经行动起来，相信很快会有说法（后经调查属实）。

这第二个错位，产科医生变成人贩子。这个错位也实在让很多准妈妈们心惊肉跳。陕西省富平县警方通报，富平县妇幼保健院产科大夫谎报新生儿死亡，把婴儿高价贩卖到外省。

这消息够骇人听闻吧。这是什么产科医生呢？居然卖人家孩子谋利卖钱，干起了人贩子的勾当。而且，还不是一起两起。经媒体披露后，又有6个曾在富平县妇幼保健院生产的家庭表示，自己家也有过类似的经历，现在想起来，才觉得被骗了。目前警方正全力追捕其余犯罪嫌疑人，查找被拐卖婴儿。

这第三个错位，也涉及欺骗，假温情实则真演戏。一位清洁工大姐中暑倒地，小女孩撑伞遮阳，这张充满爱心的照片前几天还在感动大家，现在出现了逆转。真相是，这是假的，环卫工晕倒是假的，小女孩撑伞是假的，就连旁边的母亲也是假的，这是一家公司策划出来的“爱心”。

有一种言论，虽然是假的，这种场景还是传递了社会正能量。打住，**怎能指望假温情、假感动去传递社会正能量呢？我们已经经历了太多的虚假，公众的善良再也禁不起欺骗了**。那位“天使女孩”胡伊萱是怎么死的？她的不幸，正是善良被一个孕妇恶意利用，为了一个不可告人的目的。为了卖伞而导演这种虚假戏码消费公众的善良和信任，目的同样不见得高尚。

假温情、假感动，我们要说“不”，更不用说假钱了。第四个错位，就发生在银行。不久前，我在节目里也说过，上海的自动柜员机出现过假钞。现在媒体报道，东莞有人在银行柜台居然取出了假钱，1万元当中有1千是假钞。

从自动柜员机里取出假钱，我们可以期望银行技术升级，从柜台取出假钱，储户该怎么办呢？银行早有现成的词应付你，“离柜概不负责”。但是，如果银行多付给你钱，你可以不对银行负责么？甭想。这种错位，是银行的强势思维使然。

据业内人士介绍，**不排除银行出假钞的可能**。**原因有二，一是机器出故障造成的，因机器没有百分之百的可靠性；二是有可能极个别素质较低的银行职工将一些没收来的或因工作疏忽而收进的假钞，“转嫁”到客户头上。面对这样的质疑，银行该如何升级技术和管理来自证清白呢？**

第五个错位，发生在城管人员的小贩之间。在长春市长白路临时客运站前，有一个老太太叫韩庆芝，她卖瓜子，城管不但不赶她，还经常去帮她打下手，甚至给她安排了固定摊位。这是咋回事呢？原来，老人家里特别困难，还有个小孙子要独自抚养。城管决定，为老人摆摊开“绿灯”。

很多人说城管和摊贩是“天敌”。这件事却是，天敌之间亲如一家。**人心都是肉长的，面对社会弱势群体，城管人员也有恻隐之心。所谓城管“徇私情”，不过是“围堵”变“疏导”而已。这种做法完全可以推而广之，让更多的流动摊贩也都感受感受城管的人性和人情。**

2013.8.4

占山为王：法制社会，岂容山大王独霸一方

占山为王，这词通常出现在旧小说里，某些强梁占山为王，独霸一方，称孤道寡。北京楼顶的“花果山”昨天开始拆除了，我就想了，既然有“花果山”，哪位又是山大王呢？

今晨媒体细细看来，这山大王还不止一个，你看，苏州某大厦楼顶的违建如同园林一般，跟北京“花果山”有一拼；北京京东出现“万国园”，这个违建别墅群有过之而无不及；更有些山大王，靠山吃山，靠水吃水，十分猖狂，比如北京儿童医院的号贩子和水魔方的票贩子，行的是霸占市场、坐地起价的生意，还有那二代身份证的黑市，做的是倒买倒卖谋取钱财的勾当。

先说说北京最牛违建，人济山庄高楼楼顶的“花果山”。昨天，违建开始拆除，场面那是相当得热闹，有些媒体竟然出动了飞机进行航拍，见证这最牛违建的拆掉。东方卫视联系到房主张必清。他说，支持拆除，不能一错再错。

一错再错，这倒是真的。媒体披露，此前，这位张先生自封教授行走江湖，实际上，他只有小学文化；此前，他号称中医世家，悬壶济世，事实上，这也是假的，他哪里是中医世家？他的"奇经疗法"也未必靠谱，备受专家质疑。他是不是非法行医，现在，卫生部门也出手突击调查了。

不过，这样的"花果山"不止一处，北京卫视报道，在北京东五环，就有那么一片违建别墅区，俨然一个"万国园"。另有违章建筑，同样震惊四座，东方卫视报道，在苏州，在一处大厦楼顶有一处园林式的违建，持续了6年多无人能管，跟北京的"花果山"不遑多让，有一拼。

面对违建，老百姓是痛恨的，媒体出动飞机，兴师动众地前往监督违章拆除，也不算夸张。事涉公共利益，怎能允许有特权阶层凌驾于众人之上。那么，拆除"花果山"的时候，顺便把特权思想也一并收了吧。

基于这个，我们也要警惕各种占山为王，为所欲为之举，比如号贩子和票贩子。央视报道：北京儿童医院挂号难，家长彻夜排队，拿不到号。号在哪呢？大部分的号都掌握在号贩子手里，他们能把一张专家号炒到3000多元。

家长是带孩子看病去的，治病讲究辨证施治，对症下药。面对这些山大王，警方也可以辨证施治，开点猛药了。

还有一些人,该抓。比如,那些买卖人家身份证的人。东方卫视报道,二代身份证的黑市交易非常猖狂。

原来,二代身份证有先天缺陷,即使挂失补办,遗失的身份证也可以正常使用,一些不法分子利用这个缺陷售卖遗失身份证或从事其他非法活动,从中牟利。既已知道这个缺陷,亡羊补牢,自是应有之义,念念紧箍咒是必要的。法制社会,岂容这些山大王啸聚山林,藐视天庭,胡作非为!

2013. 8. 16

远虑近忧：是谁造就了他们的“钢筋铁骨”

话说，人无远虑，必有近忧。盘点今晨各大媒体，我发现很多具有超前意识的人。你看，北京，中华遗嘱库运行一周以来，天天门庭若市；江苏，81 岁的邵老爷子，在离世之前，分文不留，全都捐出；美国，别看林心瑜还是个小姑娘，人家干的事，却是怎么用地沟油造燃料，着实了得！

北京成立中华遗嘱库，这才一周左右，就来了 400 多位老人。生年不满百，常怀千岁忧，适当有点超前意识还是必要的。像一位大妈说的，立遗嘱这事，无所谓早晚。

江苏的爱心爷爷邵仲义做得更绝，遗体和存款，一样不留，全都捐给社会。他生前资助过200多名贫困学生，先后捐款付出110万元，他这个“百万富翁”，实在是响当当的。老人最近离去了，全国人都在竖大拇指，感慨唏嘘。

有志不在年高。美国华裔女孩林心瑜，也很了不起。别看只有14岁，却新近获得影响世界华人大奖。凭什么呢？凭借她超前的眼光和行动。她10岁开始对厨房废油进行再处理，变油脂为燃料，为贫困家庭供暖，她推广的能源利用模式将影响世界。

看看颁奖会上，她怎么说：“世界上两个最重要的东西，环境保护和帮助弱势。希望每个人都能享受到新鲜的空气和干净的水，还有那些需要帮助的人，可以得到应该有的照顾。”这是多么美好的发心啊！

这小姑娘做的，说简单点，就是地沟油再利用，造福社会。我不由想到这几天大家热议的“云南地沟油大案”，一家油脂产销企业10年卖3万吨地沟油，说是够150万人吃1年，坑了太多的人。是什么利欲熏心之辈在拖着后腿，才显得小姑娘林心瑜的观念和行动如此超前呢？

当然，有些拖后腿行为实属悲哀，比如“钢的肾”。今年初，南通人胡颂文自制“钢的肾”治疗尿毒症维持生命13年的故事成为了微博热议的话题。

放着先进的设备不用，却在家里用如此落后的土法治病，胡颂文就这样度过了13 年。为什么？省钱呗。这样血透，费用只有医院的1/8。人家在拼命，豁出去了。当然，并不是所有自学成才的人都能这么幸运，模仿胡颂文的病人不少，但最多没活过三个月。即使胡颂文，如此“土法炼钢”又是多么危险和无奈呢？

由此，我们不能不问，是谁造就了他们的“钢筋铁骨”？现行的社会保障和医疗救济制度，又何时能跟上这些大重病人的现实需要呢？

同样落后的，还有苹果的服务政策。今年央视“3·15”晚会曝光，苹果的售后维修政策内外有别，涉嫌违法。目前，苹果的服务政策有所松动，但是，依然不愿意完全执行中国的法律规定。

苹果产品因为很多超前的设计和性能赢得消费者信赖，但为什么在中国执行的服务政策却如此落后呢？以至于在众多媒体曝光之后，依然鼻孔朝天，底气何在？这不单是对中国消费者的不尊重，也是对中国法律的藐视。

这两年，霸气的苹果在世界多个国家接连不断被处罚和制裁。按照既往经验，都在法律面前，才低下高傲的头颅，老实起来。中国的执法部门何在？此时还不出手，更待何时？

2013. 4. 1

货真价实：他们为何总是心不甘情不愿地“被增长”

货真价实，童叟无欺，这是经商的准则，也是做人的功夫。这是一面镜子，很多事，都可以拿来照上一照，真伪立辨，高下立判。同时，货真价实也是一杆秤，是实实在在还是徒有其表，很容易称出斤两，比如，财富增长。

昨天，中国三季度 GDP 同比增长 7.8%，你是否也财富增长了呢？很多市民对自己的收入增长并不满意。**民众呼唤一种货真价实的财富增长，完全可以理解，改革发展成果也应该、必须、一定要让普罗大众充分分享**。

GDP 说到底，是国家的财富，老百姓关心的，还是自身财富。我们看到一种现象，中国财富迅速向少数富豪集聚。根据媒体记者计算的结果，前 400 位中国富豪的财富相当于全国 13.4 亿人口上半年 GDP 的 1/7。这个财富，是农村人口全年人均现金收入的 100 万倍。

“不患寡而患不均”，大多数人心不甘情不愿地“被增长”，制度的天平应向他们有所倾斜。

还有一种货不真价不实，属于以次充好。在北京朝阳区大柳树批发市场，几十元就能买到千元标价的大牌化妆品。后经证实，那些化妆品都是假的。这里，也有必要提醒另一种售假渠道。业内一度有这样的说法："目前网上销售的化妆品80%都是假货"。网售化妆品四折以下的，就要谨慎。聚美优品、乐蜂等网站都曾被媒体质疑过，陷入信任危机。**化妆品有价，人品无价。以无价之人品插草标出卖，实在自毁前途。**

那么，为人民服务呢？是不是也需要货真价实呢？河南郑州一孕妇为办理"准生证"，连续4个月先后往社区跑了近20趟。

最近有好多类似的事件，中风老人猝死银行，只因银行不让他人代理；北漂小伙为办护照6次返乡，遭到种种刁难。门何其难进，脸何其难看！同时，也有另外一面，媒体曝光之后，银行派人上门道歉，又送花又送礼物。这事也一样，媒体一曝光，当事人立即享受到上门服务的待遇，4个月办不下的事一下子解决了，相关办证责任人也被停职处理。

有一些伤害，你事后给我喝再多的云南白药也难以医治；有一种服务，事过境迁，你再假装殷勤也于事无补。

2013.10.19

道德底线：职务上的无底线，是否也需要一份黑名单？

河南王洛镇政府3年打70万元白条，猪蹄店拉横幅讨餐费。最新进展，媒体曝光之后，钱还上了，人被罢免了。这事，让我们再次领教了什么叫老赖，什么叫道德底线。

今天正好也有新闻和老赖有关，说是上海市高院在官网已公布近千条失信被执行人名单。**什么是失信？我想，不应该局限于欠账不还的无良商人，也应该包括欠人家70万红烧猪蹄钱的镇政府官员，或者那些集体嫖娼的上海法官们。**

央行从明天开始要向九省市开放个人信用查询。很好！据说，主要服务于银行信贷部门。**我想，财务上的失信固然不能让人容忍，但职务上的无底线，是不是也需要一份黑名单呢？试问，财务上的失信于人和职务上的失信于民哪一个更严重些？**

还有一个领域，拷问道德底线。那就是医药行业。凤凰卫视曝光，一些常用药品出厂价和医院零售价之间存在巨大差价，这个问题，可算是愈演愈烈了。

药品中间利润500%都不好意思说，6500%也不是登峰造极，百分之1万多的居然也有。药价虚高，谁拿走药品巨额中间利润我说不好，但我清楚，最后买单的是谁。这边利润没有最高，只有更高，那边突破的却是道德底线，没有最低，只有更低，这是医药行业的耻辱。

昨天还有一件事我觉得也突破了道德底线，这事出现在某富豪相亲会上，央视报道，很多女子经整形专家、命相大师等层层考验艰难入围，其中甚至有高中生。可怜那些女子的糊涂心思了。你看，这位女子还很理直气壮，说是“难道你们不爱钱吗”，还“呵呵呵”。实际上，这只是一场没有富豪的“局”，这些女子嫁入豪门的梦想最终成空。同时受损的，恐怕还有底线和尊严。

关于底线和尊严，还有更生动的注解。说很多城市，把10月26日定为环卫工人节，目前全国已有400多个城市设立了这个节日。

在众多个环卫工人节的队伍中，湖南长沙有市民请环卫工吃饭给我留下温暖的印象，那是一位作家，自掏腰包，请环卫部门的120位环卫工人吃午饭，表达自己的敬意。这种事，小崔（崔永元）曾经也做过，他曾经请在京的一些农民工兄弟吃饭，也传为美谈。

但我上网搜索，看到更多的却是环卫工人被殴打、被侮辱的事件，这几乎成了一种社会现象，成为一个行业痛点。

尊敬环卫工人，保障他们的尊严与安全是现代文明底线，更何况，那是一群非常值得尊重的兄弟姐妹。底线并非出现在社会的底层，但我们对待社会底层的态度却往往能彰显自己的底线在哪里。

2013. 10. 27

治乱还是乱治：地方政府应该对进城居民“挑肥拣瘦”吗

“上医治未病”，最好的医生治病，在病人还没有发病之前。为什么呢？等病情严重的时候，乱象横生之际，就不好收拾了。比如，雾霾，当西藏布达拉宫也被雾霾笼罩之时，我们还有雾里看花的心情么？当“玩命快递”在现实里上演时，我们还能安之若素么？垃圾短信泛滥，人人深受其害，你又何以置身世外？

城市的治理何尝不是如此？北京刚刚把“控制人口过快增长当作2014年北京的首要任务”。北京市领导提出，坚决控制人口过快增长，是解决北京交通、环境等许多问题的关键。

光明网提出：这是“皇城观念”作祟，这不科学，也不理性。文章说，无论是作为首都，还是一个负责任的地方政府，都不应该对进城入户的居民“挑肥拣瘦”，首都北京更不应该也不能允许对外来人员“嫌贫爱富”。

对此，社科院专家张车伟说：“阻止外来人口流入的思路简直是历史倒退。”罗天昊研究员也有同感，他说，北京一边占有众多资源，一边又嫌人多，好事占全，似不现实。他建议，要想控制人口，你可以把部分央企和高校迁出北京嘛，分散到全国，所谓人多之困，立马解决了。

既说到历史，咱们就说说往事。战国末期，秦王曾下逐客令，凡是在秦朝做官的外地人都要给赶走。当时李斯就上书秦王，说了很多有水平的话，大致是说，治乱可以，你不能乱治，这个是外地人帮你建的，那个是外地人帮你修的，你秦国差不多都是外地人帮你创立的，你怎能赶走这些有功之臣呢？这就是历史上著名的《谏逐客书》。

如果李斯生长在今天，再写《谏逐客书》，恐怕还会有很多新的论据，你看，东京、纽约、巴黎这些国际大都市都没在控制外来人口上这么硬来，不也建设得很好么？

那么，垃圾短信又如何治乱？昨天，工信部部长苗圩坦言，尽管工信部做了大量工作，但总体上的成效不是很明显，广大用户还不十分满意。

打听打听，十分不满意的恐怕更多。谁都知道，垃圾短信已是当代公害，几乎无人不深受骚扰。市面上不断曝出的垃圾短信黑幕更是惊人，山东卫视曝出垃圾短信产业链，原来是运营商贼喊捉贼。

这次工信部部长苗圩也说，对于垃圾短信，将联手运营商根治。很多人笑了。新民网评论：**指望运营商自查自纠来遏制垃圾短信，无异于与虎谋皮**。**文章**

说，**据调查，超过2/3的垃圾短信其实都是三大电信运营商自己发送的。每年仅此类短信和电话所产生的话费可能已超过百亿元。**在几大通信运营商本身就是垃圾短信发放源头和最大获利者的情况下，治理垃圾短信就该从重处罚运营商开始。

快递业也急需解药。上段时间，潍坊圆通快递发生的化学品泄漏事件导致死伤。最新消息，原来是企业为图省钱用快递运危险化学品。圆通就此发道歉信，称将进行整顿。

的确，整个快递业该整顿了，很多听众认为，包裹夺命看似偶然实则必然。北方网指出："夺命快递"折射快递公司"暴饮暴食"的乱象。说2013年我国规模以上快递公司收件量有望突破90亿件，登上世界之巅。面对电商烹制的海量快件大餐，快递公司迫不得已"暴饮暴食"。《河南商报》认为，"夺命快递"是行业乱象的一面镜子，需要整个行业与行政监管部门集体反思。

最后再说说治霾，这也源起于工信部部长苗圩昨天的说法，"作为工业行业的管理部门，我们也是责无旁贷"。

关于治理雾霾，我发现一种新苗头，为了驱除雾霾，全国各地使出浑身解数，有的地方在加热空气，有的地方造风、吸湿，有的要人工降雨，有的投入了治污治霾新利器——远距离喷雾降尘车，大有各显神通之势，该如何评价呢？新华每日电讯指出，治理雾霾可能是一场长期的战役，不是一阵热情和一两个临时拍脑袋所形成的“点子”可以解决的。个别地方已经露出了运动式执法、大跃进式治雾霾的苗头，急功近利反而制造了新的社会问题。如此，治乱和乱治，已相去不远。

治乱不容易，手忙脚乱之际，更要当心用错药，开错方子的可能。治病药方不对，会加重病情，治乱方法不对，恐怕也有添乱之嫌。

2013. 12. 24

人情经济：官本位思想刺激人情风陷入恶性循环

关于人情来往，名人也不能免俗。周立波最新在节目里自己爆料：这辈子收到的最大一笔人情款3400万元。根据时间推断，这是他婚礼收到的份子钱。当然，这笔钱，周立波在第二天捐赠给慈善基金会。周对财富的看法颇值得称道，他说：“什么是真正的成功？当你的成功和社会分享的时候，你这个成功对社会才有意义。”

说到与社会分享，很多中国富豪情非所愿，中国富豪移民这事上上演的“人情经济”正备受争议。一项调查显示，超半数中国超级富豪已经或正在移民。与此同时，国外媒体（CNBC）报道中说道：“把你们的超级富豪给我们吧！”这是实情，**很多国家张开双臂欢迎他们过去。为什么呢？有了中国富人的投怀送抱，就意味着同时拥有了大笔银子。富豪们，你以为他是欢迎你么？他欢迎的，是你带过去的钱啊。看似是人情，实则为“经济”，只是这样的“人情经济”未免让人冷笑**。

有人感叹道：“让一部分人先富起来是实现了，但结局是富人带着钱跑了。”跑了就跑了吧，移民专家善意提醒，很多新移民仍然按照中国的“人情世故”去做，恐怕行不通，千万别把陋习带过去。比如以前在国内，医院手术送红包啊、驾校学车递香烟啊、去政府办事儿托熟人啊；小孩上学交择校费啊；开家长会，要给班主任送礼物，这些通通都省了吧。不知是祝福，还是讽刺？

那么，普通人的“人情经济”又如何呢？也有烦恼。很多中国人讲人情讲成了负担，所谓“人情大似债，头顶锅儿卖”，个中辛苦有谁知呢。

攒了一年，过年花完。很多网友一晒过年账单，不禁感叹，简直是“步步惊心”。在这当中，红包一项就占去不少。一项调查显示，超过四成的受访者今年共发出了超过1000元的红包。

但《新京报》发现，红包一直都是充满了精心算计的人情经济学，红包的多少不但是面子问题，也是亲朋间的人际关系投资。表面上看，国人在尽力将红包的厚薄拿捏到好处，背后却是对传统血缘人际关系式微和新型权利人际关系滋长的迷茫和无助。如此人情经济，不是变味了么？

还有一种变味的人情经济，随着“恐聚族”悄悄诞生，说春节同学聚会，很多人不是为了友谊而去，为了什么呢？为了和“土豪”攀亲戚。21CN 评论说，本是回忆纯真年代的聚会却渐渐多了些炫富攀比的意味，致青春变成名利场，对昔日“同桌的你”，恐怕相见不如怀念。——这样的“人情经济”确实滑出了跑道。

那么，“人情经济”在官场又有哪些新的动向？据新华社报道，这个春节，很多人跟领导套近乎遇到了麻烦。浙江私企老板刘建国春节请官员吃饭的经历让人会心一笑。他说：“年前我打电话，我的意思还没表达完，对方就打断我，说我胆子太大，还敢弄这套东西。——看来这风气真的是要变了。”

但别高兴太早，媒体纷纷报道，给领导干部的孩子发红包，成了新的送礼突破口，成为了贿赂“权力”的新手段。媒体爆料，一领导孩子要去美国读书，有人在饭桌上给了一万元，客气说就是张机票钱，领导高兴笑纳了。长江时评指出，这贿赂钱财包裹上“红包”的外衣，不应成为领导的“后门”。评论提醒，人家下级或企业单位送“红包”，必有所求，你“人情债”难还啊。

对这种“人情经济”的危害，《商界》杂志有很精彩的剖析：“**当公共规则可以由于人情产生巨大的弹性，不公平状态也就随之产生。处处讲人情的社会现实，演变为谁的朋友多，谁的权力大，谁就能得到好处。而势力最大的，又往往是身居要职手握重权的官员。于是，人情的极致就演变成对权力的崇拜，因为权力不再为公众服务，而是为人情服务、为个人服务。反过来，这种官本位思想，又刺激人情风愈演愈烈，陷入了被人情所困的恶性循环。**”

正好，央视最近关于家风的调查引起了很大的反响，一位普通市民这样说："脑袋里对家认识深刻的人，你才能走得远；走得远，你才能干大事。这是我妈妈对我的教育。"

在我看来，人情经济，实质是讲人情，谋利益，但是，人情不能绑架人，更不能绑架规则。假如打着人情的旗号，伤害规则，伤害众人的利益，这样的人情经济就变成公害了。

那么，破解"人情经济"的变异，就从正家风开始如何呢？

2014. 2. 6

第七章 为了最大多数人的最大幸福

天之道，损有余而补不足。人之道则不然，损不足以奉有余。孰能有余以奉天下，唯有道者。

——《道德经》第七十七章

幸福经济：中国人的幸福是否绑在“过山车”上

美国人研究发现，近几十年来美国经济的显著增长并没有让人们觉得比以往更幸福。这真是对人类盲目追求经济增长的讽刺。既然如此，幸福和经济之间存在怎样的联系呢？

正好，最近国内也有一项调查出炉，说是“房子数量与家庭幸福指数成正比”。这是国家卫计委和中国人口福利基金会发布的报告。我对这个报告论断存疑。如果调查结果是真实的，那么，世界上最幸福的人岂非是房地产开发商了？当然，他们的幸福指数可能要大幅下降了。最新消息，被视为高房价最后“堡垒”的一线城市上海，也受到降价潮的冲击。继金地、佳兆业等大型房企之后，万科在上海也加入打折行列，有的楼盘每平方米直降近4000元。

为了房子，几家欢乐几家愁，按照时下楼市的风雨飘摇，中国人的家庭幸福指数是不是都绑在了“过山车”上了呢？

事实上，此前无数调查数据都显示，幸福指数的高低跟所拥有的物质财富并非正相关。**心理学专家研究发现：中彩票500万的和失去双腿的残疾人，一两年后他们的幸福感相差不多。我们太高估了物质需求给我们带来的幸福感，也低估了精神需求对我们幸福感的巨大满足。**

不妨，看看现实中的例子。你注意到“农民幸福指数”了吗？这是华中师范大学中国农村研究院发布的我国第一个“农民幸福指数”。经测算，作为我国人口最大基数的农民，幸福指数为0.5578（满值为1），属于中等水平。

有意思的是，务农农民的幸福指数最高，做生意农民的幸福指数居中。还有，作为传统观念里最影响幸福感的因素——收入状况，在此次调查中排位相对靠后。

还有一件事可以证明，收入并非和人的幸福指数成正比。你看某房企高管年薪百万却非常“伤心”，活得很不幸福。根据各大上市公司最近披露的2013年年报，万科董事会主席王石年薪1591万元，万科总裁郁亮年薪1431万元，华远董事长任志强年薪1145万元，都是千万级的“吸金大王”。相比之下，一家央企的副总经理、广东公司董事长余英年薪200万元，感觉很不幸福，发出感叹“不比了，伤心了”。很可笑，不是么？

怎么解释这种现象呢？经济学上，有一个幸福方程式，是美国经济学家萨缪尔森提出的，幸福 = 效用 ÷ 期望值。也就是说，幸福与欲望成反比。

另一个层面，社会经济学认为，“幸福”固然与经济增长速度有关，与个人收入有关，但更与社会公平有关。数据显示，经济增长并没有如预期的那样提高中国人的幸福感，主要就是因为收入不平等的扩大。《北京青年报》提出："一个国家也许经济增长速度很快，个人财富累积速度也很快，却可能会因为社会不公平而导致社会上大多数人幸福感反而降低，甚至最终感觉无法忍受。"不过，更有理由呼唤社会公平的，恐怕是那些低收入群体，而不是年薪两百万的房企高管吧？

除了这些，还有哪些因素会影响我们的幸福指数呢？媒体报道，哈尔滨有车族幸福指数不断下降，油价飞涨，无处停车。记者对哈尔滨市近百位私家车车主进行随机调查，认为有车族幸福指数正在不断下降的占了八成。说这话的背景是，国内油价又涨了，每吨上调 70 元。这是今年成品油价格的第 7 次调整，也是年内的第三次上调。

此前，有专家指出，国民幸福指数，受生产总值指数、社会健康指数、社会福利指数、社会文明指数和生态环境指数五大指数影响，油价变动的确与这五个方面有着千丝万缕的联系。在这样的背景下，有车族幸福指数不断下降也就不难理解了。油价变动余波所及，又岂止有车族的幸福指数呢？

1972 年，不丹王国的国王吉格梅·辛格·旺楚克提出"国民幸福指数"（GNH）这一概念，以取代国内生产总值（GDP）。他认为，政府施政应该以实现幸福为目标，注重物质和精神的平衡发展。在这种治国理念的指导下，人均

GDP仅为700多美元的不丹，国民幸福指数却是全球最高的。

看上去，如果经济发展只关心财富而忽视幸福，这不是幸福经济。国民幸福指数，绝不等于国民赚钱指数，当然，更不是变相的政绩游戏。此时，我们不妨从终点回到起点，再问一句：当我们透支了我们的青春、我们的环境和我们的资源后，我们比以前更幸福了吗？

2014.5.25

最大多数人的最大幸福：万一沦为边缘人群怎么办

最大多数人的最大幸福，这一提法，出自英国哲学家边沁对于道德的解释。多数人的幸福显然比少数人的幸福要好，很多的幸福显然比很少的幸福要好。

2014年民众最关心的话题是什么？《新京报》调查结果显示，稳定物价、收入分配、食品药品安全、住房保障和养老并轨，是公众最关心的五个话题。《投资快报》认为，养老、环保、国企改革引人关注。说从历届两会政府工作报告内容来看，当年的工作重点几乎包括关乎人民群众的重大民生问题。这并不奇怪，所谓重大民生问题，正是最大多数人的最大幸福。

此时，我不能不提一人，此人多次奔赴美国、日本等地，为了最大多数人的最大幸福，考察转基因食品的安全问题，最新推出69分钟纪录片。他就是小崔。小崔说了，现在至少两个谎言被戳穿，科学界对转基因的安全性并非没有分歧，美国也有反转派，美国人并非放心地吃了20年。小崔说："我就想问问中国科学家，为什么要撒谎?"

《南方周末》此前报道：《如果是场赌博，他押对了吗?》。现在，财新网依然发问："小崔推转基因纪录片，是一个人的螳臂当车么?"一位网友在赞赏的同时也表达了担心："小崔干得好！远离转基因，别做矿井里的金丝雀。小崔这么做，肯定触动到国内利益集团的既得利益，崔哥保重!"

要我说，这正是小崔的难得之处。我不能不赞叹，小崔干得漂亮！请不要忘记小崔的两个身份：全国政协委员，还有，中华人民共和国公民。这里面体现出的责任和担当让人激赏。至少，他把吃不吃转基因食品的选择权还给了中国民众!

对转基因食品，杭州娃哈哈集团有限公司董事长宗庆后也有话要说，他建议，严格落实转基因产品标识制度。当然，他的另一个说法时下引起的动静更大：如果没有贫富差距，社会就会倒退。

宗庆后说："我们对社会财富要有一个正确的看法。中央提出要缩小贫富差距，实现共同富裕。但是我们好不容易打破了大锅饭时期的模式，如果没有贫富差距，社会又会倒退回去。"

问题是，这会否影响"最大多数人的最大幸福"呢？从数据上来看，中国的基尼系数连续五年下降。学者称，收入差距状况不容乐观。从主观感受来说，根据调查，超过八成的城镇和农村居民认为当前收入差距过大。主要原因，多数人认为领导干部贪污和灰色不合法收入所占比重最大。贫富悬殊这事，非只中国，也是个世界性问题，美国目前的贫富差距正处于近百年来的最高峰，美国10%的家庭控制了全美50.4%的总收入。

贫富差距过大，会影响最大多数人的最大幸福么？差距不大，似可相安无事。但是，当财富越来越集中在少数人手里，最大多数人的最大幸福无法满足，金字塔底部基座势必不稳，那些在金字塔顶部的少数人也未必能安然享受财富带给他们的满足。

这样的思维，是否可以为收入分配制度改革带来新思路，为全社会公平创富、共同富裕大开方便之门，为竞争中失利的少数人托托底呢？

这一点，恰是“最大多数人的最大幸福”提法的不完美之处。每个人都想当然地想当最大多数人，可是万一沦落成少数人怎么办呢？就说这打车软件吧，即使马云的父母也有“躺枪”的可能。

马云最近自己爆料：“几天前，我妈和我说，她在路上打出租车，很久没有车停下来，她说她们这年龄的人不会用手机打车软件，不仅不能享受到‘竞争红利优惠’，连起码的打车服务也没有了。我父亲说，要不是我公司参与这个竞争以及看到很多年轻人喜欢，他早骂上门来了。”

这是非常尴尬的现实，有时候，我们最该保障的所谓“大多数”现在变成少数。火车票实行网上订票之后，那些本就很难买到票的农民工，不更是雪上加霜

么？国家推出 20% 卖房个税时，财税专家贾康说了，“误伤刚需的可能性不是没有”。你看，因为某种原因处于劣势的“少数人”，现在恰恰成为我们要保护的“最多数人”。

难怪有些人很悲观：说来人情是假，尽是锦上添花，雪里送炭有几家？最近，中国女子网球一姐李娜在庆功会上就说：“雪中送炭的人，现实中太少了，大家都愿意做锦上添花的人。”我一下子就明白了，为什么李娜当初接受湖北省政府 80 万元的奖励，一直黑着脸。

不过，风物长宜放眼量，你看小崔，为了公共利益，不惜牺牲个人利益，不怕得罪人，包括方舟子，那个要“创造条件让国人都吃上转基因”的科学家，不惜辞了工作，自己花钱一百多万元去做新闻调研；你看，北京公布企业退休养老金调整方案，自今年 1 月 1 日起，企退养老金每月人均增加 277 元，低收入者、高龄退休人员将在普调基础上再获政策倾斜；你看专家建议，对贫富差距问题，需要政府从初次分配和再分配领域积极采取措施予以应对；你再看，支付宝钱包和快的打车为 50 岁以上的老人提供免费接送服务。马云说了，希望打车 APP 在竞争的时候不要伤害老人和孩子的利益。

为最大多数人谋取最大幸福，为少数不幸的人获取最大幸福，愿这，能成为我们整个社会共同的追求目标。

2014. 3. 2

锱铢必较：不是太多而是太少，让全民红包来得更猛烈些

据说，美国“石油大王”洛克菲勒虽拥有巨额财富，但他始终保持锱铢必较的理财态度。不错，锱铢必较，是一种理财能力，但今天我要说的，是锱铢必较里的民生意识。

先说三亚政府向老百姓派发红包这事吧。这次三亚派发红包，总计2.2亿元，62万居民人人有份，每人一次性获得360元补贴资金。什么补贴？物价补贴。一时间，好评如潮。

新华网首先点赞，说是中国民生保障历史欠债较多，地方政府有计划地向老百姓发放红包，只要把握好度，就会成为皆大欢喜的事。中国青年网认为，三亚市让当地百姓享受发展带来的成果，数额之大，值得赞扬与期待。

但锱铢必较的质疑声音，也不能不提。有内地专家学者指出，不论穷人、富人都发钱，是对公共资源的不当运用，是一个懒政的方法。荆楚网认为，三亚学习澳门派发红包，弊大于利。派发红包易生出福利病，滋生不劳而获的思想，不利于培养艰苦奋斗、自力更生的优良作风。

其实，早在2008年，广东东莞就已经吃过螃蟹。当时，财政拿出1.2亿元，

向 12 万低收入户籍人员发放红包，发放标准为每人 1000 元。**这样就担心生出福利病，我看实在太杞人忧天了。如果，360 块钱的物价补贴就滋生了“不劳而获的思想”，那这人该是多么容易满足的人啊。我只想说，不是太多，而是太少，让红包来得更猛烈些吧。**

国家对央企利润提高收取比例也可看作一个正向的例子，财政部最新要求，国有独资企业应交利润收取比例在现有基础上提高 5 个百分点，还有，免除某些小微企业当年应交利润。

但关键还在于，提高央企利润收取比例，这钱收上来以后用在哪里。比方说，能不能给低收入者多发几个红包？或者，养老金不是有很大窟窿么，能否充实进去一部分？**总之，好钢用在刀刃上，只要别成百亿上千亿地拿去补贴中石油中石化就好。这么说来，我们对这些钱的去向锱铢必较也是非常有必要的。**

锱铢必较用于理财可以致富，用于民生可以造福于民，但如果用错了地方，恐怕也会制造出不少问题。比如救市、乱收路桥费、过头税之类，在我看来，就是一些不和谐的锱铢必较。

地方政府对房价的锱铢必较争议多多。宁波最新加入“救市”大军，口头传达放宽购房资格，算上安徽铜陵市，“救市大军”增至 6 个城市。马年的楼市，房企和地方政府真的忙得马不停蹄。

先看两条报道，让我们认清一下形势。新华网报道："五一"楼市遭遇寒流，房价全面下跌序幕或将开启；《经济参考报》报道：房地产拐点已基本确立，楼市进入空间换时间通道。另一项调查，更值得关注。对北京青年的住房调查显示："外来青年住房难"现象已逐步转变为影响国计民生的重要青年社会问题。

在这样的形势下，某些地方政府逆着人流，开着倒车，试图拉起房价下降的缰绳。他们抱着"土地财政"，锱铢必较地计算着每一分下降的房价，痛心疾首。他们也许不知道，在过去的楼市黄金十年里，多少老百姓为那房价的噌噌上涨而痛心疾首着。

全国多地曝出的路桥费"糊涂账"，也让人不敢恭维，据说路桥收费业暴利超房地产，八成公司毛利超过 50%，这必须锱铢必较，弄个明白。媒体曝光，湖南长沙从 2005 年实行的全部车辆一刀切都要收路桥年费，现在，法律人士说了，这样的"打包"收费、重复收费既不合理也不合法。这样的乱收费又岂止湖南长沙呢？你看江西南昌，"死灰复燃式"收费；郑州黄河大桥，在超期收费；还有些地方，在"滚雪球"式收费。可是，每条路投资多少、贷款多少，征收费用去向哪里，却统统是一笔"糊涂账"。还有，收费收到什么时候是个头啊？

收过头税的问题也要解决一下了。广西国税部门最新做出承诺，拒收“过头税”，又使“过头税”这事老话重提。

中央财经大学税收教育研究所所长贾绍华披露，有的企业不仅被要求上交来年的，将来三年五年的都要交出，这都是“寅吃卯粮”、“吃子孙饭”。这么离谱的“锱铢必较”的确太不厚道！数据显示，2013 年，国家财政超收百亿，在历年中，这算是少的。

私以为，为民生锱铢必较谋福利，哪怕三头两百的补贴也能体现出诚意；跟百姓锱铢必较争利益，哪怕一分两分，也不光彩。

2014. 5. 7

集结号：为了那三分之一感觉不幸福的家庭

“集结号到底吹了没有”？那是电影当中连长谷子地的纠结。现实里，集结号的嘀嘀答答之声正此起彼伏。

春运集结号：36 亿人次 40 天大“迁徙”，史上之最；反腐集结号：最新对省部级反腐力道前所未有；两会集结号：北京人大代表提出，房价问题已影响国家发展、百姓福利；至于国家对土地市场吹起集结号更有必要，地方政府的卖地

"冲动"，地球人俨然挡不住了。

挡不住的，还有中国人回家的脚步。春运从昨天开始，这场36亿人次40天大"迁徙"，也引起韩联社、《亚洲经济》等韩国媒体的密切关注，称36亿人次"迁徙"系史上最大规模。30多亿人次的人口流动的确很可怕，有人调侃道，角马群迁徙什么的，跟春运比起来，简直弱爆了。你想想，相当于世界上一半人口在路上折腾，何其浩大！当然，韩国人关心咱们的春运自有他们的小九九，他们更关心有多少中国人到韩国旅游吧？

我相信，咱这迁徙大军恐怕大多没这种闲情逸致，很多人正为买张火车票而焦头烂额呢。

买一张票难还是不难？一位女乘客昨天跟领导的对话成为热议的话题。某大领导昨天来到北京站，对春运进行视察。一位乘客刘大姐高兴地跳起来，抢着跟领导握手，说道："领导您放心，今年票还行，不难买。"这句话引起很多网友的不满，说她公然在说假话。莫不是安排的"托儿"吧？这件事的确值得警惕，本来，领导是来调查实情，解决问题来的，好买就是好买，不好买就是不好买。何至于如此粉饰呢？

当然，要说这样的虚假信息会误导决策者，也不至于，央视天天在说"12306订票热线打爆了"谁不知道？《人民日报》也在报道，解决火车购票难，尚无时间表。

除了票难买，出行安全也是个问题。《现代快报》报道，最近在盐城建湖县打工的5位兄弟把14万元血汗钱掉在了三轮车上，无奈之下，只好向媒体求助，现在还没找到呢。我想起《天下无贼》里的那个傻根儿，也是带着一笔大额现金踏上返乡之路。为什么不汇钱？嗨，赚钱不容易，他们是舍不得那笔汇款手续费啊。

除了安全，很多人也在担心天气。春运第一天，多条高速因为遭遇雾霾捣乱被迫封闭，当春运遇到雾霾，内地多地民众返乡受阻。说这话时，北京的PM2.5再次爆表。

此时，另一场集结号正在吹响，那就是两会集结号。截至昨天，中国省一级人大、政协“两会”已有一半召开了。雾霾、房价和单独两孩政策这些民生问题被频繁摆上台面。

关于雾霾，北京首次提出治理“城市病”，将撤走300家污染企业，这很引人关注；河北省政府工作报告辟出一章，陈述解决大气污染的措施，更有亮点可看。河北强调，要“以背水一战的决心，加大环境治理和生态保护工作力度”。

“背水一战”这个词，很悲壮，但也不算夸张。北大公共卫生学院教授潘小川不是说么，已把PM2.5确认为致癌物，这也得到了专家的公认。此时，恐怕真要背水一战了！

北京人大代表卫爱民的观点也很给力，卫爱民说：房价问题已影响国家发展百姓福利。这要提一个背景，北京2013年土地市场经营性用地总成交额近1800亿元，创下了土地市场历年最高水平。截至目前，1月份北京土地市场已有11宗地块成交，其中经营性用地10宗。

各地土地部门拼命“卖地”之时，来自上层的“集结号”也已吹响。国土部已经明确表示，东部三大城市群发展要以盘活土地存量为主，今后将逐步调减东部地区新增建设用地供应。对于地方政府而言，这一政策无异于给地方财政“断奶”。普通百姓的捉襟见肘、人大代表的慷慨陈词能否阻挡地方政府卖地的冲动呢？此时，我们多么需要说真话的代表、委员，敢担当的地方政府啊。

相比之下，媒体报道这次各地两会会风如何朴素节俭本就是应有之义，周星驰委员如何不迟到早退只算个花边新闻。

这时候，反腐集结号引起的动静也不小，不容小觑。有权威消息透露，中纪委最近对省部级反腐力道堪称30年来之最，各级纪委已将攸关民众权益的公检法、教育、医疗等领域列为严打腐败重点。

日本《朝日新闻》的社论说，中国领导人正在进行一场有力的反腐败运动，规模前所未有，几乎每个月都有副部级以上官员落马。美国侨报网刊载文章说，中国明确提出了“裸官一律不得提拔”的禁令，相当于堵住了“裸官”的升迁之道，表明对“裸官”的高度警惕，海外反腐再升级。

最新消息，西湖关停景区内高档会所，也包括马云创办的江南会。有关部门要求，切实保证还湖于民、还园于民、还景于民。做得好！新华网对此拍手称快，说摆脱“公款依赖”，既是一种道德理性，也是一种市场理性。

忽然想到中国家庭幸福感最新调查，超2/3中国家庭感觉幸福。假如这个数据是真实的，那么，让我们为那1/3感觉不幸福的家庭继续努力，让暴风雨来得更猛烈一些，让集结号吹得更响亮一些吧！

2014. 1. 17

极品：举报自己老爸酒驾，是大义灭亲还是大逆不道

说到极品，除了极品前任和极品飞车之外，你还会想到什么？今晨各家媒体的报道会给你更多的创造，比如极品乘客，重庆有头等舱乘客抱着飞机轱辘不让飞机起飞，够极品吧？极品墓地，武汉现豪华墓地造价8亿元，堪比天坛，也够极品吧？还有极品保姆，温州的一个保姆心情不好，拿孩子出气，一个3岁女童，怎禁得起拳脚相加？还有极品女孩，在微博举报自己老爸有酒驾行为请警察抓人，是大义灭亲还是大逆不道，引发热议。

先从极品乘客开始说起。这事发生在重庆江北机场，一架飞机遭遇了五位极品乘客，这些人抱住飞机轮子不让起飞，导致航班延误一个多小时。这些人不是

别人，乃是头等舱乘客，为什么大动干戈呢？因没有专车给他们摆渡。

五位头等舱乘客不管抱的是什么，都堪称极品。希望能坐头等舱的人，也能有更远大的抱负，而不是抱着飞机轮胎或是车轱辘不撒手。

再说极品墓地。武汉造价 8 亿的豪华墓地被曝出，网友说，这是武汉市新洲区汪集镇东边咀的一块豪华墓地，依山傍水、气势宏伟，堪比北京“天坛”。

看照片，确实高端大气上档次。据陵园工作人员回应，这陵园还是全国首个生态陵园。但如此大兴土木，大气豪华，大气磅礴，怎么看都太不生态太不环保了。更何况，**墓地修得再豪华，和逝者没有半点关系**。**须知，厚养薄葬才是真孝道**。**在下一个天价墓地诞生之前，我更关心活着的人，居者有其屋么？**

再来说一说北京最近的一个极品新规。地铁车厢内每平方米最多站 5 人。这一新规，让人很容易联想到北京另一个极品规定，人均居住面积不得低于 5 平方米。**管理者的出发点是好的，但未免让人感觉有点不食人间烟火**。**如果一项规定没有现实可操作性，那这样的规定徒增笑料，不出也罢**。做这样的规定之前，多挤挤地铁，感受一下被挤成相片是什么感受，多跟群租的大学毕业生聊聊天，体验体验现实生活吧。

再说一个极品，极品保姆。在温州乐清，一位孩子家长李先生无意在家里的监控中发现，自己请来的，居然是一位“狼保姆”，她对自己3岁女儿又是脚踹又是巴掌打。那么小的孩子，招你惹你了？

那位保姆给出的理由很简单，心情不好。请注意这个现象，很多人心情不好的出气对象，往往是这个社会最柔弱的一环，孩子往往成为出气筒和受害羔羊。

最后要说到的这位极品女孩，大义灭亲，引发了争议。她干了件什么事呢？微博举报自己的父亲，说他经常酒驾肇事。

如此大义灭亲，不外乎情与法。于法而言，酒驾应该被举报；于情而言，大义灭亲有忤逆之嫌。为什么大多数人还是支持这种“大义灭亲”行为呢？除了法制精神之外，人们或许更愿意把这解读为一种特殊的爱。假如这样的举报，能让自己的父亲避免酒驾肇事的危险，于人于己，善莫大焉。

2013. 8. 11

带头大哥：是谁误伤了我们弱不禁风的社会信任

“带头大哥”，这个词，耳熟吧。《天龙八部》，萧峰一直在找那个干坏事的“带头大哥”。找他干吗？算账。所谓“冤有头，债有主”。

今晨媒体一看，现实里也有很多类似的“带头大哥”。你看，北京开始整治中国式过马路，带头闯灯人将被罚款。这个带头闯红灯的人不是很像“带头大哥”么？

问责“带头大哥”不成问题，问题是，谁有资格做这样的“带头大哥”？中国式过马路，凑够一拨人就走，特点是“羊群效应”，走在羊群前面的，也毕竟是羊。弱小的民众，当不起“带头大哥”的称号，不至于如此剑拔弩张，如临大敌。不过，这种问责机制，倒很值得我们推而广之。

比如环境污染，我们是不是该向“带头大哥”问责才是？“红豆局长”被问责了，“牛奶河”可还没下文呢？云南小江河工业废水污染，已成了“牛奶河”，村民拿那河水浇地，连葱都种不活。现在，相关的东川环保局长又会怎么说？这位王局长，先是不接受媒体的采访，媒体曝光之后，则否认有工业废水污染，后无奈承认，却说是“疑似排污”。**地方环保部门，应该有资格成为带头大哥，有能力掌控大局嘛。但不敢负责任的人，做不了带头大哥，最多也只能算“疑似”而已。**

同样要问责的，还有陕西那位挨家挨户收“驱鬼钱”的村支书。最新消息是，当地纪委已介入调查，村支书主动辞职。**想当带头大哥，至少要心底坦荡，“鬼”迷心窍的人肯定是不行的。村支书主动辞职，未尝不是自知之明。**

该说说真正的带头大哥了。能称得上带头大哥的，今晨真看见不少，广东东莞见义勇为的“托举哥”算是一位。在东莞黄江镇，发生惊险一幕，有一两岁小男孩一不小心脖子卡在防盗网中，孩子身在3楼阳台外，离地面15米高，小腿直蹬，情况异常危险！这时，一位少侠挺身而出，单手攀窗，人整个“悬空”把男童托起，前后足足3分钟，最终将孩子安全救下。救人之后，此人飘然离去，不留影踪。你看，完全武侠小说里的情节，行侠仗义，做了好事还不留名。人们就开始猜测了，看那人的身手，相当了得，应该是个军人。还有的说，可能是练过武功的。莫非是郭靖？

昨天，这位少侠，东莞“托举哥”给警察找到了。他叫赖良伟，今年20岁，来自江西，为找工作刚到东莞两星期。为什么有这么好的身手？敢情是小时候经常爬树练出来的。赖良伟小时候是一“淘气包”啊。但，**毫无疑问，淘气包也能**

当带头大哥。关键只是，该出手时就出手。带头嘛，在别人需要的时候，你冲上去，你就是大哥。

同样的侠义之士，长春也有。这两天，大家都在传那位长春老人发病倒地的事，说178个人从他身上跨过，只有一位白衣女子停下守护。这消息其实不真。真相是什么？真相是，在这位老人需要帮助的时候，很多人停了下来，问候关心，至少有三人打过求助电话。

这里面，要找哪位是带头大哥，不容易了。但是，带头大姐倒有一位，那位白衣女子，名叫王文娟。我们在视频中可以看得很清楚，她给老人擦去了口吐的白沫，还给老人身下垫了点软和的东西。

这就是真相，为防止老人二次受伤，他们没有扶起老人。这位老人后来被送到医院后，当天就出院了。

所谓“冷漠”背后的真相，原来是一群“见义智为”的人们。和见义勇为的人一样，他们同样了不起。真相大白之日，我不禁要问，这一事件的误传、误判背后，我们又该向哪位带头大哥问责呢？又是谁，误伤了我们弱不禁风的社会信任？

2013. 4. 10

推陈出新：只在乎学分不在乎人品分的教育该醒醒了

日子每天都是新的，我们每天都在辞旧迎新。写这篇文章的时候，淘宝网推陈出新，今天开卖飞机了，苹果新手机则因为缺乏新意正饱受争议。

还有很多事新意十足，你看，最特殊的礼物，南京小学生送老师一个大大的拥抱作为特殊节日礼物，送出了新意；最温暖图书馆，说的是杭州图书馆对乞丐、拾荒者来者不拒，已有十年；最成功的教育，说的是鲁班木工学校推出的平民教育“匠士学位”，受到社会的普遍认可。

华南理工大学最近打造的“最豪华宿舍”被网友喝起了倒彩，学校认为，这是“为了打造国际化学校”。可是，**打造豪华学校就能成为国际化学校么？未必。早有定论在先，好大学不是因为有大楼之故，而是因为有大师之故。教育如果给贴上了拜金主义的标签，恐怕会离国际化越发遥远**。

同样和学校有关，南京小学生送教师节礼物的方式也送出了新意，送的是一份特别“礼物”——一个大大的拥抱。这礼物，让老师们很是受用。同样是教育，安徽省休宁县德胜鲁班木工学校的也可圈可点。这个学校在职业教育当中，注重平民教育和人品教育，让人侧目。比如，学校提倡诚实、勤劳、有爱心，不走捷径；比如，老师要求做事之前先学会做人。颇值得玩味的现象是，鲁班学校给学生颁发的“匠士学位”教育部门并不承认，但社会普遍认可，很多企业点名要这个学校培养出来的学生。

古人说，有余力，则学文，强调的是做人第一，做学问第二。按照这个标准，那培养人品第一的木工学校就是一所好学校。反思我们的体制教育，在评价体系里，有人品分么？只在乎学分，不在乎人品分的教育该醒醒了。

学习，我们也可以去图书馆。杭州图书馆最近获赞“最温暖图书馆”，为什么呢？因为他们对乞丐、拾荒者来者不拒，已有十年。

孔子说，有教无类。馆长的十年坚持，擦拭着“人人生而平等”的信条，赢得盛赞有加。这不该只是出现在一间图书馆，而应该是整个社会的常态才对。

2013.9.12

事与愿违：当口袋充实之后，更需要充实脑袋

最啼笑皆非的事与愿违，说的是一对情侣。买彩票中了 583 万元，本是天大的好事，但二人居然反目成仇打起官司。

为什么钱多了，感情却生分了呢？这么一看，钱多也烫手。如此事与愿违，不在财富本身，而在财富对于人品的试炼。你听到了吧，中了奖，男的居然不告诉女的，说要防着她点。**这不是个案，当我们口袋充实起来之后，我们更需要充实脑袋。否则，德不配位，必有余殃啊。**

今晨最耐人寻味的事与愿违，当属手机“打车软件”。当北京上调了出租车价格，广州忙于改革出租车体制的时候，备受市民好评的“手机打车软件”在深圳被紧急叫停。

有人说，这“打车软件”不错啊，叫车方便，司机也能多赚些银子。挺好的软件为什么不让用？《广州日报》分析得相当透彻：“深圳采取如此紧急且极端

的措施，是因为出租车上下游的衍生业务都由有政府背景的利益集团经营，掌控得很紧，而打车应用的火爆，猝不及防触及了他们的利益。”——明白了，你动了某些人的奶酪。当高科技强势进入传统行业的时候，某些利益集团甚至利用公器拼死抵抗，这涉嫌不公平市场竞争，实在犯了大忌。

最触及底线的事与愿违，出现在食品安全领域。媒体曝料，广州一家叫作“蠔德喜”的著名烧烤店所卖的生蚝镉含量超标，按照卫生部公布的国家标准，至少超标20倍。还有，你知道存在组装的生蚝么？真同情广州市民，毒大米的风波还没结束呢，一波未平，一波又起。病从口入，如此这般的吃的窘境，又何止是广州市民呢？吃一口放心食品，这样的要求高么？

最后说的，是最温馨的事与愿违，发生在河南郑州。本想日夜赶工，建好安居房，建筑地基却被一万多只燕子占去做窝，生儿育女。当地施工方和等待安置的民众怎么办？他们表现出极大的宽容，暂且停工，说等小燕长大再说。

这事干得漂亮！小燕子的“安居房”里，装着郑州人民的包容和善良。秉持着这样的人性关怀，这里不仅是小燕子的宜居之地，更是人的安居之所！

2013. 5. 25

利益攸关：天灾还是人祸，有时只是一步之遥

今晨各家媒体一看，和公众利益攸关的事不只一件两件。奶粉、药品、房地产这些行业和公众利益密切相关，对这些暴利行业，国家最近逐一调查，此举将掀起怎样的波澜？中储棉一场大火，2 万多吨棉花付之一炬，记者调查发现，违规操作和利益驱动有关；大型犬伤人事件频发，违规养犬现象为何屡禁不止？坝光煤电厂项目威胁深圳百姓安全，43 位人大代表联名上书反对，结果又将怎样？

先说国家对奶粉、药品、房地产业的清查整治。奶粉业，在发改委反垄断调查的消息传出之后，几家“洋奶粉”上市公司的股价应声跳水，洋奶粉也纷纷降价，有的降价两成。另外，在药品和房地产领域，国家的清查行动也引起良好反响。

在发改委对奶粉反垄断调查时，有媒体就说，奶粉暴利时代行将结束。但是，我们清楚，没那么简单，暴利行业也往往是利益纠葛最集中的行业，这很考验政府的决心。

接下来，关注国家储备库大火。最近，中储棉山西侯马代储库这场大火，让人们和5月底的中储粮粮库大火相提并论，一个中储棉，烧掉棉花2.46万吨，一个中储粮，烧掉粮食4.7万吨，让人心疼。事发之后，听中储棉怎么说？说大火是由雷雨天的“雷击”导致；中储粮呢，说火灾是风太大。总之，都是天灾所致，不是我的事，是老天爷的事。

但是，皮裤套棉裤，肯定有缘故。央视记者深入调查发现，着火的粮库和棉库都违规超额露天存放，怎么解释？商务部研究院副研究员张菲一针见血，“这与利益驱动有关，为的是骗取国家补贴”。

如此利益驱动，违规操作，已经埋下了灾祸的种子。天灾固然有，但天灾还是人祸，有时只是一步之遥，更何况，有些天灾常常成为人祸的借口呢。这样巨大的损失，和国家和公众利益攸关，怎能不了了之。

再说深圳的坝光煤电厂项目，这和深圳的百姓利益攸关。最近，这个项目的争议持续发酵，43名深圳市人大代表忍无可忍，联名向市人大提出建议，撤销这一项目。

这些人大代表提出反对意见，其中一个重要理由是，这一项目事先没有向社会公开。一个和深圳百姓利益攸关的项目，居然没有公开，就想上马？既不合法也不尊重民意。形成鲜明对比的是，坝光村被称为深圳最美村落。事涉公众利益，不可我行我素。

养狗也是这样。最近全国发生多起大型犬只伤人事件，记者调查发现，现在，各地狗市交易活跃，违规养犬现象屡禁不止。

为什么国家的规定明明在那里摆着，就是执行不彻底，或是执行不下去？我特意看了看国外的成熟经验，所谓“无公害”养狗的理念，有一个特点，就是他律和自律意识都比较强。也就是说，当个人利益和公众利益之间出现冲突时，个人应该增强公众意识，多考虑一下他人，执法人员的操作也应该更严格。养狗为乐，怎能变成养狗为患呢？

2013. 7. 1

人定胜天：人一定能战胜老天，这是荒唐的解释

功夫巨星李连杰，曾经历印尼海啸，大难不死。他说：“如果水再高一尺，我就死了。拥有的名也好，利也好，别人拿什么形容你都好，根本没有用。”据说，正因为这件事让他了悟人生的意义，成立了壹基金。

由这个故事，我们可以更好地理解“人定胜天”。很多人认为，人定胜天是说，人一定能战胜大自然。其实不然，人，本就是大自然的一部分。其实，这句话的本意是强调人的本分，“人定兮胜天，天定兮胜人”，是说我们要心思安定，

人人守住自己的本分，所谓“自胜者强”。

反面典型。今晨我看到大家热议的一条消息。时下，多地政府，像是武汉、江苏、湖北多个机关纷纷缩短工时，引发议论纷纷。大家说了，高温酷暑之下，最该缩短工时的，不是空调房里办公的公务员，而应该是那些环卫工人、建筑工人，那些普通劳动者。

中国人民大学法律社会学研究所所长周孝正直言：“自行缩短工作时间其实是以权谋私，是不正之风。这样的做法本质上跟公款吃喝一样，是一种腐败。”

在我看来，这种自行压缩工作时间的行为，也压缩了自己的职责和本分。在高温考验面前，不要说人定胜天了，胜不胜任都是个问题。

再说说城市内涝问题，雨水同样考验着城市管理者的本分。昆明最近连下多场大雨，水漫金山。为什么“逢雨必涝”呢？

不只是昆明，全国很多城市的排水系统处于亚健康状态，这是严酷的事实。我相信，很多人对北京去年那场可怕的水患还记忆犹新，一场暴雨居然造成79人死亡。很多城市，表面上看，很现代化，很光鲜亮丽，但只是一场雨，就现出原形。为什么很多城市的排水系统“先天不足，后天缺爱”？难道一句天灾就能搪塞过去么？

还有更明显的例子。昨天央视《焦点访谈》报道暴雨袭击东北，提到了辽宁阜新，暴雨过后，阜新居民们当街捞起了一条条大鱼。

这样的场景，让我自然想到今年4月，我还说到，辽宁省阜新市细河大堤可是城市的屏障，但当地房地产公司，居然堂而皇之地推大堤盖大楼，还是高档商业楼。相关职能部门呢，明知工程违法却没人管，主管的水利部门发过整改令却不敢承认。当时，很多民众担心，真发大水该怎么办？如今，一片汪洋，固然有天灾的原因，难道没有人祸在里面么？

不能不说，在天灾面前，人是弱小的。要说人一定能战胜老天，这是荒唐的解释。但，只要我们积极作为，也并非束手无策。有一个正面的例子，值得一说。修建大型水电站阻挡了鱼类洄游的道路怎么办？瑞士人是这么做的，帮鱼修了电梯。瑞士人用生态水电方法保护环境，这对我们思考“人定胜天”会更有帮助，人和天的关系可以很和谐。

这是真正的人定胜天，不是与天去抗衡，而是发现和掌握其中的规律，遵循规律办事。而要做到一点，竭尽本分、忠于职守，又何其重要！

2013. 7. 18

匪夷所思：自己配药自己吃，自己挖坑自己埋

前几天我说了两件非常匪夷所思的事件，这第一件，法官成了花花公子，上海高院几名法官去夜总会花天酒地。调查证实，真的。现在几名涉事法官已经被开除党籍。还有一件，医生成了人贩子，陕西有产科医生跨省贩卖婴儿。这也是真的，现如今，六名犯罪嫌疑人已经被抓获，一名被拐卖婴儿已被救回。

今晨，还有一些匪夷所思的事情在等待下文，比如这一件，也和婴儿有关。江苏淮安妇幼保健院的医生最近在一名11个月大的女婴体内取出了五根绣花针，其中一根紧挨孩子内脏，医生怀疑是人为所致。是什么人居然如此心狠手辣?

为什么又是孩子? 近期很多恶性事件，孩子都成了受害羔羊。包括一次又一次的毒奶粉事件，受害最大的还是孩子。就法官涉嫌集体招妓事件，上海纪委表态，此事令司法蒙羞；那么，婴儿一再被伤害，又会让谁蒙羞呢?

小宝贝们需要保护，小鱼小虾也需要。在辽宁丹东、庄河沿海等地，有一种渔网被称作“绝户网”，这种网如蚊帐布一般密，会让鱼虾断子绝孙。现在情况如何呢？情况一点没有好转。

央视报道，看到那么小的鱼仔惨死绝户网里，有些志愿者快哭了。他们决定，带着那么多小鱼小虾去找渔政部门，匪夷所思的是，面对竭泽而渔，我们的渔政部门怎么样呢？推诿扯皮。

因为渔业资源日渐枯竭，很多渔民被迫弃船登岸，另谋生路。鱼虾都断子绝孙了，自己也没活路了。**管理者的麻木再加上渔民的短视和贪婪，比让鱼虾断子绝孙的绝户网更致命。这真是讽刺，自己配药自己吃，自己挖坑自己埋**。

北京京客隆超市最近也发生了匪夷所思的事情，将临近保质期的猪肉重新包装售卖，或者将临近过期猪肉拆包散卖。在媒体曝光之后，京客隆公开致歉。

此前，北京市食品办就“翻包”问题曾紧急约谈了16家大型连锁商超负责人，要求各家自查食品安全风险并整改。可见，这个问题绝不是个案。发生这样的事，只是道歉就解决了，那违法成本实在太低了些。

最后说的这件匪夷所思的事，和诚信有关。2013宁波购物节期间，组委会联合宁波十家发卡银行举行抽奖活动，奖品包括一辆价值25万元的沃尔沃轿车，还有500根金条。不想，在通知获奖者领奖的时候遇到了麻烦。

话说大奖获得者吴女士，当时银行工作人员给她打电话：恭喜你，你中了汽车大奖了。她怎么说？“中奖？汽车是吧？那送给你好了！”说完，就“砰”的一声挂断了电话。银行工作人员没办法，再次联系吴女士，建议她拨打相关热线电话进行核实。结果，吴女士真打了热线电话，不过不是核实，而是投诉，要向银行投诉这个“骗局”。

于是出现这一幕，“银行大奖被当骗局，两百多根金条无人领”。**这真是，假作真时真亦假。满天飞的谎言多了，你说真话也被人当成假话听。这时候我们才知道，社会诚信是多么宝贵的资源。**

2013. 8. 7

坦诚相见：举头三尺有神明，谁能逃过良心的审判

坦白真诚，不隐瞒、不修饰，这是美德。一美国人，马修·柯德尔，最近自拍视频，在网上忏悔认错，曝光了自己一次醉驾撞人事故，人是我撞死的，我错了。

等待马修·柯德尔的很可能是漫长的牢狱生涯，但是他的自首行为让人动

容。做了错事，就要负责任，好汉做事好汉当。**有些人做了坏事，百般抵赖，企图抹去污点，但举头三尺有神明，谁能逃过良心的审判？这哥们可能输掉官司，但最终选择坦诚相见，却为自己赢回了尊严。**

坦诚相见需要勇气，也需要底气。浙江多地的15位环保局长最近跟市民们赤膊相见，够坦诚吧？赤膊相见，我指的是跟市民一起游泳。这些人中，还包括金华市副市长、兰溪市委书记。不是说“一座城市的河流是否污染严重，就看父母官敢不敢下水游泳”么？

兰溪市环保局局长施廷涌说了，两年前还没底气游兰江。从小在兰江边长大的他也有很多年没下水游泳过了。现在的底气怎么来的呢？这两年，在水环境治理上，兰溪关停、否决、取缔了加工作坊、污染企业700多家，水质改善很明显。这就是环保局长坦诚相见的底气，有作为，有底气。

在公务用车领域，如何防止公车私用，做到坦诚相见？这需要自觉，也需要点技术手段。湖南娄底司法局的做法是这样的，将公车使用情况实行透明化管理。前段时间，中纪委网站新近推出曝光台通报多起公车私用情况。其中多起公车私用造成翻车、死亡等严重后果。

在这样的背景下，娄底司法局动用技术手段，将公车使用情况实行透明化管理，并不夸张。其实还不够，如果把装备科那个监控画面在网上公开，公众也能实时看到，就更有信服力了。在我看来，请人民实时监督才是真正的坦诚相见。

2013. 9. 9

心术：修合无人见，存心有天知

什么才是企业的经营之道？今晨，正反两方面的例子都有。有人性化经营，萧山机场“人性化返航”充满温情；有敞开式经营，吉林延吉的无人售货超市，经营一年不差账。至于“经营无道”的商家，大多正陷入被动的境地。上海违规经营毛蚶的商家，食药监局正在紧急查处；北京接了团购订单却玩人间蒸发的厂家，正四处躲债；湖南敷衍客户的汽车销售商，面对客户的另类维权正焦头烂额。

先说说上海的毛蚶吧，要知道，这东西相当厉害，1988 年，毛蚶引发上海市肝炎暴发流行，30 万人染上甲肝。记者调查发现，在上海某些水产品市场，这种被列入“黑名单”的水产品仍在暗中销售。

就在本月 10 号，上海市政府还发布公告，全年禁止生产经营毛蚶、炝虾等水产品。商家何以敢违规经营？跟法规对着干，必是短视的经营之道。虽有小利，必不长久。

商家如果对自己的客户不负责任，还会惹来怎样的麻烦呢？湖南一哥们给自己的豪车保时捷卡宴办起了葬礼。这兄弟叫郝钢，他说，那台车差点夺走他生命，在多次维权未果后，他在星利捷保时捷 4S 店的门口布置起了灵堂。

再说一不靠谱的厂家，北京某家具厂商接了团购的单子，到最后，忽然人间蒸发了，这下，消费者急了。商家本该以诚信为本，说话算话，即使经营不善，也不该一走了之。

还记得网上的郑州“鸡蛋哥”任庆河么？虽然店铺不开了，但是，依然守在店门口，要把欠账还上。我经营的是鸡蛋么？不，人家说了，我经营的是良心。

这时候，还有必要说说萧山国际机场的做法。最近，萧山机场为一位迟到的旅客返航，引起了议论纷纷，这在任何机场都是很罕见的事儿。

乘客家里遭遇意外，机场在条件允许的情形下，为其大开绿灯。你看，不是为了某个明星，也不因特权，只为一个无助的母亲的特殊需要。对这个，网上还有一些异议，说是规则“被破坏”，但请更多关注这制度之上的人情温暖吧。对于企业而言，没算经济账，没算得失账，提供了一次高质量的服务。我经营的是航空业务么？不，我经营的是人性关怀。

最后说说吉林省延吉市的无人超市，敞开式经营，蔬菜水果满超市都是，交易过程没人看着。这样的超市，开业一年多，从来没差过账。在全国很多地方，也都开设了这种无人超市，凭的就是个自觉，最后的结果都不错。

修合无人见，存心有天知。对顾客而言是如此，对商家又何尝不是呢？不管有人，还是无人，不管敞开式还是封闭式，形式不是关键，内核才是最重要的。我经营的是商品么？不，我经营的是诚信。

2013.9.24

无信不立：玩双重标准，何以取信于消费者

一个人无信，在社会上不能立足；一个行业无信，也将步履维艰。

先说转基因大豆，面对网上传言说“农业部闪电批准三种转基因大豆进口”，我们经济之声这两天在持续关注。但有一点我需要说明，这是一条出口转内销的新闻，最先由巴西农业部透露，“这个决定是中国农业部部长此前在北京的一次会议中亲自告知巴西农业部部长的”。然后，得到国内证实。

为什么网上质疑声这么大？不仅是事件本身，恐怕也因为消息披露的滞后。农业部专家现在说了，转基因大豆的安全性是有保证的。我说，公众的知情权希

望先能得到保证再说。

食品安全是如此，药品安全也一样，我们应该以最大的坦诚去赢取公众的信任。这方面，强生成了反面典型，国家食品药品监督管理局昨天约谈了强生，提出要求，以后你产品召回，不许内外有别。

大家都知道吧，强生曾51次在全球召回产品，居然48次将中国排除，还多次声称，中国消费者可放心使用。**同一个产品，玩双重标准，何以取信于中国消费者？中国消费者凭什么对你放心呢？面对强生，监管部门的态度应该强硬生猛倒是真的**。

再说说红十字会的信任危机。中国红十字会社监委最近也有点被动，重查郭美美案件的提议被他们毙了，引起议论纷纷。红会社监委委员袁先生说，因为机制设计存在问题，所以，公益组织藏猫腻的可能性极大。

不错，就说袁先生本人吧，他是零点研究咨询集团董事长，曾为红会提供项目评估，拿取了报酬。这难免让人对他能否公正监督也产生怀疑。有道是，“瓜田不纳履，李下不整冠”。

医药领域的信任问题又该开什么药方呢？你看，在北京，冒牌同仁堂中药居然渗入医保定点医院，是不是也该从制度设计上找找原因？

卖假药的卖进医保定点医院，这是医院的耻辱。假药卖了好几年了没人管，这是监管部门的悲哀。你看，只是几个见利忘义的人，就能伤害整个行业的信誉。况且，本来信誉就不咋地呢！

2013. 6. 15

“人艰不拆”：你见或者不见，善良就在那里

拆穿别人戏码是一件很残忍的事。还记得皇帝的新装吗？对于裸奔的国王，大家都说，皇帝的衣服真好看，偏偏孩子说，他没穿衣服。

这“人艰不拆”的道理，对一派天真、未谙世故的孩子来说太深奥了。人生已然如此艰难，有些事不要拆穿吧，比如，面对加班、减薪、雾霾、过劳死这样厚重的话题时，难怪网友把这四个字列为 2013 最佳网络用语。

《南方都市报》报道，深圳富士康一员工小梁不久前猝死于出租屋。调查发现，小梁10月份加班88小时，11月份加班60个小时。人艰不拆，我们就不说他是累死的吧。**对于普通人，有些事能不拆穿还是不要拆穿，未尝不是厚道；不过，对于公众人物，公职部门，为了真相，为了公共利益，该拆还得拆。**

2013中国最具幸福感城市排名新鲜出炉，获得“最具幸福感城市”的是杭州、成都、南京、西安、天津、长沙、宁波、长春、厦门、海口。看到最后，也没看到北京的影子，别找了，上海、广州也与此无缘。

此时，我们拆不拆？**一线城市房价那么高，除了少数房虫，老百姓有多少幸福可言？北京2013年土地市场收官，出让金破1800亿元创纪录。这样的创纪录，又有何骄傲可言？对不起，拆穿了，就是这么不好看！**

很多贫困县现在“处境艰难”，审计署曝光，有17个贫困县骗取扶贫资金，超过2150万元。为此，已有123名官员受到惩罚。该罚，打着贫穷的名义骗吃骗喝实在丢人。

很多人早就注意到一种怪现状。一些地区挖空心思、削尖脑袋要当贫困县，当了贫困县后甚至开大会热烈庆祝。比如刚刚曝出的海伦市，为了全国贫困县这一“殊荣”将所有领导全部出动，长期奋战在北京“第一线”。

有专家分析，这主要是利益之争。争到贫困县就可以获得各种优惠和扶贫资金，就可以从中分一杯羹，这导致部分扶贫资金没能真正用于扶贫，“官肥民瘦”时有出现。

这时候，还有一些公职人员日子不好过，比如，广东雷州市政府副市长陈汉枢，一句“不能盲目相信法院”让他登上舆论的风口浪尖，长江时评评论道：“不能盲目相信法院”凸显法治软肋。雷州市政府欠债不还，而且不尊重法院判决，拒绝还债理由荒唐。

陕西澄城县粮食局领导现在也被火上烤，媒体曝料，这个局里有一间卡拉OK厅，装修豪华，除了电视、音响之外，还有两张按摩床，床边居然贴着“淡泊名利，宁静致远”几个大字。好一个“淡泊名利，宁静致远”！南海网挖苦道：“淡泊名利”是对权力腐败的极大讽刺。不知道躺在按摩床上的粮食局领导们作何感想，脑子里想着的是“荣华富贵”还是“淡泊名利”？

面对普通民众的民生窘迫，拆与不拆，要不要追问真相也是一个问题，如同生存还是毁灭。新华网年终盘点，2013年国内十大新闻之一，《大气污染防治行动计划》打响呼吸保卫战。与此相对应，数百人大代表最新提案呼吁，修改大气污染防治法。这些议案被认为反映公众对改善大气环境质量的迫切要求。

2013年国内民生十大新闻，人社部提出的“渐进式延迟退休”入选。但争议还在，社科院专家唐钧毫不客气地拆穿：缺乏保障的渐进式延迟退休等于失业，这是一种“温水煮青蛙”的策略。

新华网另一项盘点我更感兴趣：《2013：小人物，正能量》。说无私奉献的“扫桥爷爷”、“良心最重”的郑州“鸡蛋哥”、生命至上的汽车司机宋丰升……这些“小人物”，用最朴实的感情和举动，在2013年的年历上写下闪亮的一笔。

我再加上两位吧，濮阳八旬老人徐凤英，她变卖房产，捐70万元做慈善事业；重庆60岁的罗云淑大妈最近捡到一个装有11万元现金的袋子，守护袋子近1个小时，终于等来失主。很多围观者说罗大妈傻，但她毫不介意，她说：“我穷得干净，别人的东西我是绝对不能要的。”

瞧，“我穷得干净”，他们的言行何以如此动人！虽然民生艰难，但并不影响这些小人物的坚守。你见或者不见，善良就在那里，不增不减；你拆或者不拆，正能量就在那里，不来不去。

2014.1.23

第八章 执牛耳者：左右经济发展的重要变量

耶稣说："是因你们的信心小。我实在告诉你们，你们若有信心像一粒芥菜种，就是对这座山说，'你从这边挪去那边'，它也必挪去，并且你们没有一件不能做的事了。"

——《马太福音》17 章 20 节

规则：谁在和市场掰手腕，捍卫规则那么难吗

汤唯最近就被骗走20多万元。有人说了，单纯的女神哪里懂得骗子的伎俩？正如白天不懂夜的黑。

还有些事，也不容易看懂。茅于轼呼吁火车票涨价，有舆论质疑，懂不懂“穷人经济学”？北京官方打车软件何以全面沦陷，仅仅是因为不能加价的缘故么？五粮液公车拍卖很蹊跷：新车10万元，二手车拍出11万元，为什么？还有，多年严打之下，考试作弊怎就成了打不死的“小强”？至于转基因，美国第一夫人鼓励民众避免食用转基因食品，原因何在？

先说三车问题，火车、公车、出租车。著名经济学家茅于轼新近一席“火车票涨价论”语惊四座。也难怪，正是春运，很多人买不起车票，他提出这样的论调显得不大入耳。

在视频中，茅于轼从经济学角度分析认为，火车票价上涨虽然不能增加供

给，但能减少需求，最后达到疏散春运人流的效果。同时，要给穷人货币补贴。“这可以保护穷人，同时，资源也可以用得最恰当”。

很多人一看，按捺不住，早跳将起来反驳，东方网点名道姓地说：“茅于轼，你懂不懂‘穷人经济学’？过度强调了市场经济学原理，漠视了社会属性，这不仅检验着经济学家的专业修为，也是社会良心的一张试纸。”

中国经营网也提出批驳：“相信从经济学的角度出发，火车票涨价真的会是优化资源配置的最好选择。但是，用经济学来试图解决社会学，就如同用投票来解决科学分歧一样，不科学、不合理，且不负责任。”

这些批驳看似成立，但是，其中的纠结也很明显，他们首先都承认茅于轼的观点在经济学上没有问题，却批评得兴高采烈。还有一个现象值得注意，现在，只要涉及到涨价字眼，很多网友一看标题就劈头盖脸直接开骂。这当然能反映民意，说明人们对物价上涨极其反感，但某些时候，这种以偏概全似的不问青红皂白的质问和谩骂也实在是“不科学、不合理，且不负责任”。

我想起某电视台的《最强大脑》节目，大家事先都承认用科学判断的规则，可是，一到最后，他们却又对最遵守科学原则的科学家 Dr. 魏大加攻击，说你怎么这么不近人情，这么冷血？这很让人看不懂。**我们的规则和原则难道是可以任意修改的么？哦，你是个有原则的人，你的原则是，看心情。这怎么行呢？在我看来，一个社会能否重视和保护规则，是衡量其成熟与否的标志。**

再说说出租车。消息传来，北京官方打车软件全面沦陷。北京首批冠名 96106 的 4 款“官方”打车软件正式上线刚 4 个多月，就基本“夭折”。由于不能加价召车，导致司机全部转投“快的”和“嘀嘀”（后改为“滴滴”）的怀抱。分析认为，不能加价是主因。真的只是因为不能加价么？我表示怀疑。

近日《北京晨报》记者就发现一个现象让人看不懂，通过“冠名”96106的嘀嘀软件叫车数次，基本无人应答，而转用普通版的嘀嘀，却很快打上了车。

我们看看快的和嘀嘀的运作就知道了，这两家打车软件背后，一家后面站着阿里巴巴，一家是腾讯撑腰，都投入巨资奖励司机抢单，从最初的奖励电话费和油费，到现在直接将钱转入银行卡。

表面上看，这是电召费干不过加价奖励，但深层次看，却更像是行政干预和市场经济的一次掰手腕。市场规则是一双无形的手，行政干预是一双有形的手，哪双手更有力量？最终，司机师傅和顾客用脚投票，他们自然选择性价比最佳的产品。

再说公车拍卖。五粮液公车拍卖让人看不懂，很多媒体在报道时用了“蹊跷”两个字：新车价不过10.6万元的捷达，二手车却拍出了11万元的成交价。“旧车价超新车价”，蹊跷吧？了解一下，竞买者正是五粮液的一个经销商。事实上，五粮液公车拍卖事件背后是公司经营困境的缩影。四川一家白酒经销商就说，当地五粮液经销商库存量最高的达上万箱。此时，如果我们还说人家作秀，利益输送，还这么穷追猛打，是不是有点不厚道？

但愿，从这三车问题，我们能重新认识规则，职能部门能放下高高在上的姿态，学会对规则的敬畏；企业在穷途末路之时，别再投机取巧，学会脚踏实地。

接下来说说“内鬼”。最近爆出哈尔滨理工大学 MBA 考试作弊，甚是嚣张，作弊主体已然发展成为不良老师、唯利是图的培训机构和考生之间坚固的“三角利益同盟”。事后查明，每名考生出 48000 元，可以保证通过。

新华网质问：多年持续严打之下，考试作弊为什么成了打不死的“小强”（蟑螂）？东南网提出：要加大对内鬼的查处力度，特别是对监考老师、管理部门工作人员。

说得对！内鬼祸患无穷。这个，可以参看电影《无间道》，也可以看看现实里两个活生生的案例。央视报道，我国网民年收垃圾邮件 3700 亿封。一调查，正是那些邮件运营商们对垃圾邮件采取的默许，甚至纵容的态度，才造成垃圾邮件泛滥。垃圾邮件之外，还有垃圾短信，也很典型。此前媒体报道，垃圾短信背后最大推手正是电信运营商，而且，正是垃圾短信养肥了电信运营商。

最后要说转基因之争。很多人对转基因这事弄不懂，好在，他们拥有选择权。《国际金融报》报道：“美国第一夫人鼓励民众避免食用转基因食品”。说是美国总统奥巴马一家由第一夫人米歇尔·奥巴马直接出面，鼓励全国民众食用天然有机食品，避免食用转基因食品。

正如一位美国医生劳拉所说，“作为医生，我经常会提醒家人、朋友和我的病人尽量避免食用转基因食品，因为现在的科学实验尚未证实摄入的转基因成分在未来几十年内是否会产生副作用”。

不知道方舟子一类的科学家听说之后，将作何感想？你若想吃，这是你的选择；崔永元选择不吃，那是崔永元的权利；国人选择吃与不吃，也是国人的自由。你说“应当创造条件让国人可以天天吃转基因食品”，何其草率，不负责任！

很简单，对于不明就里的事，白天不懂夜的黑，我们有权保持警惕；要知道，侵犯自主选择权也是在侵犯公民权利。

这几个案例告诉我们，当规则被绑架，被破坏，被变卖，后患无穷，整个社会都不堪其扰。孔子说，“吾恐季孙之忧，不在颛臾，而在萧墙之内”。最坚固的堡垒，最怕从内部被攻破，真正的危险，祸起萧墙啊！

2014. 1. 14

经济标准：标准不是橡皮泥，不可随意揉捏

凡事没规矩不行，经济学上的规矩，是经济标准。这个标准不是橡皮泥，不可随意揉捏。

最近，美国经济学家保罗·克鲁格曼在《纽约时报》上撰文，对美国2008年以来的经济政策秉持的双重标准提出批评。他说：“危机袭来时，银行从业者犯了错误能毫发无损，而普通家庭却要承担全部后果。事实证明，拒绝帮助负债家庭非但不公平，而且也对经济极为不利。现在，经济复苏的只是华尔街，整个美国却没有，其中的主要原因就是这种双重标准。”

我们身边的很多经济现象，也涉及经济标准问题，需要防微杜渐，从长计议。先说收入分配。按照国家统计局昨天发布的2013年平均工资数据，大家伙平均工资稳定增长。全国城镇非私营单位就业人员年平均工资为51474元，扣除物价因素，比上年实际增长7.3%；城镇私营单位就业人员年平均工资为32706元，实际增长10.9%。

怎么评价这个收入水平？可以比照一下“房价收入比排行榜”。这是某房地产研究院最新公布的，说是2013年中国35个大中城市“房价收入比”均值为10.2，其中北京、上海、深圳、福州4个城市遥遥领先，北京高达19.1，位居榜首，超出合理值3.2倍。**我不知道，是收入少，才显得房价如此之高，还是房价高，才显得收入如此之少**。

每次公布平均工资数据时，都有很多人反映，自己的工资低于平均工资，感慨“被增长”。这涉及衡量标准问题。**收入分配制度改革，怎么判断是否成功？有一个比较理想的经济标准就是“公平与效率”，公平是社会主义优越性的本质要求，而效率是市场经济的基本特征**。**在这“两重标准”的衡量之下，我们的收入分配改革还有很大的上升空间**。

至于房价，也并非铁板一块，挤挤水分，去去泡沫，也存在不少下降余地。上市房企中天城投“露底”，项目销售均价下降32.93%，还可以保本。

靠市场还是靠政府，有没有标准可言呢？我们《天下财经》报道了，广东佛山市为48名青年民营企业家进行为期半年的国企挂职培训，48人中超过一半是70后至90后的富家子弟。有人质疑，佛山政府干预民企接班人操这个心是否必要。

在我看来，这种花费财政资源的培养行为有越俎代庖之嫌。这的确涉及标准问题，什么事该政府出手，什么事该市场自己解决，不应该坏了规矩。

昨天，工信部回答记者提问，有一番表述，倒把这事说得清清楚楚。在谈到部分中小企业尤其是小微企业融资难、老板跑路现象时，工业和信息化部中小企业司司长郑昕说："企业的发展，从根本上说，要充分发挥市场机制作用；企业本身的发展、管理、市场开拓，包括它怎么提高管理水平和创新能力，都是企业的事，而政府不可推卸的责任是要给他们营造一个良好的环境。"

最后要说到养老金并轨，要统一这个标准说了不是一天两天了。机关、事业单位跟企业单位的工资福利待遇不一样，事业单位跟企业单位的养老金不一样，一直饱受争议。现在，好消息传来，事业单位养老金并轨靴子落地，从七月份起，事业单位工资、社保向企业"看齐"。

国务院这一纸《条例》共10章44条2800字，却着实不简单。涉及全国111万个事业单位、3153万事业编制人员，说万众瞩目，也不为过。当然，困难依然存在，"养老金并轨"怎么并？钱从哪里来？此次出台的《条例》并没有涉及。但这一步迈出，已然是历史进步。

要掂量这一步的意义，可参看国务院参事袁伦渠的观点："抛弃部门利益，痛下决心破除养老保险待遇的双重标准，实现机关事业单位与企业养老保险制度的并轨和统一，以实现社会公平正义。"

不错，经济标准的有破有立，看似是经济问题，实则是社会公平正义的问题。从这个意义上说，经济标准不是橡皮泥，不可随意揉捏，不能有半点含糊。

2014. 5. 28

市场不相信：靠山山会倒，靠人人会跑

莫斯科不相信眼泪，市场也很冷酷无情，除了不相信眼泪，市场还不相信“收编”，不相信垄断，不相信“一亩三分地”，不相信靠山。

打车软件要被统一“收编”的消息持续发酵。有的调侃，“滴滴快的”白忙活了大半年，“几十亿补贴白烧了”；有的担忧，升级成本太高，能实现吗？有的嘀咕，政府主导的打车平台好使吗？有的质疑，政府的手是不是伸得太长了？

意见都是好意见，兼听则明。我要强调的只是，市场不相信“收编”。不是没有先例，北京去年就尝试过，把96106电召平台与打车软件强行捆绑在一起。效果怎么样呢？短短几个月，首批试点的软件就遭遇全面沦陷。乘客用脚投票，给pass掉了。**在我看来，失去竞争的市场比计划经济更糟糕。市场不相信“收编”，反而正是市场竞争的魅力所在。**

还有一种行为，也因为排斥市场竞争不讨人喜欢，那就是垄断。发改委网站发布消息，依据《反垄断法》对部分眼镜镜片生产企业进行查处，共计罚款1900多万元。涉案企业是依视路、尼康、蔡司、豪雅等主要框架镜片生产企业和博士伦、强生、卫康等主要隐形眼镜片生产企业。

市场为什么不相信价格垄断？有人用这些词汇做了个白描：一手遮天、一家独大、独断专行、我行我素、价高质低。从现实情形来看，这些描述不算过分。垄断与竞争天生是一对冤家，通常以拉高整个社会成本为过程，以侵犯消费者公平交易权和选择权为结果。

事实上，市场不相信的行为还有很多，都具有类型化的特征。比如，市场不相信数字游戏。这说的是，中国商业银行抢存款，做假账。抢存款是银行业心知肚明的游戏，每到季末，比如3月底，银行拉存款拼命冲规模、鼓肚子，4月份“自然流产”，肚子就要瘪下去，而下一季很快就来到，继续玩“鼓肚子瘪下去再鼓起来”的资金游戏，如此循环往复。

安邦咨询提出质疑：“商业银行除了在拉存款上做假，还在其他什么数字上做假？如果做假成为一种普遍的银行‘文化’，那么银行的系统性风险如何控制？”这种质疑实在是有的放矢，去年6月，震动金融市场的“钱荒”事件历历在目，这事就是由一两家中小银行的流动性困难所引发，进而推倒了资金价格的“多米诺骨牌”。

市场不相信做假，也不相信噱头。这说的是当下的互联网保险，通过噱头来吸引客户已成惯用伎俩。对此，有业内人士昨天在江苏互联网金融年会上登高一呼："互联网保险靠噱头是饮鸩止渴。"**饮鸩止渴这个词，用得好！不诚实的商业操作行为都无异于喝毒酒自杀。**

市场还不相信一种行为，叫作"一亩三分地"。最近，我们经济台举办"大国大时代"五月谈，就专门谈论这个话题："京津冀一体化，谁的一亩三分地?"与会嘉宾谈到"断头路"的问题，都连连摇头。嘉宾吴伯凡说道："在河北，有2600公里的断头路，车开着开着，向着北京开，向着天津开，但是没有路了。"这是必须正视的事实。《华夏时报》最近也报道，北京、河北之间"断头路"比比皆是，在交界处会垒起围墙来封堵。

京津冀一体化，至少要交通一体化吧，居然困在"最后一公里"上了。这时候，是考验北京、天津的时候了，这两位大哥，是不是有诚意，带着河北小弟来玩。

在我看来，一亩三分地，是属地意识，更是画地为牢，且不说与"一体化"背道而驰，与现代意义的市场经济大流通也是格格不入的。快点吧，拆掉围墙，接上"断头路"。那拆掉的不是围墙，是利益固化的樊篱；接上的不是"断头路"，那是市场经济的大流通。

最后要说到的，市场不相信"靠山"。靠山山会倒，靠人人会跑。攀附权贵，追求暴富不是市场经济。那么，靠什么？马云的答案是，"企业最大的靠山是市场，是客户。任何靠达官贵人亲戚起来的企业第一天起就埋下了短命和苦命的种子”。

虽然市场不相信这么多，还是有很多力量值得信靠。私以为，相信“靠山靠水不如靠作为”，有作为，有地位；相信“靠政府不如靠市场”，相信“市场在资源配置中起决定性作用”；相信用户，得用户者得世界；相信伙伴，互利共赢才能拥有更广阔的未来。

试看今日之阈中，竟是谁家之天下！

2014. 5. 30

冲动的惩罚：盲目投资也是“动物精神”的一种

人说“冲动是魔鬼”，这一闹情绪就会犯低级错误，指不定做出什么让自己后悔的事情来呢！这样的事挺多。你看，748 万元超生罚款张艺谋交了，被罚款，可看作是对老谋子当年冲动的惩罚；姚明小时候说谎挨揍，这家风里未尝没有冲动的惩罚；公务员被摊派卖房呢？是冲动的后遗症还是病急乱投医，也是一个不错的谈资。这么丰富的内容，让我也产生不吐不快的冲动了。

《中国证券报》报道，山东省C县只要是吃“县财政”这口饭的人，现在大都被分派了一项新“任务”，卖房，每人两套，完不成任务要罚款或停发工资。

西安网指出：公务员卖房，这是搬起石头砸自己的脚，治脚伤还错用了头痛粉。以房地产先行的方式推进城镇化，才造成新区房屋滞销现象。长江时评发问：公务员卖房是在替谁还债？地方领导错误发展理念给国家财政造成如此巨大损失，还要全县公务员一起为他还债，谁给他们这么大的权力？

手捧金饭碗的公务员怎么就会沦落到卖房的地步呢？有人说，这个“笑话”不好笑，这是病啊，这是新城开发“后遗症”。要我说，何止于这一地生病呢？全国看去，这种盲目追求速度的城镇化绝不在少数，而类似于“公务员卖房”的闹剧也并非个例。这是冲动在作祟，还是病急乱投医呢？

媒体综观今年地方“两会”发现，地方政府对环保领域的投资冲动也十分迫切，简直按捺不住，2014年地方“两会”纷纷将雾霾治理列为关注焦点，据说要“大手笔投资、硬手段惩治”，投资将达到万亿规模。如此冲动投资，该怎么解读？未尝没有“平时不烧香，急来抱佛脚”的因素。会不会有冲动投资、不理性决策的问题，也顾不得了。

如果我们的经济行为只停留在见招拆招的阶段，头痛医头，脚痛医脚，绝非是真正的高明，至于病急乱投医、急来抱佛脚之类，更不入流了。经济学家凯恩斯是此中高手，早已到了超越经济学讨论经济学的境界，他发现了“动物精神”。如果用他的观点来观察这些经济现象，如何呢？

《证券时报》报道，今年国内春节长假期间，全球市场大动荡，过去两周，全球股市市值蒸发近3万亿美元。如今，新兴市场大跌的影响仍在继续，抛售潮蔓延到美欧日等发达市场。

按照“动物精神”的理论去分析原因，我们就一定要注意这些细节：突然发生的一系列不利事件将投资者对今年全球经济增长的“乐观预期”转变为不断加重的“忧虑情绪”；还有，许多投资者事先“过于乐观”，比如，Twitter和3D系统公司曾受投资者热捧，但业绩一公布，不咋地，两家公司股价于是哗啦啦地暴跌，单日暴跌超过18%和25%。

你注意到了吧？这里面，投资者的信心问题居然左右乾坤。以前，我们习惯认为，经济行为都源自理性的经济动机，但凯恩斯却发现，许多经济行为受“动物精神”的支配，人们在追求经济利益时并不总是理性的。

换成我们今天的关键词更容易理解，就是“冲动”。盲目地相信黄金一定奇货可居，于是，中国大妈冲动地去炒金，结果落入了资本的圈套；盲目地相信房子一定会上涨，于是冲动地开始造城运动，于是出现了空城、鬼城，甚至于公务员今天也赤膊上阵，赔本赚吆喝。

由此，我们可以把盲目投资看作是“动物精神”的一种表象，而冲动的惩罚也必然与之如影随形。

在家风里，也有冲动的惩罚，需要克制。最近，央视这个“家风”的街采实在精彩。但在一片喝彩当中，我要说，家风里也有不正之风。姚明在央视自曝家门，说自己小时候因为说谎挨过揍。还有一位小朋友谈家风：“爸爸每星期天回来打我一次。”问：“为什么星期六不打呢?”回答是：“因为星期六没时间打。”嘿！很多人看了这样的家风哭笑不得。打孩子，在很多人心目中是天经地义。但，棍棒底下一定出孝子么?

说两件耳闻目睹的真人真事：一位孩子妈妈，小时候受过家庭暴力，自己发誓不打孩子，绝不能让孩子受这份罪。但是孩子犯错的时候，她控制不住冲动，劈手就把孩子打了。每次把孩子打完，她都痛苦万分，非痛哭一场不可。有一位父亲，他打孩子的时候，用皮鞭打，打孩子一下，皮鞭反过来再抽自己一下，你疼，我也疼。**你看，明明是爱孩子，却在做伤害孩子的事情，明明在伤害孩子，却还在假借爱的名义。难道真的“不打不足以平民愤”么?**

这有一个家庭基因问题。父母在上岗前都没有经过培训，一般都是照搬自己父母的教育方式，于是简单粗暴地解决问题就成了家风代代相传。

各位，这是不正之风啊，不能因为姚明小时被打，长大之后没成为问题青年的个案，就去证明家暴是对的。人说“三代培养一个贵族”，那是良好家风基因的传承，绝非是棍棒教育的结果。

要改变整个家庭的基因，父母必须从自己这一代开始做起。现在我们社会上已有父母效能课程，为父母做专门的“上岗前”培训。比如，马来西亚著名生命教育家钟积成教授，他推行的国际经典情商教育，专门教人“不打也成器”的法门，培养真正的“教育爱”。

讲一个耳熟能详的故事吧。华盛顿是美国第一位总统，还是孩子的时候，砍掉他父亲的两棵樱桃树。父亲回来了，非常生气，心里嘀咕：“如果让我查明谁砍了我的树，一定狠狠揍他一顿。”到处询问，谁砍了我的树?当他问儿子时，华盛顿哭了起来：“爸爸，是我砍了你的树！”父亲抱起儿子说：“好孩子，我宁愿失去一百棵树，也不愿听你说谎啊。”

毋庸置疑，好父母，就是一所好学校。不冲动行事，未尝不能达到惩戒教育的目的。

2014. 2. 8

大概率：地方政府已全面陷入“土地财政”怪圈

怪圈年年有，今年大概率。经济学家马光远说了，“今年房价下跌是大概率事件。唯一担心的是，已经极度依赖房地产的中国经济，能否承担房价下跌的风险”。

这话放在往年也许没人会信，但是今年不一样了。前段日子，王石不是说么：楼市不妙，2014 将成开发商“逃命年”；现在，万科集团总裁郁亮在内部讲话中也承认，这个行业很危险，因为油水太多了。2013 年房地产商品房销售额超过了 8 万亿，的确富得流油。当然，更近的，你还可以看看杭州楼市出现的这马年首波降价潮。此时，我听到中国楼市一片风雨之声，不是听风就是雨，而是山雨欲来风满楼。

楼市的飘摇并不能影响地方政府造城的豪奢。中国造城投资排行榜最新公布，万亿投资大户中重庆、天津高居榜首，千亿投资的城市，更是争先恐后。在如此“富可敌国”的开支下，有一句话振聋发聩，这是广东省财政厅科研所所长黎旭东说的：“很多地方的负债最终转嫁到了老百姓的身上，很多地方居高不下的房地产价格，实际上正是这种负债建设发展的模式导致的。”

《中华工商时报》更是一针见血：税收收入靠“房”，基金收入靠“地”。一言以蔽之，如今的地方政府已全面陷入“土地财政”怪圈！怎么办？再不赶快规范现行的土地制度，对现行的财政税收制度进行改革，地球人已经搂不住他们了。

公积金管理怪圈又何尝不是个严重问题呢？住建部计划把住房公积金升级为住房保障银行的设想一出，便迅速发酵。这也就意味着，超2万亿元的住房公积金利益格局将发生转变。注定，各方利益难以协调。

这里面，也有一个怪圈。按照人民网所说：住房公积金由于制度上的先天不足，陷入了一系列的困境之中，其中比较突出的问题是掉进了“济富不济贫”的怪圈之中，丧失了公平性。

中国社科院专家汪丽娜指出：越是买不起房的中低收入家庭，越难提取公积金，公积金只能长期闲置在账户里，等待老了退休后提取。公积金使用范围狭窄，几乎演变为养老金，有“劫贫济富”的嫌疑，实在有违初衷。

中证网更是不客气地指出，“公积金低存低贷盘剥民众”。这话怎么解释呢？“低存低贷”模式下的存贷利差是公积金增值收益的主力，它本该归缴存人所有，现在全都上交地方财政，增值收益部分都让地方政府拿走了。

你注意到了吧，制度上的先天不足，导致了公积金管理怪圈的形成。现在更是尴尬，不改不是，改也不是，进退两难。

在医院，医生收受红包也成了一个大概率发生的怪圈，难道仅仅是积习难改么？国家卫计委通知，5 月 1 日起，医患之间须签协议，不能收送红包。

《钱江晚报》挖苦道：挑明了说，就是个自欺欺人的麻醉剂。只不过，这是一包失效的过期药，却被职能部门拿去当解药。此言不算刻薄。我搜索到《无锡日报》2012 年 8 月登出的一篇文章：《卫生部拟规定医患双向签字不收送红包，跳出“红包”怪圈或可期》。敢情，以前早实行过了，现在这是老调重弹啊。不对，是老圈重跳。这实在让卫计委面子上不好看。

这个怪圈的形成诱因找到了，职能部门没找到病根，开错了药方。怪不得时下都在传颂开一元钱药方的老医生季云天的事迹。**这小概率事件，恰恰讽刺了当下普遍存在的过度医疗现象。都说“看病难”，但难看的不是病人的病，而是体制的病。**

大气治污看起来也陷入怪圈不能自拔。环保部昨天说，京津冀 39 个城市中，有 16 个城市为重度及以上污染。你懂的，陷入这样的怪圈，实在是大概率事件。

我国近 30 年大气治污，钱没少花，为什么陷入“防不胜防，治不胜治”的怪圈？专家吕忠梅提醒，从北到南的全国性大气污染警示我们，我国大气治污需要从生态系统层面整体规划，在产业布局方面长远考虑。

没错，头痛医头似的治理已经解决不了问题了。就像这次，北京连日空气污染，单单是上调预警级别，只能显示应对的窘迫。2017 年实现不了空气治理当然不会“提头来见”，但一年 7000 亿元的经费花出去一定要见到更大作为才是。

“开豪车骗低保”事件也存在着怪圈。针对全国多地都曾出现“住豪宅、开豪车领取低保”的现象，民政部回应，承认目前管理存在一定漏洞，并表示 2015 年底将如何如何（在全国全面建成家庭经济状况核对机制）。这么一项利好政策何以变成乱象频现的大概率怪圈事件？墨菲定律告诉我们：事情如果有变坏的可能，不管这种可能性有多小，它总会发生。扎紧篱笆要紧！

同样和豪车有关。广西南宁一物流公司上演现代版“一诺千金”。去年 2 月，公司老总和一个员工开玩笑说，如果当年做不到 1.3 亿元的营业额，就把自己开的“座驾”白送给他。如今，这位老板把原价 46 万元的凯迪拉克轿车真的送给了那位员工。按说，一言为重百金轻，这本是中国人的优良传统，只是，这如果不是小概率事件，又该多好啊。

2014. 2. 22

天花板危机：身高可到天花板，底线却低到尘埃里

每平方米5.5万元！南京城一处新楼盘捅破房价“天花板”。据说这处楼盘位于南京的“黄金地段”，把同类楼盘“甩出好几条街”。事实上，中国房价的确触及天花板，到顶了，到头了。时下，房地产利空消息多方来袭，一场“天花板危机”正席卷而来。

就在南京，有地产公司资金链断裂，新近传出老板跑路的消息。舜天船舶不幸成了倒霉鬼，借出去的1亿多元打了水漂。这是个案，还是风暴来袭的前奏呢?

用数据说话吧：国家统计局发布的数据显示，2014年3月末，商品房待售面积5.2亿平方米，比2月末增加766万平方米。其中，住宅待售面积增加492万平方米。楼市触顶迹象明显。原因何在？库存的增加与销售低迷紧密相关。

另一数据显示：2014年3月，十家标杆房企在全国40个主要城市的购地金额仅为62.93亿元，为近19个月新低。分析认为，供需双方的市场预判已经出

现转向，购房者观望情绪增多，而房企“让利跑量”心理渐占上风，供需格局已经悄然生变。

银行业的反应应该是更切实的证据。中国工商银行最近将城市基础设施领域、房地产行业确定为贷款“谨慎进入类”。缩减房地产开发贷款的还有建行，缩减的规模更大，其他银行也普遍表态将大幅度缩减房企的融资总量，尤其是在三四线城市，几乎已经停止开发贷款了。

现在，再看购房者的观望情绪，这是典型的“动物精神”的一种。当年，正是普遍看涨的信心推动着楼市高歌猛进，现在，则是信心不足导致裹足不前。这真是成也萧何，败也萧何。那么，如何看待时下房价这场天花板危机？**私以为，老百姓“顶着天花板”过日子总不是个事，房价什么时候回到地板价，不见得是个坏事情。**

说完楼市，接下来问问，中国外汇储备的天花板在哪里？《人民日报》报道：今年一季度，中国外汇储备已近4万亿美元，居世界第一。还有一句，美国大量印钞让中国背债。

没错，过多的外储已然成为我们手中的烫手山芋。现实是，从外储构成看，美元和欧元资产占比大。美元长期贬值，已造成我国外储中大量美元资产缩水。美国政府通过开动印钞机稀释巨额债务的做法，等于将部分债务负担让中国承担了。这样的世界第一当得窝囊！

其实，美国国债也有天花板，今年2月，美国联邦政府债务上限上调到17.2万亿美元。我注意到，3年前，这个上限是14.29万亿美元。当时，媒体报道是，

“美国国债触及天花板，中国持有1.2万亿美元可能打水漂”。美国当然不存在还不起钱的问题，它只需开动印钞机就是，而且也的确是这么干的，可叹的是，他让别人手里的美元资产变成一张白纸。公道么？

不能不问，我们的外汇储备天花板到底在哪里？这个世界第一不当也罢。

一个可喜的消息传来，油气改革的天花板即将被打破。近期，油气改革积极信号密集出现，涉及领域包括炼油、天然气与管道、勘探。有分析师说了，改革使中国逐步具备成品油价格市场化的条件，“两桶油”（中石油和中石化）炼油赢利将向国际水平靠拢，赢利及估值天花板则将被打破，目前中国油气行业现状呈现的“寡头垄断”和“政策性定价”的格局有望改变。

情况貌似乐观，尽管在这场牵扯巨额垄断利益再分配的博弈中，大多数参与者事实上只能是博弈结果的追随者，但他们的声音以及遇到现实挫折后的种种反射行为，也许会影响博弈政策的制定，进而影响博弈结果。

不过，《第一财经日报》近期的报道又不免让人百味杂陈：中石化和中石油十年来获得政府补贴超过千亿元，成为名副其实的“补贴王”。报道说，政府财政补贴是政府干预市场的一个直接手段。但是，很重要的一个乱象，掌握政府补贴权力的官员可能通过自己手中的自由裁量权，利用分配财政补贴的权力进行寻租。政府通过财政补贴来干预市场，有时候产生了扭曲的效应。这种扭曲的状况，一方面会损害市场的公平性，另一方面也会影响财政资金的支出效率。

由此看来，天花板，有时也应该是高压线的别名。

招待费的天花板，何尝不是如此呢？4 月份是发布年报的高峰时段，在历年年报中最为常见的费用明细“业务招待费”都是一个赛着一个的高，去年属中国铁建最高，8.37 亿元，天价。今年怪了，这一块费用退出了年报，中国铁建隐去了这一数据，而且近四成央企都是这么做的。

隐去招待费，不仅没有换来更为透明而有说服力的“下降”与公开，反让媒体纷纷质疑，他们在使用障眼法糊弄公众，有违规违法之嫌，让人瞧不起。

天花板隐去之后，并不意味着回到了地板，由此引发另一场信任危机，更值得关注。有些人很高，高到天花板，但底线却很低，低到尘埃里。

2014.4.17

危机：“公信力就是给这帮人毁的，自抽嘴巴啪啪响”

生于忧患，死于安乐，危机意识，不可缺少，何况的确危机四伏呢？你看，地方政府面临小型债务危机，房地产私募投资基金高收益“豪赌”也危机重重，好日子到头。经济放缓又算不算一种危机呢？杭州的限牌令倒实实在在引发一场信任危机，被人指指点点。

先从债务危机开始说起，前央行货币政策委员会委员、清华大学教授李稻葵昨天说，地方政府将面临“小型债务危机”，但风险不大，属局部、小型及可控危机。李稻葵认为，中央将允许部分地方政府出现债务违约，以便进一步进行债务重组，预计违约将于今年下半年发生，这是改革的一部分。

此前，我们也说过，债务违约可能是2014年中国经济最大问题。我们要看到冰山下面的暗流涌动，就不能不面对当下的中国大批债务即将到期的事实，随之，借款人资金吃紧，经济增长放缓，货币政策收紧，市场利率开始攀升，借贷成本升高，信贷日趋枯竭这些问题将接踵而来。如何化解债务违约风险，实在要有个准备。

风起于青萍之末，此前，早有超日债违约的事件，可说是前车之鉴。中国信用市场刚性支付神话破灭的第一张多米诺骨牌早就倒下了！经济学家哈继铭昨天说了，此前，信托违约或几乎违约的现象只是冰山一角，现在信托产品规模差不多有10万亿元，今年会有几万亿元产品到期，信托违约现象可能不在少数。

此时，散户愁容满面，企业债与信托投资者有兔死狐悲之慨。谁知道这样的厄运会不会落到自己身上？不是明天，就是后天。此时，你想起的成语不应只是“城门失火，殃及池鱼”，还应该有“人无远虑，必有近忧”。

当然，过于担心也是不必要的，信托资金的10万亿元跟中国经济的整体盘子相比，还是小的。不过，在危机未发生前拉响警报，实在比危机到来之后慌不择路要好。

不能不提到另一领域的危机。房地产私募投资基金，这场高收益“豪赌”眼看难以为继了。房地产私募基金几年来突飞猛进，数量和金额均创出高位，不过随着地产行业拐点趋势明显，房价下行压力加大，好日子似乎也到头了。

从最初承诺的“35%”到目前的“16%”，今年年初号称“市场化运作下中国规模最大的房地产私募基金之一”的星浩资本，将最初承诺的预期收益拦腰砍去过半，此举，直接导致其投资人与基金管理人的激烈冲突。

情到浓时情转薄，资本市场也是一部言情小说，频频上演爱恨悲欢！要怪就怪这种商业模式的基础不牢靠吧，建立在“房价必然上涨”的商业模式上，怎能长远？好日子已经享受了太久，请下云端也没什么稀奇。

现在，很多人在担心中国经济了。随着中国经济放缓，很多投资者纷纷逃离中国股市。但是，这时候，正是考验你定力和眼力的时候。股神巴菲特不是说么：别人贪婪时我恐惧，别人恐惧时我贪婪。

意大利保险巨头忠利保险公司的首席投资官斯里尼瓦桑坚定地认为，中国经济增长放缓并不是危机，而是投资机遇：中央政府一定会致力于整顿信贷狂潮背后浪费低效的国有企业。斯里尼瓦桑管理着价值5000亿欧元（约合6920亿美元）的资产，他表示，“中国股票值得买入”。

对中国股票充满热情的不只是斯里尼瓦桑，中国券商光大证券的投资顾问唐月、杨林也说，在2007年股市高峰期间兑现的部分客户现在回到了中国市场，“他们都是聪明人，跟随他们投资不会出错”。

中国国际经济交流中心副研究员，经济学博士后张茉楠也对中国股市寄予厚望，她希望，依靠股市打通中国经济的“任督二脉”。她认为，股票市场一手连着财富创造，一手连着财富分配。中国要想撑起实体经济，股市必须强健繁荣。

在危机当中，这样的信心和勇气实在比黄金更可宝贵，要寻找“危机”中隐藏的“转机”，首先就要树立挑战危机的信心，还有直面危机的勇气。

此时，杭州政府多次辟谣昨天又突然限牌的举动，实在有点刺眼。这种方式，在引发市民“我为车狂”（杭州限牌前1名车主购70辆面包车买空4S店）的同时，也让不少消费者愤愤不平。**很多网友说，“公信力就是给这帮人毁的，他们这是自己打自己嘴巴，而且打得啪啪响！杭州，你欠一个承诺，更欠一个解释！”**

传统媒体也纷纷跟进，《新京报》报道，“杭州开始限牌，官方此前多次辟谣被指失信”；北京卫视质问：空降政策如何取信于民？人民网指出杭州官员的“神逻辑”：政府向公众保密的最大原因是限牌“太过敏感”，总结其他已推“限”城市的经验，选择“突然袭击”的方式更为保险。

此时，我们不能不问，政府的边界在哪里？而这，正是我们经济之声《大国大时代：中国经济报告会》的重要议题。不妨关注，看看我们的嘉宾会怎么说。

私以为，战胜危机，我们需要信心和勇气；转化危机，我们需要智慧和谋略，但是危机转化为机遇的过程，我们更需要政府做出负责高效的行动，携改革的风雷，一步一个脚印，扫荡天地的雾霾。

2014. 3. 27

幸福指标：“市场不信眼泪，更不怕竞争，只怕不公平”

改革怎么才算成功？媒体评论员邱震海最新提出，“**任何改革，最后都要让老百姓满意。如果衡量起来，有三大指标：老百姓有没有过上好日子，民营企业家有没有过上好日子，我们的经济自由度有没有随着政府权力的缩减而有所上升**”。

这三大指标，可称之为幸福指标。不妨用这把尺子，比量比量我们的现实差距。第一个幸福指标，老百姓有没有过上好日子？昨天，在“中国发展高层论坛2014”年会上，联想控股董事长柳传志提出一个现象，咱们国家这么多年以来，一直是政府的财政收入增长最快，然后是GDP的增长，最后是老百姓收入的增长。

柳传志的问题提得很有现实针对性。老百姓的收入要增长得更快一些，这也的确说出很多人的心愿。收入水平，可以看作是影响我们幸福的“短板”。

关于收入分配改革，这个总体方案出台超过一年了，最新的消息，由人社部制订的相关配套方案已上报国务院，预计年内将有望对外公开。据说这次工资改革遵循的基本原则是“提低、控高”，“提低”重点维护的是低收入职工的利益，“控高”则是针对国企，特别是央企高管的不正常高薪酬。

还有一个影响老百姓幸福的短板，可能是物价上涨。近来传出一些物价上涨的消息，让一些人心里犯了嘀咕。比如居民基本生活用气价格要实行阶梯气价，比如北京地铁、公交票价今年也要调整了。

齐网发问，地铁涨价的原因显得有些没有头绪，地铁涨价真的可以缓解北京地铁拥挤的问题吗？地铁对于北京的上班族来说就好比“大米、白面”，是每天上、下班的“刚需”啊。

对于“阶梯气价”，很多人认为，这是意料之中，既然有了“阶梯水价”“阶梯电价”，接着就会有“阶梯气价”。南海网指出：“阶梯气价”是否变成“借梯涨价”？答案不言而喻。

再看第二个幸福指标，民营企业有没有过上好日子。阿里巴巴集团董事局主席马云最近有点焦灼。工农中建“四大行”相继下调对支付宝快捷支付额度，让马云的日子很不好过。**在马云看来，这是“四大天王集体封杀支付宝”，支付宝到了“最艰难的时刻”。他感到愤愤不平的是，“市场不信眼泪，市场更不怕竞争，市场只怕不公平”。**

事实上，争议不止于此。央行近期也采取一系列防控互联网金融风险的监管举措，比如暂停虚拟信用卡业务、二维码支付等等，引发强烈反响。新华网发表文章：深陷舆论质疑，监管当反思什么？文章说，央行的出发点值得理解，也理应获得理解。但为数不少的市场人士、专家学者以及大批网友则批评央行有“以监管之名扼杀创新”之嫌，甚至有声音质疑央行为“垄断利益”撑腰。

在某些人眼里，垄断、权力和既得利益恐怕成为影响幸福的“短板”。这是民营企业成长的痛苦，也是下一步全面深化改革所必须要面对的难题吧。

第三个幸福指标，我们的经济自由度有没有随着政府权力的缩减而有所上升呢？一项调查显示，一些小微企业的日子不大好过，主要是资金紧张，认为资金紧张影响生产经营的企业比重达30.8%。而资金紧张加剧，主要源于融资难和资金链收紧。调查结果还显示，2013年，小微型企业获取政策信息的难度加大、信息不对称的矛盾进一步加剧。

现在可以说一句了，有多少幸福短板，就能发现多少上升空间。好日子在前**面等待我们，但首先，补齐了这些影响我们幸福的短板再说。**

2014.3.24

契约精神：违背契约精神是对市场最大的破坏

鉴于市场上各种违约事件很多，契约精神，实在有必要专门说说。远的，有中国互联网的领军人物马云未经股东授权转移支付宝所有权，被认为违背契约原则，引起口诛笔伐。近的，联讯证券首席经济学家文国庆昨天说了，债务违约是2014年中国经济的最大问题。

说这话的背景是，近期国内违约或高负债问题不断暴露。兴润置业“崩盘”迅速引起外界关注，35亿元债务中，银行超过24亿元，另外，山西最大的民营钢企海鑫钢铁负债30亿元目前也浮出水面。此时，强调自由平等守信的契约精神显得何等及时而必要呢?

先从房价里看看契约精神。随着楼市频频看跌，杭州目前近七成二手房主看空当前楼市行情，有业主直降50万元出售主城区二手房。就在杭州，上段时间因为楼盘降价，有的房子一夜之间贬值了50万元，引发砸盘事件。“房闹”上演的公然破坏契约的行为，正是市场缺少契约精神的活教材。

不只是业主，事实上，处于强势地位的开发商更容易背弃诚信，不讲契约。广东省惠州市法院提供的统计显示，过去十年，房地产行业的案件中，涉及商家诚信问题的房产买卖合同纠纷案件数量常常占首位，而在过去三年，此类案件数量更是遥遥领先于其他案件。

“流量清零”事件也直接指向了契约精神。先是有消费者将运营商告上法庭，以败诉告终，此后中国消费者协会认为“流量清零”是典型的霸王条款。但支持“流量清零”一方祭起的，恰恰是契约精神的大旗。说消费者选择流量套餐，相当于签了协议，流量清零是严格按协议来，否则就是消费者不守规矩无理取闹。

中国江苏网却指出，何谓契约精神？其核心在于自由、平等、守信。但在套餐选择上，一开始就谈不上什么契约精神，这是一种基于权利和义务不对等的店大欺客。

如今，在农民进城这事上，也提到了契约精神。有专家说了，目前，我国已进入城镇化快速推进阶段，但人的素质教育等软件建设仍比较滞后。说研究发现，大量进城农民虽已在城市工作、生活，但思想素质水平依然较低，还没有形成真正的现代人格，重私德轻公德，缺乏理性精神、契约精神、公共精神，这些问题严重制约了社会发展和城镇化质量的提高。

我就纳闷了，这些问题，像是“缺乏契约精神、公共精神”，难道不也是城里人的问题么？有什么资本自视甚高，又何苦看不起后上车的人？

现在，需要测算一下信任成本了。在一个没有契约精神的社会里，信任成本不断增加，合作效率会不断降低。据商务部统计，我国每年签订的40亿份合同当中，切实履约率只有50%左右。企业每年因信用缺失导致的直接和间接经济损失高达6000亿元。

社科院测算，我国农业转移人口市民化的人均公共成本大概是13万元。不知道，这13万里有没有把信任成本计算在内？

此时，政府的言出必行，有诺必践就显得极其重要了。河南柘城县慈圣镇政府在10多年前借钱高达上百万元，很大一部分用于发放人员工资，截至目前，有的还了一部分，有的连本带息分文没还。长江时评质问：为百姓服务的政府成为了百姓的债务人，不但被百姓追着要账，欠钱10年不还，被冠以“老赖”的称号，公信何来？

还有一个怪现状也有违诚信。很多地方哭着喊着、挖空心思、削尖脑袋要当贫困县，当了贫困县还不愿意摘帽。原因何在？扶贫办官员最近给出最新数据：“每个重点县每年能获得3000万~5000万元财政专项扶贫资金，所以重点县干部群众不愿意退。”

《南方都市报》不禁发问：契约精神去哪儿了？报纸分析，因为我们缺乏完善的违约制约机制，对契约的尊重和保护力度不够，没有足够称职的契约精神守护者，所以契约精神势必远离我们。

著名法学家江平掷地有声：“要处理好政府与市场关系，就要大力弘扬契约精神。应当把违反契约的诚实信用的精神看作是市场最大的一个耻辱，或者是一个对市场最大的破坏。”

私以为，在这方面，政府和公务人员应该做出表率，**上有所好，下必甚焉，契约精神的养成重在政府推动。作为企业，也责无旁贷，如果没有契约精神，做大了不一定做强，做强了也不一定能赢得尊重**。

2014. 3. 21

周期怪圈：他们不按常理出牌，我们何以精神突围

相同的事，隔一段时间就重复出现，这叫周期现象。您一定知道时间周期、生长周期、经济周期，那周期怪圈又怎么解释呢？你看，每到假日，就会出现游园乱象，践踏草坪、乱扔废弃物，这算不算周期怪圈呢？猪肉价格也有周期怪圈，今年高了，过两年肯定便宜，怪不怪？据说中国新建建筑也进入周期怪圈，

叫作“质量报复周期”。这些个怪圈，都让人大费思量。

先从假日游园乱象说起。这两天，正好陪朋友们去了一趟奥林匹克森林公园，有点发言权。亲眼所见，践踏草坪、乱扔废弃物、随意攀折柳枝花朵的现象不在少数。尤其是，青青草地上随时可见的塑料袋，很是扎眼。

北京卫视在报道时大为感慨：“每次长假，这些现象好像变成常态了，不要让这样的假日乱象见怪不怪。”

的确，不能见怪不怪。但如何避免假日游园周期怪圈反复呢？媒体建议加大处罚，但处罚真的有用么？《法制晚报》的报道给我们上了一课。算起来，今天是北京开罚行人闯红灯1年。一年过去，《法制晚报》记者调查发现，七成人表示过马路的习惯变化不大，有的想起来就守规则，忘了就不守；有的则完全和以前一样。对于处罚能否执行下去，六成人表示“不看好”。

这是积习难改。相对于处罚，我更相信个人觉悟的提高，规则意识的建立。**不过，这也显露了另外一个执法怪圈，叫作“一阵风式的执法”。问题积累太多，就突击整治，整治过后，就随它去。于是，涛声依旧了。**

再说说猪肉价格的周期怪圈，“价高伤民、价贱伤农”，实在和众人利益息息相关。现在，养猪行业正遭遇寒流。生猪价格跌跌不休的局面在全国范围上演。部分地区的生猪价格已经跌到15年来的最低水平。养殖户每养一头猪平均亏损

300 元，进入深度亏损阶段。

“猪周期”真是一个奇怪的经济现象，生猪的价格每隔几年就会波动一次，过山车似的。老百姓养殖生猪“忽冷忽热”，今年肉价高了，隔两年肯定低，已经成了规律。我国一个猪周期大概是三四年，现在这个周期据说正在变短，有专家认为一两年就来这么一次。

要想避免“猪周期”频繁出现，有专家建议，应科学指导；另有专家却说，正是因为指导，才导致了猪周期，说是对于市场的反应，政府往往是传导最慢的一环。我以前说过一个怪事，某养殖大户的成功经验是“你让我们养猪，我就养鸡”，逆向思维反能成功。央视评论员刘戈也认为：“对于所有养猪产业上面的调整，我觉得政策应该全面退出了，让市场的力量在结构转型当中发挥作用。”

这样的观点也适用于楼市。按说，楼市存在一个库兹涅茨楼市周期。美国经济学家库兹涅兹认为，15 ~ 25 年楼市就会经历一个复苏、繁荣、危机、萧条期。问题是，在我们身边的诸多楼市现象，完全不按常理出牌。

“80 平方米以下小户型住宅商品房”要停止建设，三亚城乡规划委员会这一规定，在三亚房地产市场以及互联网上掀起一番巨浪。业内认为，此举有政府动用行政手段“越权”插手市场经济的嫌疑。保定楼市也一样，恐怕正是当地政府的手放错了地方，才导致保定楼市上一段时间的疯狂买卖和清明期间的意外冷清。

目前在浙江奉化上演的“周期怪圈”显得更惊心动魄。浙江奉化最近一幢只有 20 年历史的居民楼突然粉碎性倒塌，共造成 1 死 6 伤。人们一盘点，近年来，

20世纪80年代和90年代建设的楼房可是频频出事。

20世纪80年代后，我国各地城市化建设提速，大批楼房密集建成。如今，许多楼房的建设年龄已经陆续达到20年、30年。有人担忧，这些良莠不齐的建筑正进入“质量报复周期”，让人十五个吊桶打水——七上八下。数据显示，我国是每年新建建筑量最大的国家，新建筑却只能持续25~30年，而英国建筑的平均寿命达到132年，美国是74年。

光明网指出：“质量报复周期”是一个很准确的说法，但这个报复不能报复到平民头上。文章建议，“强制验楼计划”必须立马实施，20世纪八九十年代的快餐式楼房必须进行检验，否则，这种快餐楼会成为今天的灾难楼，时不待人啊。

此时，我想起一个人来，姚锡舟，当年建造南京中山陵园的人。由于中山陵建在海拔158米的高坡上，不仅建筑材料运输困难，仅运水上山，每天就要动用200多个人力。就在当时一无道路、二无机械运输设备的条件下，他生生在紫金山上建造出那样巨大的一座陵墓。一般商人承包工程，只恨赚得少，他却怕赚得多，最后一期工程结束，自己倒亏本14万两银子。对此，姚锡舟说：“国父坟再蚀本也要做，质量上绝对保证。”

老马感慨：决定建筑质量的要素固然需要技术和资金，但是，良心和责任心，同样不可或缺，是更重要的保障。面对诸多不按常理出牌的“周期怪圈”，我们可以实现精神突围吗？

2014.4.8

务实精神：说得再好听再天花乱坠，不如来点实惠的

改革，最怕的是什么？最怕的是“雷声大，雨点小”，最怕的是口号满天飞，就是不落地。所以，我推崇务实精神。弄虚作假、掩耳盗铃、华而不实、夸夸其谈之类是老百姓反感的。可是偏偏，现实里就有许多活生生的教材。

先说弄虚作假。钟南山院士最近向媒体爆料，说自己被个别用心不良的医院所利用，“一些个体的医生找他照相，照完相之后就挂在他的诊所里面，就说钟南山院士和他共同讨论病情，这让我哭笑不得”。钟南山再也不想“被出诊”了，也呼吁通过互联网曝光名医“被出诊”现象。

要说弄虚作假，“萝卜招聘”的性质恐怕更为严重。最近几年，为官员子女“量身定做”的“萝卜招聘”被曝光不少，比如山西汾西县，2011 年组织事业单位招聘，笔试后 3 年没有安排面试，这事如今被媒体盯上了。说这次考试涉嫌“萝卜招聘”，“不少县领导和中层领导的子女都在他们报考的单位得

了第一名”。

荆楚网质问，怎可容忍权力寻租者悄无声息地大挖“萝卜坑”？应对“萝卜招聘”，若只是采取“小白兔拔萝卜”式的清退，又怎能平息众怒、一劳永逸？

说完弄虚作假，再说掩耳盗铃。杭州楼市“官网”4万套库存一夜消失。原来，是“可售房源”一栏被“可售住宅”取代，减少了商业地产方面的数据。调整前，杭州市区“可售房源”数量为11.3万套，变动后，杭州市区“可售住宅”信息为7.47万套。市民称，“杭州楼市库存一夜少了4万套，好一个掩耳盗铃！”的确，这样的“去库存奇招”实在是自欺，又想欺人。

至于华而不实，去看看每一项新政是不是能落地就知道了。昨天起，一批法规规章正式实施。其中，《出租车运营服务规范》引起很多人的关注：乘客上车前，出租车司机不得有询问目的地等挑客行为。但，这一规定，落地实在有难度。来听听大家的说法，有的说“他委婉地拒绝你，你根本没办法”，有的说“他根本不给你上车的机会”，有的说：“举报电话我也打了，转接这个转接那个，根本不能有效地解决问题。”

讲求务实精神，就务必提防弄虚作假，小心掩耳盗铃，去除华而不实。怎么做呢？直面问题，有一说一，有二说二。

比如，2014年3月份中国制造业采购经理指数（PMI）昨天公布了，是

50.3%，较上月回升0.1个百分点，超出市场预期。制造业运行结束连续三个月的跌势逐渐转暖，你可以认为，是小企业经营活力增强了，经济内生增长动力在逐渐恢复；也可以解读为，整体表现依然偏弱，经济增长动力仍显不足。

既然说到小企业经营活力的问题，正好，《全国小型微型企业发展报告》最新公布，说是小微企业占到了中国所有企业的94.15%，解决了中国1.5亿就业人口，已成为吸纳社会就业的主要渠道。

但是，小微企业正在遭受中国经济增速放缓与世界经济下行所带来的阵痛。报告调查称，仅有12%的小微企业表示，在近几年营业额快速或高速增长，其余大多数企业经营发展缓慢。首先，是社会资源分配问题，社会资源向已发展壮大的企业集聚，小微企业生存空间自然被挤压了。然后，是资金缺乏问题，这是所有小微企业面临的“老大难”。

对此，《中国经营报》不无幽怨地为小微企业抱不平：与体量巨大的国有企业相比，为数众多的小微企业不仅为政府分担了巨大的就业压力，还为经济的快速发展添加了“活力”。可是，制约小微企业发展的融资难题并未得到政府的“高度重视”。政府主管部门似乎更愿意看到“自己孩子”做大做强，即使银行倾斜的资金效率低下、呆账烂账频发。

这话并非全都意气用事。最新公布的上市银行2013年年报显示，五大国有银行不良贷款总额已达3743.15亿元，同比新增近470亿元。另一数据显示，去年五大国有银行债务减记规模高达人民币590亿元，较2012年增长120%，创下十年来最高水平。不良债务减记规模大幅攀升，预示着中国银行业的经营压力将会增大，金融环境恶化。据此，腾讯财经观察写下“经济前景不妙，银行业暴雨将至”的标题，虽然这个“将至”是个问号吧，恐怕也会触动很多人的神经。

有问题不可怕，怕的是不敢正视问题，还拼命掩饰。此时，国务院办公厅要求加大“三公”经费公开力度，所有财政拨款安排的“三公”经费都要详细公开，显得很有导向意义。虽然一纸文件离落到实处尚需时日，但倡导“公开、公平、公正”本身就是务实之举。

再看一个真正落地的好政策。经历一波三折，梅观高速免费终于实现了。昨天零点起，已收费19年的深圳梅观高速公路正式取消收费，提前13年告别收费。之所以能提前终结收费，是深圳市政府花费约27亿元人民币回购实现的。

这是真正的务实精神，说得再好听再天花乱坠，不如来点实惠的，便民利民，真正让老百姓得到好处才是真的。这也是衡量务实精神的最重要标准——我们不在乎你个儿有多高，只要你是行动的巨人；我们不在乎你是否有梦，只要你已经开始行动。

2014.4.2

道德：我们终于知道楼市道德所值几何，约等于“垫首付”

房开商卖房子，最近奇招迭出，有送名牌包包的，有送苹果手机的，但相比之下，还有更厉害的噱头，叫卖道德。你看，广东保利地产董事长余英在一次高峰论坛上说了，“自 2010 年楼市调控以来，首付不断上升，让屌丝们都买不起房。我认为首付应该是 5%，甚至是零首付，现在我们部分楼盘垫首付，让他们可以推迟两三个月付清，这才是道德的开发商”。

中国的楼市，向来以高价和暴利著称，现在忽然开始标榜道德，这葫芦里卖的是什么药呢？

不妨看看时下的楼市再说。要么量价齐跌，要么“密谋”救市，要么传闻楼市限购松绑。量价齐跌，说的是石家庄，2014 年 3 月楼市量价齐跌，专家称二季度应以跑量为主；“密谋”救市，说的是福建及杭州政府，已召开多次开发商参加的座谈会；楼市要限购松绑，这是国内温州、长沙这些个城市的传闻。

在这样的背景下，**私以为，中国楼市的“道德标榜”现象，待价而沽，无他，唯促销尔。我们终于知道道德的价码，约等于给消费者“垫首付，推迟两三个月付清”。如果零首付的话，岂非更值钱？如果楼房成本价给消费者，道德简直就奇货可居啦！**

但是，争论从此开始。据说，逐利性是商人的本能冲动，尤其是房地产业，和道德放在一起，会有人相信么？事实上，楼市道德被拷问非只一日，暴利问题、品质问题、诚信问题、社会责任等等，业界的指责一直不绝于耳。房产商的身上要不要具备道德血液，几年前，也一度是热议的话题。

有人认为，遏制高房价，不能光靠讲道德。比如，河南省工商联副主席王超斌，他的观点就非常鲜明：光靠道德血液撼动不了楼市，还得靠政府控制；有人认为，楼市无关道德，国条都是浮云，怎能指望开发商的道德觉悟？更有分析认为，正是楼市的乱象导致道德问题。说中国人被楼市裹挟，唯钱是举，唯利是图，道德自然就不管不顾。于是提出“只有楼市崩盘，权力和资本同盟破裂，道德才能回归”的尖刻言论。

当然，承认楼市道德的也不在少数，比如王石。中国地产界“三剑客”之一、万科董事会主席王石最近说了，企业在勇于抓住机会时也应当遵守伦理、道德底线。还说：“中国目前的反腐行动厘清了很多权钱‘灰色交易’，这种反腐如果坚持下去，房地产市场将会扭转。”看来，在王石的眼里，楼市道德不止是企业伦理，也关乎从政伦理。

所有的言论都直接和间接地指向了不良开发商和某些地方政府。很多人认为，不光房产商的身上早已丧失道德的血液，“土地财政”、GDP 考核体系本身就没有道德的血液。由此衍生出针对高房价的宏观调控，只不过是扬汤止沸，釜底抽薪的，应该是调整“土地财政”和 GDP 政策。

复旦大学中国经济研究中心主任张军教授最近也指向楼市政策，说近两年来中国经济增速下滑，与楼市政策瞎折腾有关。他说，“先刺激后抑制，会导致企业大面积的决策失误，很多与房地产相关的行业都出现了产能过剩的问题”。

楼市道德缺失，开发商必然付出代价。投资家罗杰斯就说过，如果开发商真的缺乏这种道德的话，他们自然会有一天接受自己所带来的后果。市场会做出决定，那会使开发商破产。

那么，拯救楼市是谁的“道德正义”？经济学家马光远指出：破除中国房地产公共政策“囚徒困境”的关键是，如何使政府从一个政策的利益方成为中立者。这样，政府才会珍惜政策的边际效应从民生和长远的角度考量。

着眼民生利益和长远利益，我觉得，这正是楼市道德的精髓所在。漠视于此，必然后果严重。你看，“楼脆脆”和“楼倒倒”。住建部下发通知，在全国开展老楼危楼安全排查。这事的导火索我们都知道，浙江奉化一幢建成不到三十年的居民住宅楼坍塌，造成人民生命财产严重损失。

贫困县盖豪华楼，不也关乎楼市道德么？湖北房县，一个国家级重点贫困县，一掷千金盖起豪华办公楼，投资超批复且面积超标严重。这样的楼市道德问题岂止一个湖北房县呢？

此时，再说楼市道德的待价而沽，我想到阿凡提与地主巴依老爷的故事。巴依老爷把阿凡提喊来想奚落他，问道：“一边是金钱，一边是道德，你选择什么？”阿凡提想都没想立刻回答：“要钱！”巴依哈哈大笑：“你阿凡提原来也是个俗人呀！如果是我，我会选择道德。”阿凡提回答：“对呀，尊敬的巴依，人缺什么就会选择什么！我选择钱，是因为我缺钱。而您呢？”

2014. 4. 14

冰火两重天：看似李代桃僵，实为瞒天过海

今天很多新闻看上去，一半是海水，一半是火焰。有些消息，你无需联系上下文，无需引经据典，本身就水火不容。比如广州房价调查数据打架，楼市中冷热不均，养老金缺口中的阴阳失调，绝非三言两语所能道尽。

先从2013年度汉语盘点结果说起，“房”字被评为年度热词。北京语言大学党委书记李宇明这么解读：房子，是中国人最实在的人生愿景，是中国人心中永远的痛。高居不下的房价意味着人的一生积蓄贬值到不如几间住房，“楼价如此虚高，引无数百姓竞折腰”。

不能不说到央行的一项调查，将近七成的居民认为目前房价过高。但同样的调查中，居然给出这样的结论，一二线城市居民对高房价的感受有所缓解。原因何在？只因为比上季度降低1.1个百分点。这就叫缓解？

在这一调查中，也提到冰火两重天的现象，说“一二线城市暴涨，三四线城

市平稳甚至冷清，鬼城频现，整体市场冷热不均衡”。这要放在一个人的身上，半边身子热，半边身子冷，我估计是打摆子的前兆了。

更为神奇的是，关于房价的统计数据也能自相矛盾，《新快报》报道，国家统计局和广州市国土房管局分别公布了11月广州房价统计数据，前者说广州房价同比涨幅达20.9%；而后者则称，广州房价同比下降7.1%。嘿，一个大涨一个大跌，该信谁的才是呢？

东北新闻网一针见血：房价数据打架源于权力“捣鬼”。这种李代桃僵的做法，其目的是为了瞒天过海。这也是人们常说的“张家有钱一百万，其余九家穷光蛋，平均下来都十万”，这样的文字游戏只会伤民害民。《新快报》建议，少点数字游戏，多点诚意吧。

的确，玩文字游戏，并不能改变房价过高的状况。如此统计，你若说不是“忽悠”，就有侮辱公众智商之嫌。

我看《羊城晚报》2011年的报道发现，这种神奇的事当年就发生过，两部门公布房价数据冲突，专家称很难说谁更准确。敢情，这是一悬案。

不能不说到养老金并轨，也一直悬而未决。现在的养老金“双轨制”，一直被舆论口诛笔伐，机关事业单位的人，这一群体工资很高，养老保险自己一分钱不掏，退休后养老金却不低。这样很不公平，应尽快并轨。

《财经国家周刊》的最新报道让人更不是滋味，据透露，养老金并轨将提高公务员工资弥补个人缴费支出。说是养老金“并轨”重在转机制，而非降待遇，改革可能需要财政的大力支持，适当调整公务员和事业单位职工工资水平，弥补因个人缴费而增加的支出，维持改革前后职工的基本生活水平。

老实说，看到这一消息，我着实吃惊，这边厢，还没并轨就想着提高待遇加工资了，那边厢，你看，我国每年新增 3000 万人断缴养老保险，续交困难。这样的冰火两重天，如何体现公平原则？

按照最新数据，我国养老保险个人账户缺口 3 万亿。《人民日报》指出，我国每年 3000 万人断缴养老保险，部分因政策缺陷。我也想提醒，小心，旧有的不公平还没打破，新的不公平又给制造出来。

另一重冰火两重天，发生在两位老人身上，一在沈阳，一在南京。在南京，一位老翁路边晕倒，好半天没人来救。和此类似，在冰天雪地的沈阳，一位老人被电动车撞倒后，对撞人者说：“孩子，我没事，我有医保，你赶紧上班去吧。”

对于老人的大度，网友们是这么评价的，说相互理解比“我有医保”更重要。但事实上，这位老人并没有医保。看多了那种冷冰冰的索赔讹人新闻，看多了那种老人倒地没人敢扶的新闻，忽然看到了这样的一幕，不由让人心中一热。

2013. 12. 21

执行力：历史遗留问题是如何炼成的

话说1998年5月21日，上海《文汇报》头版头条发表评论，既然是违章建筑，为何不拆除？是违建者“牌子”硬，还是执法者心太软？评论针对的是上海一幢屋顶别墅。这评论一针见血，入木三分，相当到位。

可是，15年过去了，这幢建筑依然屹立不倒。一个细节，当年的小树苗都长成了参天大树，那树枝都从楼板缝钻进去了。据说，北京的“花果山”事情闹大之后，上海终于决定，要在一周后对这“钉子户”下手了。15年了，用15年拆除一幢违章建筑，这是怎样的社会成本呢？

北京楼顶的“花果山”正在大面积拆除，上海的楼顶“老大难”也行将就木，深圳住宅区的违章又进入公众视野，有户主玩得更猛，在顶楼天台建起了庙宇，还经常烧香拜佛，让小区住户十分不满。

用小区保安的话说，庙宇已经存在五六年了，这是历史遗留问题。**我们终于**

知道，历史遗留问题是如何炼成的了，小问题坐视不管，或者反应迟钝，就变成了大问题、老问题，假以时日，就变得尾大不掉，难以收拾了。

拆除违建不能等，还有很多事该出手时要出手。前几天，我说到，中国的进口汽车价格被指全球最高。新华社最新披露，中国发改委密切关注进口汽车价格已超两年。联想到中国消费者迫切的心情，我想说，反垄断，一万年太久，只争朝夕。既然盯好几年了，是不是也该痛下杀手了呢？

报废车回收问题也要抓紧应对。央视报道，在河北石家庄，多数报废车辆、手续不全车辆、事故车辆都会流向非法拆解渠道。这是什么原因呢？

原因查明，价差大，利益驱动，再加上监管不够，造成如此局面。在网上搜索了一下，问题几年前就有，也不只是石家庄一地，大量废旧汽车零件流入市场重新上路，给交通安全带来极大隐患。对此，我们还能等得起、坐得住么？

做好事，也要及时出手，虽然可能承担一定代价。辽宁盘锦一位王大姐最近好心扶起了一位老人家，反而被人告上法院，索赔 4 万元。

我知道这样的事不少，冷了很多善良的心。但我依然要说，做好事，时不我待。**德蕾莎修女说："人是毫无逻辑、不讲道理、以自我为中心的，但还是要爱他们；做好事别人会说你动机不良，但还是要做好事；坦诚待人使你容易受到伤害，但还是要坦诚待人；当你帮助他人的时候，你可能会受到他们的攻击，但还是要帮助他人。"**

由此来看，及时扶起一个倒地的老人和及时制止违法犯罪的发生，同样具有无上功德。

2013. 8. 22

良心：做过错事的人怎样完成自我救赎之路

一位朋友林君，在茶馆喝茶，忽然有出家人走上前来，说您还认识我么？哦，对不起，你是谁？我完全认不得了。那出家人说，我是谁谁谁啊。

林君想起来了，哦，原来是他。谁呢？原来是自己曾经聘请的大厨。朋友当年开素食馆，聘请这位大厨做主理。条件是，不可以杀生，不可以开荤腥。那位大厨满口答应，但宾客散后，照样酒肉穿肠过，佛祖心中留不留，就不知道了。朋友的素食馆关张的时候，大厨又怂恿伙计闹事，开出很无理的条件为难朋友。林君没有计较，都一一答应了。

这位大厨说，后来，他的心里一直不得安生，总是在夜里想起这些事，觉得对不起老板娘。或者是曾经店里一直播放佛教音乐的缘故，他想来想去，忽然起了出家的念头，就这么当了和尚。今天偶见故人，说起前尘往事，两人都唏嘘不已。

在人心深处，“顶层设计者”早已做了最天才的设计。即使没有舆论的压力，做坏事的人，也难以面对自己良心的责问。

下面就说说良心的问题。毒校服事件曝光之后，众多媒体都在持续关注这一公共安全事件。我注意到一个说法，说今天的孩子活得真不容易，快“五毒俱全”了。

的确好毒！该赖谁呢？不可思议的是，那家公司连续三年抽检不合格却能连续生产，除了要钱不要命，还有什么通天之处？更不可思议的是，管理部门说“只管核价不管质量”。奇怪，质量都不管，你那个价格是怎么核算出来的？去毒要去根，试问，是谁给无良商家留出生长的土壤呢？

再说说无良的婚介。要相亲，想结交优秀男士，得交几十万的婚介费。北京某婚介公司狮子大开口，但转过身来，却派婚托前去对付。这不是骗人么？

无良婚介和婚托如今都给逮起来了。凭他们这么好的演技，不去拍电影或者电视剧，可惜了。警方提醒说，雇婚托骗人，很多婚介公司都或多或少地存在。好好做生意，咱不赚昧心钱就不行么？

生意兴隆，是每个商家的愿望，不过，你这么去祝贺一家医院，会不会让人很别扭？还真有这样的事。“湖南浏阳某医院内就出现‘生意兴隆’、‘开业大吉’等横幅!”面对网民的“板砖”，当事医院解释，是因工作疏忽不小心，直接使用了“固定模板纸”，确实不妥，向公众道歉。

还有更“不小心”的，你还记得吧？我说过，去年年底，广东吴川市人民医院主动挂出大条幅，“热烈祝贺我院病人突破4万人次”！你生意兴隆很自豪么？你年终奖发得多很得意么？**什么叫善良？别人挨饿的时候，你吃肉不吧唧嘴，这就叫善良；别人痛苦的时候，你没事别当着他的面乐，也叫善良。长点心吧！什么心？医者父母心。**

陕西小伙子张渤用自己的经历讲了一个意味深长的良心故事，跟前面说到的那位大厨有一拼。

说是三年前，为了42元的回家路费，我拿着百元假钞骗了卖水果的摊主。从最初骗人时的战战兢兢、骗成后的兴奋雀跃，到渐渐地寝食不安……这些情绪一天天占据着我的内心。三年过去了，我终于鼓足勇气，找到当时的水果摊老板，用真币偿还了自己的良心欠债，也去除了内心的包袱。

若问，一个做过错事的人是怎样完成自我救赎之路的？康德的回答掷地有声：“世界上唯有两样东西能让我们深深地震撼，一是我们头顶浩瀚灿烂的星空，一是我们心中崇高的道德法则。”

2013. 2. 19

鸡肋经济：为什么昔日“小甜甜”今成“牛夫人”

今年的电商端午价格战依然火热，电商又是现金券，又是红包铺天盖地砸过去，消费者呢，却相对淡定，不太接招。莫非电商的红包对他们已形同鸡肋不成？

所谓鸡肋，食之无味，弃之可惜。当年曹操行军打仗途中进退两难，把夜间口号定为鸡肋，主簿杨修一耳朵就听出来了，这是主帅的内心投射，无心恋战，要撤了。

在经济领域，也有诸多鸡肋现象，我称之为“鸡肋经济”。我给鸡肋经济下个定义：这是成本效益比较接近，很容易让人造成选择性焦虑的一种经济现象。

我有这种亲身体会，很知道这里面的进退两难。当年订的一套三亚婚纱照要到期了，你说拍还是不拍？不拍太可惜了，拍吧，恐怕要付出时间精力路费，更大的经济成本。

至于电商端午价格战，什么购物券，什么红包，也可以这么看。很多消费者有这种经验，因为一点甜头，往往付出更多的钱，为了把到手的券花出去，买了一些不实用的东西。本想少花钱，最终，亏大了。所以，如果商家给的优惠不是那么太给力的话，在见多识广的消费者眼里，的确形同鸡肋没有两样。

事实上，在风云变幻的市场中，“商业诱饵式”的鸡肋经济只是小儿科，鸡肋经济，可能是朝阳产业，只是现在还让人举棋不定，比如垄断国企放开之与民企；鸡肋经济，也可能是贵族的没落，比如个人住房贷款业务，为什么姥姥不疼舅舅不爱，居然被银行打入冷宫呢？

垄断领域向社会开放是肥肉还是鸡肋，热议已久。国家发改委近日迈出了实质性的重要一步，公布了首批向社会资本开放的80个示范项目清单，包括中石化、中石油这些垄断性央企。但是很多民营企业掌门人却犹疑观望的多，真正要出手的少。**你看，“肥肉”还是“鸡肋”，“赴宴”还是“敷衍”，正让很多民企患上选择焦虑症**。

市场反应明显滞后于政策引导，这确是个大问题。据分析，政府能否实现制度突破，打消社会资本的疑虑，是政策成败的关键。

我注意到，有人打了这样一个比方：“这就好比，让姚明和一个十多岁的小孩打篮球，是无法玩儿起来的。”这个比喻有点意思，这能看出制度突破的重要性。理论上，姚明和一个十多岁的小孩打篮球完全没有问题，只要制定一个合理的规则。否则，民企是要付出巨大的机会成本的，难怪要犹疑观望，不敢上前招呼。

如果说因为在探路阶段，试水时期，这一切还可以理解，房贷成为鸡肋又因为哪般呢？要知道，个人住房贷款业务，曾经是银行的掌上明珠，被银行视作是优质、低风险业务。

媒体报道，从2013年四季度起，商业银行对个人房贷业务就不再热情。各行普遍上浮二套房贷利率，差异化对待的首套房贷也已普遍取消八五折优惠，甚至还有上浮。同时，贷款申请发放全周期明显拉长。

按我看，主要因为楼市不景气了。最新数据显示，环比逐月上涨近两年的中国百城房价，在 2014 年 5 月份掉头向下，环比 4 月下跌 0.32%。这个数据，此前已经连续环比上涨 23 个月。

此时，银行在干什么？媒体报道，银行职工在忙着给客户送粽子拉存款呢。这不，快季度末了，资金信贷会双双紧张，银行又开始玩存款“坐滑梯”、“荡秋千”的游戏了。**这真是今非昔比，个人住房贷款业务居然被打入冷宫。行情好的时候，你是香饽饽，行情不好的时候，你成了鸡肋。以前你是“小甜甜”，现在，你成了人家的“牛夫人”。**

正所谓第一个吃肉，剩下的喝汤，最近通信软件“来往”被曝出，月活跃用户数仅 50 万人。在电商领域叱咤风云惯了的马云，对这个战略鸡肋的未来该如何选择呢？《IT 时代周刊》分析，“来往”的出现是对商业模式研究不透产生的“拍脑袋”的决策。文章断言，最后“来往”难免成为阿里的又一块鸡肋。

对“来往”，我当初就不看好，基因问题，太重要了，不是你拿出多少钱就能砸出市场来的。当然，最后还是市场说了算，任何产品好不好，都要在市场面前过筛子，走了一茬，又来了一茬。在来来往往之间，这一种叫作“鸡肋经济”的东西，正让人不知怎样取舍。

2014. 6. 3

《保卫财富》语录

一、论资本市场

1. 肥了银行，瘦了钱包，公平容易把人抛。

2. 在现实世界里，金融如水的“潮水效应”正冲击着人心的贪婪和恐惧，哗哗作响。潮水到来时，人们一片惊慌，潮水过后，沙滩上一片狼藉。

3. 情到浓时情转薄，资本市场也是一部言情小说，频频上演爱恨悲欢！好日子已经享受了太久，请下云端也没什么稀奇。

4. 中国楼市的“道德标榜”现象，待价而沽，无他，唯促销尔。

5. 在财经领域，什么才是王道？在我看来，最终剩下的那一个说了算，“剩者为王”。什么决定谁最终剩下来？是用户。得用户者得天下，用户才是真正的王道！

6. 这真是今非昔比，个人住房贷款业务居然被打入冷宫。行情好的时候，你是香饽饽，行情不好的时候，你成了鸡肋。以前你是“小甜甜”，现在，你成了人家的“牛夫人”。

7. 我们的规则和原则难道是可以任意修改的么？一个社会能否重视和保护规则，是衡量其成熟与否的标志。

8. 孔子说，“吾恐季孙之忧，不在颛臾，而在萧墙之内”。当规则被绑架，被破坏，被变卖，后患无穷，整个社会都不堪其扰。经济标准不是橡皮泥，不可随意揉捏，不能有半点含糊。

9. 莫斯科不相信眼泪，市场也很冷酷无情，不相信“收编”，不相信垄断，不相信“一亩三分地”，不相信靠山。

10. 通常，最考验企业良知是在什么时候？往往是需要企业负责任的时候。道义常常能消除财富的黑子，财富却难以填补道义的空白。

11. 我们可以把盲目投资看作是“动物精神”的一种表象，而冲动的惩罚也必然与之如影随形。

12. 垄断国企向民企放开，是“肥肉”还是“鸡肋”，“赴宴”还是“敷衍”，正让很多民企患上选择焦虑症。

13. 永远不要低估市场的力量，市场会不动声色地进行惊心动魄的大洗牌，不仅进行财富再分配，还要进行人心道德的自我完善。

14. “救市”的举动何尝不是疯狂的行为呢？任何一个行业如果到了要救的地步，那恐怕就救不起来了。在土地十年疯狂增长期，我们何曾想过救救百姓的钱包？

15. “靠山靠水不如靠作为”，有作为，有地位。

二、论财富

1. 财富，只有流动起来才叫财富。所有的富豪不过是财富管理者而非拥有者。财富不断易手可视作常态，钱真的是你的么？不过是你暂时保管而已。

2. 财富有时是个肥皂泡，虚虚实实，似是而非，看上去很美，不一定可靠，戳破了也许不过是镜花水月一场。

3. 我说“金钱本无罪”，但为什么隐藏着这么多的争议呢？眼见得有人财迷心窍，有人见利忘义，有人玩火自焚。

4. 金钱本无罪，可如果财富的得来带有某种垄断色彩和利益固化倾向，金钱就带有本罪的推论。即使你很有赚钱的本事，也并不能洗白。

5. 你见过人类历史上有一个贫穷的头号经济大国吗？这样的理论和前些年国外流传的“中国崩溃论”以及“中国威胁论”一样荒诞不经。持“中国崩溃论”的，本身已经崩溃，散布“中国威胁论”的，往往正是威胁中国的人。

6. “世界第一”落地的时候，我们不要“绣花枕头”，中看不中用。我们要什么？要咱百姓家底殷实，实至名归。果如是，又何须什么“世界第一”装饰门面呢？

7. 高收入不是梦想，既要蒙改革之福，也要自求多福。

8. 财富也是双刃剑，祸兮福所倚，福兮祸所伏。

9. 为何富不过三代？我认为是必然，所谓创业难，守成更难。创业的一代多半是辛苦经营而来，守成的一代呢，多是纸上谈兵，缺少身体力行的经验。

10. 很多国家张开双臂欢迎中国富豪过去。为什么呢？有了你们的投怀送抱，就意味着同时拥有了大笔银子。他是欢迎你么？他欢迎的，是你带过去的钱啊。

11. 建立在土地财政上的财富积累，成绩是地方政府的，压力是老百姓在背，这样的富可敌国有何光彩可言？

12. 真正值得夸耀的“富可敌国”当然是藏富于民。这也是一个小人物的中国梦，体体面面地凭本事吃饭，赚得一份体体面面的收入和尊严。至少，不用爬电线杆子或者跳楼就可以拿到工资，不用抓阄就可以买张火车票，阖家团圆。

13. 中国财富保卫战，说到底，是一场民富国强的保卫战，也是藏富于民的保卫战。

三、论改革

1. 开上汽车就应该放下赶马车的鞭子，开了飞机，就不要再到处寻找方向盘。市场经济升级版，哪里再受得了审批“马拉松”和“公章旅行”呢?

2. 我为民生鼓与呼：“富可敌国”绝不应该建立在物价上涨之上，改革也绝不应该成为涨价的借口。

3. 改革动力，居然大多是倒逼出来的。这些民生难题、利益纠葛甚至是发展阻力恰恰成为民众迫切推动改革的原动力。正所谓：民之所望，施政所向。

4. 当年的改革受益者，今天作为既得利益者，却成了改革的最大阻力，硬骨头，拦路虎，触动他们的利益往往比触及灵魂还难，这是不是一种讽刺呢?

5. 从市场经济择优分配理论来看，深化改革和利益集团割肉并非是天敌，从长远来看，化阻力为动力实现多赢，不是不可能。

6. 让违法者付出更高成本，这是责任追究的要害所在。对违法者使用霹雳手段，才显出对守法者的菩萨低眉。

7. 地方保护主义，切蛋糕，可以；做蛋糕，恕不奉陪。

8. 上帝的归上帝，凯撒的归凯撒。我们所有的努力，是用最小的成本突破利益格局束缚达到改革的目的。什么目的？有福同享，民富国强。

9. 这样巨大的“红利”，是不是全民共享，雨露均沾了呢？没有。其中，相当部分的蛋糕被利益集团占有，国民福利和经济总量明显头重脚轻。

10. 如何让改革红利转化成国民福利，变成老百姓手里的散碎银子，这是改革的目标；如何挤压垄断福利，增加国民福利，以实现改革红利的真正释放，这是一个难题。

11. 只有尊重国民福利，改革才能建立起广受认可与尊敬的群众基础，只有实现利益共享，改革才得以生发源源不断的新动力。

12. 百花齐放，百家争鸣。以改革思维建立起我们的新惯性思维，正改变旧有的思维定式，不异于一次头脑风暴。

四、论政

1. 给黑色 GDP 排行，黑夜给了我黑色的眼睛，我却用它来寻找光明。

2. 以牺牲环境为代价，去换取 GDP，有了 GDP，却搭上了百姓的健康。这样的黑色 GDP，要它何用？

3. 有地方政府往政绩里注水，似乎注水的胆子还越来越大。此风绝不可长，注水的政绩背后必然是缩水的民生。

4. 靠过度负债支撑起来的政绩工程算什么政绩呢？而且，旧债未还又添新债，政府“欠债还钱”的底线一旦失守，公信力也必大打折扣。

5. 如果李斯生长在今天，再写《谏逐客书》，恐怕还会有很多新的论据，你看，东京、纽约、巴黎这些国际大都市都没在控制外来人口上这么硬来，不也建设得很好么？

6. “婚宴浪费”充其量属于个人的死要面子充冤大头；公务宴的浪费，就恶劣得多。拿着公款宴请上级，慷国家之慨，行个人之私，哪有面子可言？

7. 多少破坏之举，假建设之名？即使是重要文物，又怎能阻止地方政府盖大楼，拉动地方经济的冲动？

8. 给垄断国企补贴，是公共财政出钱，民众买单。如此羊毛出在牛身上，体现的是无原则地甚至无节操地利益输送，需要批判。

9. 有必要提醒，中国上古时期就已经实行了禅让制度，比如尧、舜、禹，重要的位子要让有德者居之，而不是勉为其难，坐着扶不起的阿斗。

10. 欲大富贵者不谋小利，不顾公共利益追逐私利行之不远。岂不闻，求功要求百世功，求利要求千秋利，求名要求万代名么？

11. 既然全世界都公认，转基因食品的安全有太多不确定性。这样的食品，靠实践去证明，是否合适？没人想做试验品。

12. 在一艘航船上，说话算话的船长，必然赢得众人的尊重。放在三农问题上，也一样，你若与人患难与共，人必与你风雨同舟。

13. 在西方，若不是有个说真话的小男孩，那位不穿衣服的国王依然在招摇过市。决策建立在真实的国情之上，才可能做出正确的决策。否则，空话套话假话大话之后，必有一个“裸奔”的国王。

14. 我们期盼一个更高效的政府，更健康的市场，最后，一定是指向最普通的民众，眉头不再重，城市不再空。

15. 地王狂欢，谁压力最大？当然是消费者。但是，地方政府的这笔“土地财政”的如意算盘未必那么好打。医得眼前疮，剜却心头肉，当心压倒中国楼市的最后一根稻草。

16. 某些地方政府一旦抱起土地财政，就不想撒手，连敬畏之心都没有了。

17. 什么是我们的使命？仰望星空，攻坚克难，放眼全民的幸福，就是我们的使命；什么是我们的方向？脚踏实地，谋百姓之利，解百姓之忧，就是我们前进的方向。

18. “官不聊生”实在是个伪命题，中国从来没有“官不聊生”。各家媒体现在煞有介事地对这个伪命题津津乐道，只能说明反腐的民意足够强烈而已。

19. 想知道公信力打了多少折扣，就看看在官方辟谣之后，那些依然买天然气的市民队伍，队伍的长度和公信力折扣成正比。

20. 在我看来，一亩三分地，是属地意识，更是画地为牢。快点拆掉围墙，接上“断头路”。那拆掉的不是围墙，是利益固化的樊篱；接上的不是“断头路”，那是市场经济的大流通。

21. 公务员买不起房子的时候，向国家伸手，老百姓买不起房子，向谁要去?

22. 上有所好，下必甚焉，契约精神的养成重在政府推动。作为企业，也责无旁贷，如果没有契约精神，做大了不一定做强，做强了也不一定能赢得尊重。

23. 对于普通人，有些事能不拆穿还是不要拆穿，未尝不是厚道；不过，对于公众人物，公职部门，为了真相，为了公共利益，即使拆台也是必要的。

24. 为民生锱铢必较谋福利，哪怕三头两百的补贴也能体现出诚意；跟百姓锱铢必较争利益，哪怕一分两分，也不光彩。

25. 管理者的出发点是好的，但未免让人感觉有点不食人间烟火。如果一项规定没有现实可操作性，那这样的规定徒增笑料，不出也罢。

26. 世界上没有十全十美，但是，我们制定政策要付出十足十的努力，力求我们做出的每一个决定减少“误伤”的几率，经受住历史的拷问。

五、论民生

1. 我们的确应该向空气水阳光和河流道歉，同时，是否也该为那些生活艰难的社会弱势群体道个歉呢？美丽中国梦，必然是阳光普照的民生梦。我们走了很久，不要忘记为什么出发。

2. 我们谈中国梦，不是谈天上的事情，中国梦是要接地气的，必然伴随细小的民生诉求的实现。如二月河代表所说，弱势群体的幸福感决定着整个社会的前途。

3. 老百姓天天“顶着天花板”过日子总不是个事，房价什么时候回到地板价，不见得是个坏事情。

4. 欠账还钱，天经地义，如果要回自己的工资都需要特事特办的程序才能解决，未免让人无语。

5. 英国经济学家哥尔柏曾把征税的艺术概况为：拔最多的鹅毛，听最少的鹅叫。现在，有必要呼吁：手下留情，不能见鹅就拔毛。

6. “工薪阶层”缴纳的工薪所得税占个人所得税 50% 以上，工薪阶层成为个税纳税主体合适吗？你看，不只是税负重，也有税负不公的问题。

7. 如果一种收入分配制度，低收入者和高收入者都大感委屈的时候，制度改革已经呼之欲出了。

8. 在担心医改操作不当造成福利病时，更该担心我们医改进程不够快，不能切实减轻百姓负担和痛苦才是。

9. 我不知道，是收入少，才显得房价如此之高，还是房价高，才显得收入如此之少。

10. 民众呼唤一种货真价实的财富增长，完全可以理解，改革发展成果也应该、必须、一定要让普罗大众充分分享。

11. “不患寡而患不均”，大多数人心不甘情不愿的“被增长”，制度的天平应向他们有所倾斜。

12. 都说“看病难”，但难看的不是病人的病，而是体制的病。

13. 弱势群体的幸福感决定着社会的前途。农民工兄弟，也包括姐妹，为城市建设做出了巨大贡献，但却不获尊重，没有归属感。不公平！

14. 这是非常尴尬的现实，有时候，我们最该保障的所谓“最大多数人”现在变成少数。因为某种原因处于劣势的“少数人”，现在恰恰成为我们要保护的“最大多数人”。

15. 为最大多数人谋取最大幸福，为少数不幸的人获取最大幸福，愿这，能成为我们整个社会共同的追求目标。

16. 如果，一点物价补贴就让人生出福利病，滋生了“不劳而获的思想”，那这人该是多么容易满足的人啊。我只想说，不是太多，而是太少，让红包来得更猛烈些吧。

17. 国民幸福指数，绝不等于国民赚钱指数，当然，更不是变相的政绩游戏。

六、论教育

1. 不要用冷冰冰的分数，剥夺孩子做梦的时间；不要用拔苗助长的方式，摧毁孩子的童年。

2. 大把撒钱就能买到最好的教育么？这种金钱迷信，放在教育领域更不可行。你为浪费经济买单，却剥夺了孩子成长的机会。

3. 只在乎学分，不在乎人品分的教育该醒醒了。

4. 明明是爱孩子，却在做伤害孩子的事情；明明在伤害孩子，却还在假借爱的名义。难道真的“不打不足以平民愤”么？

5. 我们某些教育管理部门的同志很应该被“教育”。你们真的钱紧，紧到这个程度么？这边惦记着山村教师的辛苦钱，那边向孩子的营养午餐打主意？

6. 给不该吃药的人吃药的人，是不是最需要吃药呢？治疗教育系统的“病毒”，时不我待。

7. 异地高考改革，是个教育公平的问题。北大不是北京人的北大，复旦不是上海人的复旦，我们期望的教育，没有地域垄断，没有特权福利，没有“同分不同命”。

8. 岂不闻，一诺千金么？一个人也有含金量大小之分，重诺言，守信用的人含金量就大，相反，就缩水打折，直至一文不名。

9. 天下没有免费的午餐，不贪小便宜，不赚昧心钱，谁说不是一种做人的智慧呢？

10. 医院庆祝“生意火爆”的时候，能不能考虑下大家伙的感受呢？物价可以降，心术不能降。

11. 卖假药的卖进医保定点医院，这是医院的耻辱。假药卖了好几年了没人管，这是监管部门的悲哀。你看，只是几个见利忘义的人，就能伤害整个行业的信誉。况且，本来信誉就不咋地呢！

12. 有一些伤害，你事后给我喝再多的云南白药也难以医治；有一种服务，事过境迁，你再假装殷勤，也难以弥补。

13. 信任危机是玉石俱焚似的社会灾难，整个社会都要付出代价。覆巢之下，安有完卵？

14. 五位头等舱乘客不管抱的是什么，都堪称极品。能做头等舱的人，希望能有更远大的抱负，而不是抱着飞机轮胎或是车轱辘不撒手。

15. 墓地修得再豪华，和逝者没有半点关系。须知，厚养薄葬才是真孝道。在下一个天价墓地诞生之前，我更关心活着的人，居者有其屋么？

16. 打造豪华学校就能成为国际化学校么？未必。早有定论在先，好大学不是因为有大楼之故，而是因为有大师之故。教育如果给贴上了拜金主义的标签，恐怕会离国际化越发遥远。

17. 我们不在乎你个儿有多高，只要你是行动的巨人；我们不在乎你是否有梦，只要你已经开始行动。

18. 当我们口袋充实起来之后，我们更需要充实脑袋。否则，德不配位，必有余殃。

19. 道德如果成为狼牙棒，也能伤人无数。

20. 有些人很高，高到天花板，但底线却很低，低到尘埃里。

七、论人心

1. 这世界上，其实有很多事比挣钱更重要，人行天地间，体体面面地站直喽，就是成功。

2. 信心的价值，贵逾宝石，是真正的财富。尤其身处当下的中国，急剧转型快速变革的时代。在影响重大经济事件的个人情感因素中，信心乃是诸多变量的执牛耳者。

3. 以天雷地火为支点，可以扶起坍塌的信仰；以阿基米德式的信心为支点，可以助力大国崛起和民族复兴。天欲堕，赖以拄其间！

4. 有信心，才有一切。岂不闻，一粒芥菜籽大小的信心就可以挟泰山以超北海？

5. 天空污染了，我们去哪里安置目光和梦想？人心要是污染了，我们又去哪里寻找一块明矾呢？

6. “挂羊头卖狐狸肉”的人格，怎能让我们相信呢？伪劣食品形形色色，背后，的确有人格问题。有多少伪劣的食品，就有多少伪劣的人品。

7. 怎能指望假温情、假感动去传递社会正能量呢？我们已经经历了太多的虚假，公众的善良再也禁不起欺骗了。

8. 正如骑白马的未必都是王子，戴戒指的大闸蟹也未必都是阳澄湖的。如此名不副实的防伪戒指，让人怀疑，人心是不是也要防伪了。

9. 只求私利不顾公益，这是人心的邪路，也是制度的邪路。这证明，完全市场化的医改之路此路不通，医疗体制急需手术。

10. 长点心吧！什么心？医者父母心。

11. 有人比坏，所以成了坏人，坏人的眼里只看下线有多低；有人比好，所以成了好人，好人的世界只向高标准看齐。

12. 在人心深处，“顶层设计者”早已做了最天才的设计。即使没有舆论的压力，做坏事的人，也难以面对自己良心的责问。

13. 要想同舟共济，怎能没有忧患意识，放眼长远？有人哪管身后洪水滔天，我们要学女娲补天！

14. 2012，不是世界末日；钱多钱少，有钱没钱，也不会是世界末日；真正的世界末日，是道德沦丧和内心的绝望。

15. 印第安人的谚语说得好：别走太快，等一等灵魂。这句话，同样适用于那些迷信财富，金钱崇拜的人们。

16. 你见或者不见，善良就在那里，不增不减；你拆穿或者不拆穿，正能量就在那里，不来不去。

后　记

信心永固

梁文道君在《常识》一书中认为，江山不幸诗家幸，时事评论只有一种情况可以不朽，“那就是你说的那些事老是重复出现。……任何有良心的评论家都该期盼自己的文章失效，他的文章若是总有现实意义，那是种悲哀”。

王菲的《红豆》则告诉人们不必介怀，“有时候，有时候，我会相信一切有尽头，相聚离开都有时候，没有什么会永垂不朽”。

在我而言，《保卫财富》的出版发心还在存废之外。最想传达的，是财富观之外的精神意志和信心。在影响重大经济事件的个人情感因素诸多变量中，执牛耳者，也是信心。

别人相信不朽，我相信速朽；别人相信财富靠得住，我相信财富靠不住；别人相信千秋万代，我相信只有信心永固。有信心，才有一切。岂不闻，一粒芥菜籽大小的信心就可以挟泰山以超北海？作诗为证：

久冻的冰层必有春回大地的渴望
紧闭的枯井应有深沉悠远的回声
相信命运

一树柔韧的藤蔓

相信光

万点指路的繁星

相信

相信沉寂之后风华正茂

相信冬天过去郁郁葱葱

相信伙伴

那共过岁月的患难

相信黎明

那一触即发的行程

相信历史

历史是世道人心的掌控

相信人心

人心是宇宙穹苍的天平

相信未来

那个人造化的未来

光华夺目

那目光织就的经纬

巧夺天工

马尚田

2014 年夏天，於北京